POL MARTIN

D'UN DÉLICE À L'AUTRE

Conception graphique
Pierre Leduc

Photographies
Melissa du Fretay, Studio Pol Martin Ltée.

Coordonnatrice
Josée Dugas

Les accessoires ont été fournis par *WARES & WARES, Mississauga Home and Design Centre*. La plupart peuvent être achetés dans leurs divers points de vente au Canada, notamment à Toronto, London, Calgary et Edmonton.

Éditions Brimar inc.
8925, boulevard Saint-Laurent
Montréal (Québec)
Canada
H2N 1M5
Téléphone: (514) 384-8660
Télex: 05-826756

Dépôt légal: 3e trimestre 1989
Bibliothèque nationale du Québec
Bibliothèque nationale du Canada

ISBN 2-920-84566-7

2090 A

1 2 3 4 5 6 7 8 9

TABLE DES MATIÈRES

UN MOT DE POL MARTIN

Chers amis,

détendez-vous, expérimentez, passez de bons moments. Voilà des paroles surprenantes de la part d'un chef! Toutefois, je considère que cuisiner et bien manger, c'est aussi simple que cela. J'ai toujours été convaincu que la bonne cuisine et le plaisir qu'on en retire sont à la portée de tous. Pas besoin d'ustensiles sophistiqués ni de longues heures de préparation pour obtenir une cuisine savoureuse. Un couteau de chef, une planche à découper et une bonne poêle à frire: voilà ce qu'il vous faut.

N'hésitez pas à adapter les recettes selon vos goûts et à y apporter votre touche personnelle. En cuisine, le mot-clé c'est ESSAYER. La meilleure façon d'apprendre consiste souvent à procéder par tâtonnements. Remplacez certains ingrédients par d'autres que vous préférez ou par ceux qui sont dans leur saison. Suivez vos préférences; laisser courir votre imagination.

L'alimentation préoccupe constamment notre société. Comme ce dicton est vrai! «Nous mangeons pour vivre et vivons pour manger». Je prends beaucoup de plaisir à m'asseoir à une bonne table mais j'admets qu'une alimentation saine demande un effort. Les gens exigent des repas bien équilibrés et c'est pourquoi je fournis, pour chacune de mes recettes, un tableau des valeurs nutritives. Toutefois, les données diététiques ne nous disent pas toujours ce que nous aimerions entendre. Un gâteau reste un gâteau. Enlevez les ingrédients riches et ce n'est plus un gâteau. Ma solution, celle qui me convient bien et que je vous recommande, c'est la modération et l'exercice.

D'UN DÉLICE À L'AUTRE est varié et pratique. Vous pourrez en faire *la* source d'information fiable de votre cuisine. Les recettes ont été soigneusement rédigées avec un maximum de précision et de renseignements. Les photographies constituent des références visuelles utiles qui illustrent les résultats obtenus lors des expérimentations dans mon atelier.

Je souhaite sincèrement que D'UN DÉLICE À L'AUTRE devienne votre meilleur ami dans la cuisine. J'ai eu beaucoup de plaisir à le concevoir et la perspective de partager ces recettes avec vous me réjouit.

Bon appétit!

Pol Martin

CONSEILS ET PETITS SECRETS

l'art de cuisiner repose essentiellement sur la compréhension des techniques. Une fois les techniques acquises, vous pouvez cuisiner. Et une fois que vous cuisinez, vous pouvez expérimenter!

- Il n'est pas nécessaire de suivre une recette à la lettre. Ce sont les techniques qui importent.

- Versez l'huile dans une poêle très chaude. Il vous en faudra moins.

- L'alcool peut donner une saveur spéciale à vos plats. Faites réduire le liquide à température très élevée. L'alcool s'évaporera et la saveur sera conservée.

- Choisissez toujours les produits les plus frais. Faites des substitutions au besoin. Par exemple, si les piments verts semblent plus frais que les rouges, choisissez-les.

- Il est possible de préparer d'excellents plats avec certaines parties peu coûteuses de la viande (le *Ragoût d'agneau aux carottes*, par exemple) en suivant les techniques appropriées.

- Il vaut mieux posséder un seul couteau de bonne qualité que plusieurs de moindre valeur.

- Cuisiner devrait être une activité agréable pour toute la famille. Initiez vos enfants aux rudiments de la cuisine dès leur plus jeune âge.

- Il est simple de bien cuisiner si l'on suit de bons conseils. Plus vous aurez de plaisir dans votre cuisine, plus vous aurez envie de faire des expériences. Ainsi, meilleures seront vos chances de progresser. Alors, chers amis, amusez-vous!

LES GRANDS DÉPARTS

*Bouchées et petits régals —
un avant-goût
de votre menu*

Potage à la julienne de légumes

30 ml	(*2 c. à soupe*) beurre
1	oignon, finement haché
3	carottes, pelées et coupées en fine julienne
½	navet, pelé et coupé en fine julienne
1,2 L	(*5 tasses*) bouillon de bœuf chaud
5 ml	(*1 c. à thé*) persil frais haché
	sel et poivre

Faire chauffer le beurre à feu doux dans une grande casserole. Ajouter l'oignon, couvrir et cuire 5 minutes.

Ajouter carottes et navet ; bien mélanger et saler, poivrer. Couvrir et continuer la cuisson 10 minutes.

Incorporer le bouillon de bœuf et laisser mijoter 5 à 6 minutes.

Parsemer de persil. Servir

1 portion	*114 calories*	*13 g glucides*
2 g protéines	*6 g lipides*	*2,7 g fibres*

Crème de navet royale

45 ml	(*3 c. à soupe*) beurre
½	oignon, haché
2	branches de céleri, émincées
2	pommes de terre, pelées, coupées en deux et émincées
½	gros navet, pelé et émincé
½	concombre anglais, émincé
15 ml	(*1 c. à soupe*) persil frais haché
5 ml	(*1 c. à thé*) marjolaine
1,2 L	(*5 tasses*) bouillon de poulet chaud
45 ml	(*3 c. à soupe*) crème à 35 %
	sel et poivre

Faire fondre le beurre à feu doux dans une grande casserole. Ajouter oignon et céleri ; couvrir et cuire 5 minutes.

Ajouter le reste des légumes. Saler, poivrer. Parsemer de persil et de marjolaine ; bien mélanger. Couvrir et continuer la cuisson 5 minutes.

Incorporer le bouillon de poulet et amener à ébullition. Couvrir partiellement et continuer la cuisson 25 à 30 minutes ou jusqu'à ce que les légumes soient cuits.

Réduire en purée dans un robot culinaire. Incorporer la crème. Servir.

1 portion	*161 calories*	*9 g glucides*
2 g protéines	*13 g lipides*	*1,5 g fibres*

Crème de champignons au piment jaune

pour 4 personnes

45 ml	(*3 c. à soupe*) beurre
1	échalote sèche, finement hachée
500 g	(*1 livre*) champignons frais, nettoyés et émincés
1	piment jaune, émincé
2 ml	(*½ c. à thé*) estragon
60 ml	(*4 c. à soupe*) farine
1,1 L	(*4½ tasses*) bouillon de poulet chaud
50 ml	(*¼ tasse*) crème à 35 %
	sel et poivre
	une pincée de paprika

Faire chauffer le beurre à feu doux dans une grande casserole. Ajouter échalote, champignons, piment jaune et estragon ; bien mélanger. Couvrir et cuire 8 à 10 minutes.

Incorporer la farine. Cuire 2 à 3 minutes, sans couvrir, à feu doux.

Bien incorporer le bouillon de poulet au fouet et rectifier l'assaisonnement. Incorporer la crème et amener à ébullition.

Couvrir partiellement et cuire 18 à 20 minutes à feu moyen.

Cette soupe se conserve 2 jours au réfrigérateur si elle est recouverte d'un papier ciré beurré.

1 portion	194 calories	13 g glucides
4 g protéines	14 g lipides	3,6 g fibres

Chaudrée de palourdes

pour 4 personnes

45 ml	(*3 c. à soupe*) beurre
2	oignons, coupés en petits dés
1	branche de céleri, coupée en dés
45 ml	(*3 c. à soupe*) farine
1 L	(*4 tasses*) bouillon de poisson chaud
3	pommes de terre, pelées et coupées en dés
50 ml	(*¼ tasse*) crème à 35 %
142 g	(*5 oz*) palourdes ou myes en conserve
	jus des palourdes
	sel et poivre
	une pincée de graines de céleri
	une pincée de thym
	une pincée de paprika
	une pincée de gingembre

Faire chauffer le beurre dans une grande casserole. Ajouter oignons et céleri ; couvrir et cuire 2 minutes à feu moyen.

Bien incorporer la farine. Cuire 3 minutes, sans couvrir, à feu doux.

Incorporer bouillon de poisson et jus de palourdes. Saler, poivrer et remuer. Ajouter les épices et amener à ébullition.

Incorporer les pommes de terre et amener de nouveau à ébullition. Cuire 20 à 25 minutes, sans couvrir, à feu moyen. Remuer fréquemment.

Incorporer crème et palourdes. Remuer et cuire 4 minutes à feu doux. Ne pas faire bouillir la soupe !

Servir dans une grande soupière.

1 portion	*266 calories*	*27 g glucides*
8 g protéines	*14 g lipides*	*3,3 g fibres*

Crème de piments

45 ml	(*3 c. à soupe*) beurre
½	oignon, finement haché
1	branche de céleri, coupée en dés
1	piment jaune, coupé en dés
1	piment rouge, coupé en dés
15 ml	(*1 c. à soupe*) persil frais haché
2 ml	(*½ c. à thé*) cerfeuil
60 ml	(*4 c. à soupe*) farine
1,1 L	(*4½ tasses*) bouillon de poulet chaud
45 ml	(*3 c. à soupe*) crème à 35 %
	sel et poivre
	une pincée de paprika

Faire chauffer le beurre à feu doux dans une grande casserole. Ajouter l'oignon ; couvrir et cuire 4 minutes.

Ajouter le céleri ; couvrir et cuire 5 à 6 minutes.

Ajouter les piments. Saler, poivrer et ajouter les épices. Couvrir et cuire 5 à 6 minutes à feu moyen.

Bien incorporer la farine. Cuire 3 minutes, sans couvrir, à feu doux.

Incorporer le bouillon de poulet. Rectifier l'assaisonnement et remuer. Amener à ébullition, couvrir partiellement et continuer la cuisson 20 minutes à feu moyen.

Réduire en purée dans un robot culinaire. Incorporer la crème. Servir.

1 portion	*165 calories*	*10 g glucides*
2 g protéines	*13 g lipides*	*1,1 g fibres*

1. Faire cuire les oignons dans le beurre chaud. Ajouter le céleri ; couvrir et continuer la cuisson 5 à 6 minutes à feu doux.

2. Ajouter les piments. Saler, poivrer et ajouter les épices. Couvrir et cuire 5 à 6 minutes à feu moyen.

3. Bien incorporer la farine et cuire 3 minutes à feu doux.

4. Incorporer le bouillon de poulet. Rectifier l'assaisonnement et remuer. Amener à ébullition et finir la cuisson à feu moyen.

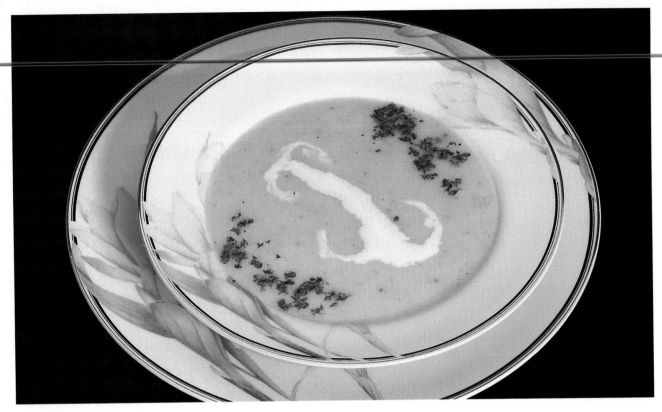

Vichyssoise classique

3	poireaux (la partie blanche seulement)
15 ml	(*1 c. à soupe*) beurre
1	oignon, émincé
5	pommes de terre moyennes, pelées et émincées
1 ml	(*¼ c. à thé*) thym
2 ml	(*½ c. à thé*) marjolaine
1	feuille de laurier
1,2 L	(*5 tasses*) bouillon de poulet chaud
50 ml	(*¼ tasse*) crème à 35%
	sel et poivre

Couper les poireaux en quatre, dans le sens de la longueur, à partir de 1,2 cm (*½ po*) de la base. Laver soigneusement à l'eau froide pour retirer tout le sable et la saleté qui se trouvent entre les feuilles.

Émincer les poireaux propres. Mettre de côté.

Faire fondre le beurre à feu doux dans une grande casserole. Ajouter poireaux et oignon ; couvrir et cuire 10 minutes.

Ajouter les pommes de terre. Saler, poivrer. Ajouter les épices et bien mélanger. Couvrir et cuire 12 minutes.

Incorporer le bouillon de poulet et amener à ébullition. Couvrir partiellement et cuire 30 minutes à feu moyen.

Réduire en purée dans un robot culinaire. Transvaser la soupe dans un bol. Laisser refroidir et réfrigérer.

Au moment de servir, incorporer la crème.

On peut aussi servir cette soupe chaude.

1 portion	*276 calories*	*46 g glucides*
5 g protéines	*8 g lipides*	*5,8 g fibres*

Crème de brocoli citronnée

1,2 L	(*5 tasses*) eau
2	citrons, coupés en deux
45 ml	(*3 c. à soupe*) beurre
½	oignon, haché
1	tête de brocoli soigneusement lavé à l'eau tiède, en fleurettes
45 ml	(*3 c. à soupe*) farine
50 ml	(*¼ tasse*) crème à 35%
	sel et poivre

Mettre eau et citrons dans une casserole. Saler et amener à ébullition. Laisser bouillir 15 minutes.

Entre-temps, faire chauffer le beurre dans une grande casserole. Ajouter l'oignon ; couvrir et cuire 4 à 5 minutes à feu doux.

Ajouter le brocoli. Saler, poivrer. Couvrir et continuer la cuisson 7 à 8 minutes.

Incorporer la farine. Couvrir et continuer la cuisson 2 minutes.

Retirer les citrons de l'eau bouillante et les jeter. Incorporer lentement l'eau bouillante au brocoli tout en remuant à la cuillère de bois.

Saler, poivrer et incorporer la crème ; amener à ébullition. Couvrir partiellement et continuer la cuisson 20 minutes à feu doux.

Réduire en purée dans un robot culinaire. Servir.

1 portion	*210 calories*	*15 g glucides*
6 g protéines	*14 g lipides*	*6,6 g fibres*

Soupe de pommes au cari

45 ml	(*3 c. à soupe*) beurre
½	oignon, haché
1	branche de céleri, hachée
4	grosses pommes, évidées, pelées et émincées
30 ml	(*2 c. à soupe*) poudre de cari
45 ml	(*3 c. à soupe*) farine
1 L	(*4 tasses*) bouillon de poulet chaud
30 ml	(*2 c. à soupe*) crème à 35 %
	sel et poivre

Faire fronde le beurre à feu doux dans une grande casserole. Ajouter l'oignon, couvrir et cuire 5 minutes.

Ajouter le céleri ; couvrir et continuer la cuisson 3 à 4 minutes.

Ajouter les pommes et mélanger. Incorporer la poudre de cari. Saler, poivrer. Bien mélanger ; couvrir et cuire 5 minutes à feu moyen-doux.

Incorporer la farine ; couvrir et continuer la cuisson 2 minutes à feu doux.

Incorporer le bouillon de poulet ; bien remuer et amener à ébullition. Couvrir partiellement et cuire 15 minutes à feu doux.

Verser la soupe dans un robot culinaire et ne pas mélanger plus de 15 secondes. Incorporer la crème. Rectifier l'assaisonnement. Servir.

1 portion	220 calories	27 g glucides
1 g protéines	12 g lipides	3,5 g fibres

Soupe de légumes à la suisse

30 ml	(*2 c. à soupe*) beurre
2	grosses carottes, pelées et coupées en petits dés
2	branches de céleri, coupées en petits dés
2	petits oignons, coupés en petits cubes
½	navet, pelé et coupé en petits dés
2	pommes de terre, pelées et coupées en petits dés
5 ml	(*1 c. à thé*) basilic
2 ml	(*½ c. à thé*) cerfeuil
1 ml	(*¼ c. à thé*) thym
50 ml	(*¼ tasse*) vin blanc sec
1,2 L	(*5 tasses*) bouillon de poulet chaud
250 ml	(*1 tasse*) petits pois verts frais
125 ml	(*½ tasse*) fromage gruyère râpé
	sel et poivre

Faire fondre le beurre à feu moyen dans une grande casserole. Ajouter carottes, céleri, oignons, navet et pommes de terre ; couvrir et cuire 8 minutes.

Ajouter épices, vin et bouillon de poulet. Remuer et rectifier l'assaisonnement. Couvrir et cuire 30 minutes.

Ajouter les pois ; couvrir et cuire 8 minutes.

Incorporer le fromage. Servir aussitôt.

1 portion	*292 calories*	*35 g glucides*
11 g protéines	*12 g lipides*	*6,3 g fibres*

Soupe à l'oignon au vin blanc

pour 4 personnes

30 ml	(*2 c. à soupe*) beurre
4 à 5	oignons moyens, émincés
125 ml	(*½ tasse*) vin blanc sec
1 L	(*4 tasses*) bouillon de bœuf chaud
1	feuille de laurier
1 ml	(*¼ c. à thé*) thym
1 ml	(*¼ c. à thé*) marjolaine
4	tranches de pain français, grillées
250 ml	(*1 tasse*) fromage gruyère râpé
	sel et poivre

Faire chauffer le beurre dans une sauteuse. Ajouter les oignons ; cuire 30 minutes à feu moyen-doux, sans couvrir. Remuer 7 à 8 fois durant la cuisson.

Incorporer le vin et bien remuer. Cuire 3 à 4 minutes à feu moyen pour réduire le vin de moitié.

Incorporer le bouillon de bœuf et remuer. Ajouter feuille de laurier et épices. Mélanger et continuer la cuisson 35 minutes à feu doux.

Préchauffer le four à 240°C (*450°F*).

Verser la soupe dans des bols individuels. Recouvrir d'une tranche de pain et couronner de fromage. Faire dorer 15 minutes au four.

1 portion	319 calories	22 g glucides
15 g protéines	19 g lipides	2,9 g fibres

1. *Faire cuire les oignons dans le beurre chaud pendant 30 minutes. Remuer 7 à 8 fois pour permettre aux oignons de dorer uniformément.*

2. *Après 30 minutes de cuisson, les oignons sont tendres et bien dorés.*

3. *Incorporer le vin blanc et laisser réduire de moitié.*

4. *Ajouter bouillon de bœuf, feuille de laurier et épices. Laisser mijoter 35 minutes à feu doux.*

Fonds d'artichaut à l'européenne

pour 4 personnes

30 ml	(*2 c. à soupe*) beurre
2	oignons verts, hachés
6	grosses têtes de champignons frais, nettoyées et hachées
30 ml	(*2 c. à soupe*) farine
250 ml	(*1 tasse*) lait
142 g	(*5 oz*) palourdes en conserve, égouttées
8	fonds d'artichaut, chauds
125 ml	(*½ tasse*) fromage râpé au goût
	sel et poivre
	une pincée de muscade
	une pincée de paprika

Faire chauffer le beurre à feu moyen dans une sauteuse. Ajouter oignons verts et champignons ; saler, poivrer. Couvrir et cuire 5 minutes.

Incorporer la farine et cuire 1 minute, sans couvrir. Ajouter le lait ; bien remuer. Assaisonner de muscade et de paprika. Continuer la cuisson 5 minutes à feu doux.

Ajouter les palourdes et remuer. Couvrir et cuire 2 à 3 minutes à feu très doux.

Farcir les fonds d'artichaut. Couronner de fromage. Saupoudrer de paprika. Cuire au four (broil) 3 minutes.

1 portion	246 calories	15 g glucides
15 g protéines	14 g lipides	1,5 g fibres

Têtes de champignon marinées à l'estragon

pour 4 personnes

45 ml	(*3 c. à soupe*) huile d'olive
3	gousses d'ail, écrasées et hachées
1	oignon, haché
500 g	(*1 livre*) petites têtes de champignons frais, soigneusement nettoyées
1 ml	(*¼ c. à thé*) thym
2 ml	(*½ c. à thé*) marjolaine
5 ml	(*1 c. à thé*) estragon
1	feuille de laurier
3	branches de persil
1	tranche de citron, coupée en deux
250 ml	(*1 tasse*) vin blanc sec
30 ml	(*2 c. à soupe*) vinaigre de vin
	sel et poivre

Faire chauffer l'huile à feu moyen dans une casserole. Ajouter ail et oignon ; cuire 4 à 5 minutes en remuant de temps à autre.

Ajouter les champignons. Saler, poivrer et mélanger. Ajouter épices, feuille de laurier et citron. Incorporer vin et vinaigre. Bien remuer ; couvrir et cuire 10 minutes à feu moyen.

Retirer le couvercle et laisser refroidir les champignons dans la marinade. Garnir de persil. Servir.

1 portion	156 calories	9 g glucides
3 g protéines	12 g lipides	3,7 g fibres

Fonds d'artichaut Gounod

30 ml	(*2 c. à soupe*) huile végétale
1	échalote sèche, hachée
1	courgette, coupée en petits dés
¼	aubergine, pelée et coupée en petits dés
127 g	(*4½ oz*) chair de crabe, en conserve, bien égouttée
250 ml	(*1 tasse*) fromage mozzarella râpé
398 ml	(*14 oz*) fonds d'artichaut en conserve
30 ml	(*2 c. à soupe*) chapelure
	sel et poivre
	beurre

Faire chauffer l'huile à feu moyen dans une sauteuse. Ajouter échalote, courgette et aubergine ; saler, poivrer. Couvrir et cuire 10 à 12 minutes.

Incorporer la chair de crabe et rectifier l'assaisonnement. Continuer la cuisson 4 à 5 minutes.

Ajouter le fromage et cuire 2 minutes.

Entre-temps, réchauffer les fonds d'artichaut dans un plat à gratin avec un peu de beurre.

Remplir les fonds du mélange de légumes. Saupoudrer de chapelure. Dorer au four (broil) 1 à 2 minutes.

Servir aussitôt.

1 portion	300 calories	14 g glucides
16 g protéines	20 g lipides	2,4 g fibres

Champignons farcis aux escargots

pour 4 personnes

30 ml	(*2 c. à soupe*) huile d'olive
16	grosses têtes de champignon, nettoyées
30 ml	(*2 c. à soupe*) beurre
3	échalotes sèches, finement hachées
45 ml	(*3 c. à soupe*) persil frais haché
16	escargots en conserve, rincés et égouttés
15 ml	(*1 c. à soupe*) grains de poivre vert écrasés
30 ml	(*2 c. à soupe*) chapelure
	sel et poivre
	tranches de citron

Faire chauffer l'huile à feu moyen-vif dans une poêle. Ajouter les champignons. Saler, poivrer et cuire 2 à 3 minutes de chaque côté.

Retirer les champignons de la poêle et les mettre dans un plat de service allant au four.

Faire chauffer le beurre dans la poêle. Ajouter échalotes, persil, escargots et poivre vert ; cuire 2 à 3 minutes à feu vif. Poivrer généreusement. Ne pas saler.

Remplir les têtes de champignon du mélange d'escargot. Saupoudrer de chapelure. Dorer au four (broil) 2 à 3 minutes.

Servir avec des tranches de citron.

1 portion	*128 calories*	*9 g glucides*
5 g protéines	*8 g lipides*	*3,2 g fibres*

Aubergine bouffonne

pour 4 personnes

8	tranches d'aubergine de 0,65 cm (¼ *po*) d'épaisseur
250 ml	(*1 tasse*) farine assaisonnée
1 ml	(¼ *c. à thé*) paprika
2	œufs
250 ml	(*1 tasse*) lait
45 ml	(*3 c. à soupe*) huile d'arachide
15 ml	(*1 c. à soupe*) beurre
125 g	(¼ *livre*) champignons frais, nettoyés et hachés
1	échalote sèche, hachée
5 ml	(*1 c. à thé*) persil frais haché
5 ml	(*1 c. à thé*) farine
142 g	(*5 oz*) chair de crabe en conserve, bien égouttée et hachée
125 ml	(½ *tasse*) crème à 35 %
125 ml	(½ *tasse*) fromage gruyère râpé sel et poivre

Bien enfariner les tranches d'aubergine et les saupoudrer de paprika. Mettre de côté.

Placer œufs et lait dans un bol. Saler, poivrer et mélanger au fouet. Tremper les aubergines dans le mélange. Mettre de côté.

Faire chauffer l'huile d'arachide dans une grande poêle à frire. Faire cuire les tranches d'aubergine 3 minutes de chaque côté *. Saler, poivrer.

Placer 4 tranches d'aubergine dans un plat à gratin. Disposer les autres dans une assiette et mettre de côté.

Faire chauffer le beurre à feu moyen-doux dans une casserole. Ajouter champignons, échalote et persil ; couvrir et cuire 3 à 4 minutes.

Incorporer 5 ml (*1 c. à thé*) de farine et cuire 1 minute, sans couvrir. Ajouter la chair de crabe et saler, poivrer. Continuer la cuisson 2 à 3 minutes.

Incorporer la crème. Rectifier l'assaisonnement et cuire 4 à 5 minutes. Ajouter la moitié du fromage, remuer et cuire 2 minutes.

Partager la moitié du mélange de crabe entre les tranches d'aubergine qui se trouvent dans le plat à gratin. Recouvrir d'une seconde tranche d'aubergine pour former un sandwich. Garnir du reste de crabe.

Parsemer de fromage. Dorer au four (broil) 5 à 6 minutes. Servir.

* *Faire cuire les aubergines en deux étapes pour ne pas surcharger la poêle.*

1 portion	*544 calories*	*33 g glucides*
22 g protéines	*36 g lipides*	*2,3 g fibres*

1. Bien enfariner les tranches d'aubergine et les saupoudrer de paprika.

2. Tremper les aubergines dans le mélange d'œufs et de lait.

3. Placer les aubergines dans l'huile chaude et cuire 3 à 4 minutes de chaque côté. Saler, poivrer. Cuire les aubergines en deux étapes pour ne pas surcharger la poêle.

4. Placer la moitié des aubergines dans un plat à gratin. Garnir de la moitié du mélange de crabe. Recouvrir d'une tranche d'aubergine pour former un sandwich. Ajouter un peu de crabe et couronner de fromage. Dorer au four.

Avocat farci aux petits légumes

pour 4 personnes

10	tiges d'asperges fraîches, soigneusement lavées et pelées
2	cœurs de palmier en conserve, égouttés et coupés en dés
6 à 8	olives noires dénoyautées, hachées
15 ml	(*1 c. à soupe*) persil frais haché
60 ml	(*4 c. à soupe*) mayonnaise
125 ml	(*½ tasse*) petits pois verts congelés, cuits
30 ml	(*2 c. à soupe*) piment banane fort mariné, haché
2	avocats mûrs, coupés en deux et arrosés de jus de citron
	quelques gouttes de jus de citron
	quelques gouttes de sauce Pickapeppa*
	sel et poivre

Cuire les asperges dans l'eau bouillante salée. Égoutter et mettre de côté.

Mélanger cœurs de palmier, olives et persil dans un bol.

Couper les tiges d'asperges en dés et les mettre dans le bol. Mélanger de nouveau.

Incorporer mayonnaise et jus de citron. Bien remuer.

Arroser de sauce Pickapeppa. Saler, poivrer et mélanger. Incorporer pois verts et piment fort.

Si désiré, garnir un plat de service de feuilles de laitue fraîche ou de fèves germées.

Remplir les avocats de légumes à la mayonnaise. Disposer le tout sur le plat de service. Servir.

---

* *Sauce piquante originaire de la Jamaïque.*

1 portion	332 calories	15 g glucides
5 g protéines	28 g lipides	6 g fibres

Salade Alexandra

pour 4 personnes

4	tranches de bœuf rôti, de 0,65 cm (*¼ po*) d'épaisseur, coupées en lanières
1	échalote sèche, hachée
15 ml	(*1 c. à soupe*) persil frais haché
½	piment rouge, coupé en lanières
1	piment vert, coupé en lanières
30 ml	(*2 c. à soupe*) vinaigre de vin
15 ml	(*1 c. à soupe*) moutarde de Dijon
30 ml	(*2 c. à soupe*) huile d'olive
1 ml	(*¼ c. à thé*) estragon
	quelques gouttes de sauce Tabasco
	sel et poivre
	feuilles de laitue romaine, lavées et essorées

Mettre bœuf, échalote, persil et piments dans un bol ; mêler.

Ajouter vinaigre et moutarde ; mêler de nouveau.

Arroser d'huile. Saler, poivrer et mélanger. Ajouter estragon et sauce Tabasco. Bien incorporer les ingrédients et rectifier l'assaisonnement.

Décorer un plat de service de feuilles de laitue. Ajouter la salade de bœuf. Accompagner le tout de tomates tranchées, d'olives et de champignons marinés.

1 portion	*253 calories*	*2 g glucides*
32 g protéines	*13 g lipides*	*0,5 g fibres*

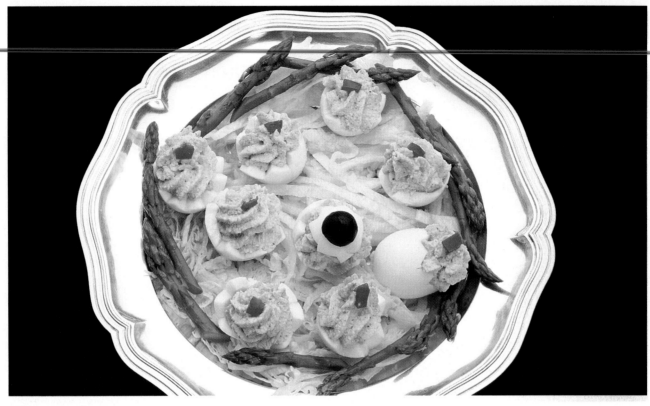

Œufs farcis au cari

10	œufs durs
45 ml	(*3 c. à soupe*) mayonnaise
15 ml	(*1 c. à soupe*) poudre de cari
15 ml	(*1 c. à soupe*) moutarde de Dijon
	une pincée de paprika
	quelques gouttes de sauce Pickapeppa
	quelques petits morceaux de piments rouges marinés pour décorer
	laitue ciselée
	sel et poivre

Avec la pointe d'un couteau, couper dans le sens de la largeur 8 œufs durs en deux, en les dentelant.

Séparer délicatement les œufs. Retirer les jaunes et mettre les blancs de côté.

Forcer les jaunes d'œufs à travers une passoire en utilisant le dos d'une cuillère.

Couper les 2 autres œufs en deux. Retirer les jaunes. Forcer jaunes et blancs à travers la passoire.

Ajouter mayonnaise, poudre de cari, moutarde et paprika. Bien mélanger. Saler, poivrer et ajouter la sauce Pickapeppa. Bien remuer pour obtenir un mélange homogène.

Mettre le mélange dans un sac à pâtisserie muni d'une douille étoilée. Farcir les blancs d'œufs dentelés. Décorer d'un petit morceau de piment mariné.

Placer les œufs farcis sur un plat de service garni de laitue ciselée. Servir.

1 portion	*258 calories*	*0 g glucides*
15 g protéines	*22 g lipides*	*0,1 g fibres*

Œufs farcis Dijon

pour 4 à 6 personnes

12	œufs durs, écalés
15 ml	(*1 c. à soupe*) moutarde de Dijon
45 ml	(*3 c. à soupe*) mayonnaise
1 ml	(*¼ c. à thé*) jus de citron
6	pousses de bambou en conserve, coupées en morceaux de 0,65 cm (*¼ po*)
50 ml	(*¼ tasse*) vinaigrette
5 ml	(*1 c. à thé*) persil frais haché
	sel et poivre
	laitue ciselée
	paprika au goût
	olives noires, tranchées

Couper les œufs en deux dans le sens de la longueur. Retirer les jaunes et les forcer à travers une fine passoire. Mettre dans un bol.

Ajouter moutarde et mayonnaise et bien mélanger. Goûter et, si désiré, ajouter un peu de mayonnaise.

Arroser de jus de citron et saler, poivrer. Mélanger de nouveau. Placer le mélange dans un sac à pâtisserie muni d'une douille étoilée. Farcir les blancs d'œufs.

Disposer les œufs farcis sur un plat de service garni de laitue ciselée. Saupoudrer de paprika. Décorer d'olives noires.

Dans un petit bol, mélanger pousses de bambou et vinaigrette. Placer le mélange autour des œufs. Parsemer de persil frais. Servir.

1 portion	259 calories	3 g glucides
13 g protéines	23 g lipides	0,4 g fibres

Bouchées de camembert frit

2	petits camemberts de 200 g (*7 oz*), froids
250 ml	(*1 tasse*) farine assaisonnée
5 ml	(*1 c. à thé*) huile d'olive
3	œufs battus
500 ml	(*2 tasses*) chapelure
	huile d'arachide

Retirer, en grattant avec un petit couteau, une partie de la croûte des camemberts. Couper chaque fromage en petites pointes. Bien enrober de farine.

Mélanger huile d'olive et œufs battus, et y tremper les morceaux de fromage.

Enrober de nouveau le fromage de farine et retremper dans les œufs battus.

Bien enrober chaque morceau de chapelure.

Mettre tous les morceaux de fromage dans une grande assiette et placer 10 minutes au congélateur.

Entre-temps, préchauffer l'huile d'arachide dans une friteuse à 190°C (*375°F*).

Plonger les morceaux de fromage dans l'huile chaude 2 minutes ou jusqu'à ce qu'ils soient bien dorés.

Égoutter sur du papier essuie-tout. Si désiré, servir avec une sauce aux framboises.

1 portion	*913 calories*	*65 g glucides*
35 g protéines	*57 g lipides*	*3 g fibres*

Croque-monsieur nouveau style

45 ml	(*3 c. à soupe*) beurre
1	petit piment vert, émincé
8	minces tranches de pain français
8	tranches de fromage gruyère
4	tranches de jambon de la Forêt Noire
	poivre du moulin

Faire chauffer 15 ml (*1 c. à soupe*) de beurre dans une petite casserole. Ajouter le piment vert ; couvrir et cuire 15 minutes à feu doux.

Placer 4 tranches de pain sur un comptoir de cuisine. Mettre une tranche de fromage sur chaque tranche. Poivrer généreusement.

Partager le piment cuit entre les quatre sandwiches. Recouvrir d'une tranche de jambon. Ajouter une seconde tranche de fromage.

Recouvrir le tout d'une tranche de pain pour former les quatre sandwiches.

Faire chauffer à feu moyen-vif une grande poêle à frire en téflon. Beurrer un côté des sandwiches et, dès que la poêle est chaude, placer le côté beurré dans la poêle. Faire dorer 3 à 4 minutes.

Entre-temps, beurrer le second côté.

Retourner les sandwiches et faire dorer 3 à 4 minutes. Couper en deux. Servir.

1 portion	472 calories	18 g glucides
28 g protéines	32 g lipides	1 g fibres

Bruschetta

pour 4 personnes

30 ml	(*2 c. à soupe*) huile végétale
½	piment vert, haché
1	oignon, haché
2	gousses d'ail, écrasées et hachées
50 ml	(*¼ tasse*) vin blanc sec
796 ml	(*28 oz*) tomates en conserve, égouttées et hachées
2 ml	(*½ c. à thé*) basilic
1	baguette de pain français
15 ml	(*1 c. à soupe*) pâte de tomates
375 ml	(*1½ tasse*) fromage gruyère râpé
	une pincée de thym
	une pincée de paprika
	sel et poivre

Faire chauffer l'huile à feu moyen-vif dans une sauteuse. Ajouter piment vert, oignon et ail ; cuire 3 à 4 minutes.

Incorporer le vin ; cuire 3 à 4 minutes à feu vif.

Ajouter tomates et épices. Cuire 15 minutes à feu vif. Remuer quelques fois.

Entre-temps, couper la baguette en deux dans le sens de la longueur. Couper ensuite dans le sens de la largeur pour obtenir huit morceaux. Faire griller les deux côtés au four. Mettre de côté.

Ajouter la pâte de tomates au mélange de tomates ; continuer la cuisson 3 à 4 minutes à feu moyen.

Incorporer le fromage. Rectifier l'assaisonnement.

Étendre le mélange sur le pain grillé. Dorer 1 minute au four. Servir aussitôt.

1 portion   610 calories   57 g glucides
28 g protéines   30 g lipides   4,5 g fibres

1. Cuire piment, oignon et ail 3 à 4 minutes dans l'huile chaude.

2. Incorporer le vin ; cuire 3 à 4 minutes à feu vif pour réduire le vin de moitié.

3. Ajouter tomates et épices. Remuer et cuire 15 minutes à feu vif.

4. Ajouter le fromage ; mélanger. Étendre sur le pain grillé.

Bouchées à l'italienne

15 ml	(*1 c. à soupe*) huile d'olive
1	oignon, haché
1	gousse d'ail, écrasée et hachée
375 g	(*¾ livre*) saucisse italienne, tranchée
398 ml	(*14 oz*) sauce tomate en conserve
1	baguette de pain français, tranchée épais et grillée
250 ml	(*1 tasse*) fromage gruyère râpé
	sel et poivre
	quelques gouttes de sauce Pickapeppa

Faire chauffer l'huile à feu moyen dans une sauteuse. Ajouter oignon et ail ; cuire 4 minutes.

Ajouter les tranches de saucisse. Saler, poivrer et continuer la cuisson 7 à 8 minutes.

Incorporer la sauce tomate. Rectifier l'assaisonnement et cuire 6 à 8 minutes.

Verser le tout dans un robot culinaire et mélanger. Étendre le mélange sur le pain grillé. Placer les canapés dans un plat de service allant au four.

Couronner de fromage. Arroser de sauce Pickapeppa. Dorer quelques minutes au four.

Servir aussitôt.

1 portion	706 calories	56 g glucides
35 g protéines	38 g lipides	3,4 g fibres

Canapés au fromage

½	branche de céleri, coupée en petits dés
1	échalote sèche, hachée
127 g	(*4½ oz*) chair de crabe en conserve, bien égouttée
12	olives noires dénoyautées
250 g	(*8 oz*) fromage à la crème
30 ml	(*2 c. à soupe*) yogourt nature
	quelques gouttes de sauce Pickapeppa
	quelques gouttes de sauce Tabasco
	sel et poivre

Mettre céleri, échalote, chair de crabe, olives et fromage à la crème dans un robot culinaire. Mélanger 1 minute.

Ajouter la sauce Pickapeppa et la sauce Tabasco ; mélanger 20 secondes.

Ajouter le yogourt. Saler, poivrer et bien incorporer aux autres ingrédients. Transvaser dans un bol ; couvrir et réfrigérer 1 heure.

Étendre sur biscottes, pain grillé ou servir en trempette avec des légumes frais.

1 portion	*110 calories*	*1 g glucides*
4 g protéines	*10 g lipides*	*0,2 g fibres*

Aïoli et pain français

pour 4 à 6 personnes

6	gousses d'ail, pelées
2	jaunes d'œufs
175 ml	(¾ *tasse*) huile d'olive
	poivre de Cayenne
	quelques gouttes de sauce Tabasco
	quelques gouttes de jus de citron
	tranches de pain français, grillées
	sel et poivre

Mettre les gousses d'ail dans un mortier. Saler, poivrer et ajouter le poivre de Cayenne. Bien écraser au pilon jusqu'à ce que l'ail ait l'apparence d'une purée.

Ajouter les jaunes d'œufs et bien mélanger en écrasant à l'aide du pilon.

Incorporer très lentement l'huile *, goutte à goutte, tout en remuant constamment le mélange avec le pilon.

Assaisonner de sauce Tabasco et de jus de citron. Bien mélanger.

Servir sur du pain français grillé.

* *Pour obtenir de l'aïoli de belle apparence, il est important d'incorporer très lentement l'huile.*

1 portion	*414 calories*	*30 g glucides*
6 g protéines	*30 g lipides*	*1,4 g fibres*

1. Le mortier occupe une place importante dans la préparation de l'aïoli. Cet ustensile est très utile en cuisine et sert à la préparation de plusieurs plats.

2. Saler, poivrer et assaisonner les gousses d'ail de poivre de Cayenne. Bien écraser au pilon jusqu'à l'obtention d'une purée.

3. Ajouter les jaunes d'œufs et bien mélanger en écrasant à l'aide du pilon.

4. Ajouter très lentement l'huile, goutte à goutte, tout en remuant constamment le mélange avec le pilon.

Fritots de pommes de terre au fromage

pour 4 à 6 personnes

4	pommes de terre, cuites au four
125 ml	(½ *tasse*) fromage (au choix) râpé
	sel et poivre
	huile d'arachide

Préchauffer l'huile d'arachide dans une friteuse à 190°C (*375°F*).

Couper les pommes de terre cuites en deux dans le sens de la longueur. Retirer la plupart de la pulpe.

Couper les pelures en grosses lanières et les plonger dans l'huile chaude 5 à 6 minutes.

Bien égoutter sur du papier essuie-tout. Placer les pelures dans un plat de service allant au four. Parsemer de fromage râpé et assaisonner généreusement.

Dorer au four (broil) 2 minutes ou jusqu'à ce que le fromage soit fondu.

Servir aussitôt.

1 portion	*160 calories*	*11 g glucides*
4 g protéines	*11 g lipides*	*1 g fibres*

Pommes de terre farcies aux légumes

30 ml	(*2 c. à soupe*) gras de bacon
1	oignon, émincé
1	piment vert, émincé
12	gros champignons frais, nettoyés et émincés
5	pommes de terre au four, cuites et coupées en deux dans le sens de la longueur
5	tranches de bacon cuit, hachées
250 ml	(*1 tasse*) fromage mozzarella ou cheddar râpé
	sel et poivre du moulin

Faire chauffer le gras de bacon dans une casserole. Ajouter oignon, piment et champignons ; saler, poivrer. Cuire 5 à 6 minutes à feu moyen.

Bien mélanger et continuer la cuisson 8 minutes à feu doux.

Entre-temps, retirer les trois quarts de la pulpe des pommes de terre en prenant soin de ne pas briser la pelure. Disposer les pommes de terre évidées sur un plat de service allant au four.

Remplir les pommes de terre du mélange de légumes. Parsemer de bacon et couronner de fromage. Bien assaisonner.

Faire dorer au four (broil) 5 à 6 minutes. Servir.

1 portion	357 calories	48 g glucides
12 g protéines	13 g lipides	4,5 g fibres

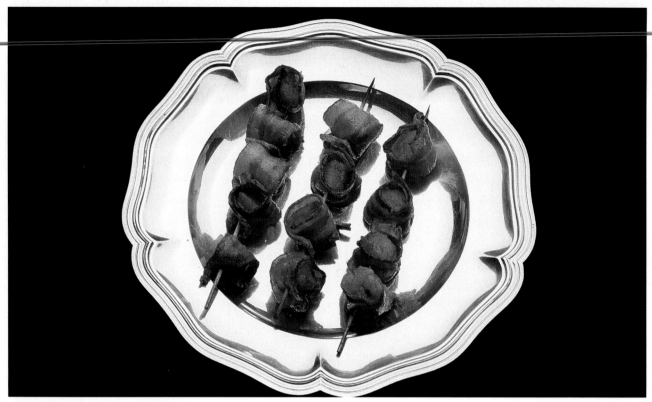

Bouchées à l'ananas

pour 4 personnes

398 ml	(*14 oz*) gros morceaux d'ananas en conserve, égouttés
125 ml	(*½ tasse*) sauce barbecue commerciale
5 ml	(*1 c. à thé*) sauce teriyaki
50 ml	(*¼ tasse*) miel liquide
8	tranches de bacon précuit 3 minutes
	poivre

Mettre ananas, sauce barbecue, sauce teriyaki et miel dans un bol ; mélanger et poivrer. Laisser mariner 15 minutes.

Couper les tranches de bacon en deux. Enrouler le bacon autour des morceaux d'ananas.

Enfiler le tout sur des brochettes en bois.

Cuire au four (broil) 1 à 2 minutes. Si désiré, accompagner les brochettes d'une sauce cocktail.

1 portion	*203 calories*	*30 g glucides*
5 g protéines	*7 g lipides*	*0,8 g fibres*

Cônes de jambon en aspic

pour 4 personnes

1	branche de céleri, coupée en petits dés
1	carotte, pelée et coupée en petits dés
1	pomme de terre, pelée et coupée en petits dés
125 ml	(½ *tasse*) pois verts sucrés, congelés
½	courgette, coupée en petits dés
284 ml	(*10 oz*) consommé de bœuf en conserve
7 g	(¼ *oz*) enveloppe de gélatine non aromatisée
50 ml	(¼ *tasse*) eau bouillante
30 ml	(*2 c. à soupe*) mayonnaise
8	minces tranches de jambon cuit laitue ciselée

Cuire les légumes 8 à 10 minutes dans l'eau bouillante salée ou jusqu'à ce qu'ils soient tendres.

Entre-temps, faire chauffer le consommé dans une petite casserole. Diluer la gélatine dans 50 ml (¼ *tasse*) d'eau chaude. Incorporer au consommé et cuire 2 minutes en remuant fréquemment. Retirer du feu et réfrigérer.

Égoutter les légumes cuits, les passer sous l'eau froide et les égoutter de nouveau. Bien les assécher sur du papier essuie-tout. Mettre les légumes dans un bol à mélanger. Incorporer la mayonnaise aux légumes. Verser 50 ml (¼ *tasse*) du consommé refroidi sur les légumes ; bien mélanger.

Rouler les tranches de jambon en forme de cône et les attacher avec un cure-dents. Remplir les cônes du mélange de légumes.

Placer délicatement les cônes sur une grille en acier inoxydable. La grille doit reposer sur une grande assiette ou une plaque à biscuits. Badigeonner les cônes de consommé et réfrigérer 15 minutes. Badigeonner de nouveau les cônes. Réfrigérer 15 minutes. Répéter l'opération une troisième fois *.

Servir les cônes sur un grand plat de service garni de laitue ciselée. Si désiré, décorer du reste de consommé coupé en cubes.

* *Il est important de remettre le consommé au réfrigérateur entre chaque emploi.*

1 portion	*201 calories*	*12 g glucides*
18 g protéines	*9 g lipides*	*4,7 g fibres*

Tentation de poulet à la bière

pour 4 personnes

250 ml	(*1 tasse*) farine
250 ml	(*1 tasse*) bière
125 ml	(*½ tasse*) eau
1	jaune d'œuf
1	blanc d'œuf, battu ferme
1	poitrine de poulet entière, sans peau, désossée et coupée en lanières
	sel
	huile d'arachide
	quelques gouttes de sauce Worcestershire
	quelques gouttes de sauce Tabasco

Mettre farine et sel dans un bol ; mélanger. Ajouter la bière et mélanger au fouet. Incorporer l'eau au fouet pour obtenir une pâte homogène.

Ajouter le jaune d'œuf et remuer. Incorporer le blanc d'œuf au fouet. Réfrigérer 2 heures.

Préchauffer l'huile d'arachide dans une friteuse à 190°C (*375°F*).

Placer les lanières de poulet dans un bol. Arroser de sauce Worcestershire et de sauce Tabasco. Laisser mariner 10 minutes.

Tremper les lanières dans la pâte et les plonger dans la friture 7 à 8 minutes ou selon l'épaisseur des lanières.

Égoutter et servir avec une sauce pour trempette.

1 portion	345 calories	29 g glucides
19 g protéines	*15 g lipides*	*1,2 g fibres*

42

Amuse-gueule de dernière minute

pour 4 personnes

1	petit cantaloup
1	avocat
8	tranches de prosciutto
	jus de citron

Couper le cantaloup en deux dans le sens de la largeur. Retirer et jeter fibre et graines. Couper chaque moitié en quatre tranches de même épaisseur. Retirer la peau. Mettre de côté.

Couper l'avocat en deux dans le sens de la longueur et retirer le noyau. Peler et couper chaque moitié en quatre tranches de même épaisseur. Arroser aussitôt les morceaux de jus de citron pour les empêcher de noircir.

Envelopper une tranche de cantaloup et d'avocat dans une tranche de prosciutto. Attacher avec un cure-dents.

Servir.

1 portion	*186 calories*	*15 g glucides*
9 g protéines	*10 g lipides*	*2,4 g fibres*

Brochettes d'ailerons de poulet

pour 4 personnes

12	gros ailerons de poulet
15 ml	(*1 c. à soupe*) huile d'olive
30 ml	(*2 c. à soupe*) miel
30 ml	(*2 c. à soupe*) sauce soya
2	gousses d'ail, écrasées et hachées
30 ml	(*2 c. à soupe*) chapelure
	jus du quart d'un citron
	sel et poivre

Retirer et jeter la pointe des ailerons. Couper les ailerons en deux et les mettre dans un bol. Ajouter huile, miel, sauce soya, ail et jus de citron. Saler, poivrer et mélanger. Laisser mariner 1 heure.

Préchauffer le four à 240°C (*450°F*).

Enfiler les ailerons sur des brochettes. Placer les brochettes sur une plaque à biscuits. Cuire 10 minutes au four.

Retourner les brochettes et continuer la cuisson 8 minutes.

Saupoudrer les ailerons de chapelure. Griller au four (broil) 5 minutes.

1 portion	*209 calories*	*12 g glucides*
20 g protéines	*9 g lipides*	*0,1 g fibres*

44

Ailerons de poulet frits

900 g	(*2 livres*) ailerons de poulet
500 ml	(*2 tasses*) farine assaisonnée
3	œufs battus
5 ml	(*1 c. à thé*) huile végétale
500 ml	(*2 tasses*) chapelure assaisonnée
	paprika au goût
	sel et poivre
	huile d'arachide

Préchauffer l'huile d'arachide dans une friteuse à 190°C (*375°F*).

Retirer et jeter la pointe des ailerons. Couper les ailerons en deux et les blanchir 10 à 12 minutes. Bien égoutter.

Bien enfariner les ailerons. Mélanger œufs battus et huile. Tremper les ailerons enfarinés dans le mélange. Enrober de chapelure. Saler, poivrer et saupoudrer de paprika.

Plonger 5 à 6 minutes dans l'huile chaude. Servir avec une sauce épicée.

1 portion	282 calories	23 g glucides
18 g protéines	13 g lipides	1,1 g fibres

Pâté de foies de volaille

pour 4 personnes

500 g	(*1 livre*) foies de volaille
30 ml	(*2 c. à soupe*) beurre
2	oignons, hachés
2	gousses d'ail, écrasées et hachées
1	branche de céleri, hachée
2 ml	(*½ c. à thé*) sarriette
5 ml	(*1 c. à thé*) cerfeuil
2 ml	(*½ c. à thé*) zeste de citron râpé
50 ml	(*¼ tasse*) vin blanc sec
30 ml	(*2 c. à soupe*) cognac
60 ml	(*4 c. à soupe*) crème sure
	une pincée de thym
	sel et poivre

Couper les foies en deux et retirer le gras. Mettre de côté.

Faire fondre le beurre à feu moyen dans une sauteuse. Ajouter oignons, ail et céleri ; couvrir et cuire 4 à 5 minutes.

Ajouter foies et épices. Incorporer le zeste de citron ; couvrir et cuire 15 minutes à feu moyen. Remuer de temps à autre durant la cuisson.

Incorporer vin et cognac ; couvrir et continuer la cuisson 5 à 6 minutes.

Verser le tout dans un robot culinaire et bien mélanger pendant quelques minutes.

Ajouter la crème sure et mélanger pendant quelques minutes. Verser le pâté dans un bol de service. Réfrigérer 8 heures.

Servir sur du pain français grillé ou des biscottes. Accompagner de condiments au choix.

1 portion	*262 calories*	*8 g glucides*
26 g protéines	*14 g lipides*	*1,3 g fibres*

1. Couper les foies de volaille en deux et retirer le gras.

2. Ajouter oignons, ail et céleri au beurre chaud ; couvrir et cuire 4 à 5 minutes.

3. Ajouter foies et épices. Incorporer le zeste de citron ; couvrir et cuire 15 minutes à feu moyen.

4. Incorporer vin et cognac ; couvrir et cuire 5 à 6 minutes.

Vol-au-vent de poulet aux pommes

30 ml	(*2 c. à soupe*) beurre
1	branche de céleri, coupée en dés
2	pommes, évidées, pelées et coupées en gros dés
45 ml	(*3 c. à soupe*) farine
1 ml	(*¼ c. à thé*) paprika
500 ml	(*2 tasses*) bouillon de poulet chaud
2	poitrines de poulet entières, cuites, sans peau et coupées en gros dés
30 ml	(*2 c. à soupe*) crème sure
4	vol-au-vent cuits, chauds
	sel et poivre
	noix hachées

Faire chauffer le beurre à feu doux dans une sauteuse. Ajouter céleri et pommes ; couvrir et cuire 5 minutes.

Bien incorporer la farine. Saler, poivrer et saupoudrer de paprika. Cuire 2 minutes, sans couvrir, à feu doux.

Incorporer le bouillon de poulet et amener à ébullition. Cuire 8 à 10 minutes, sans couvrir, à feu moyen.

Ajouter le poulet cuit et laisser mijoter 2 minutes. Incorporer la crème sure. Remplir les vol-au-vent. Parsemer de noix. Servir.

1 portion	565 calories	35 g glucides
32 g protéines	33 g lipides	2,2 g fibres

Salade estivale

½	cantaloup, la pulpe retirée en boules
1	poitrine de poulet entière cuite, sans peau et coupée en gros dés
5 ml	(*1 c. à thé*) cumin
½	échalote sèche, hachée
1	branche de céleri, coupée en dés
15 ml	(*1 c. à soupe*) chutney
15 ml	(*1 c. à soupe*) mayonnaise
15 ml	(*1 c. à soupe*) crème sure
	quelques gouttes de jus de citron
	sel et poivre

Bien mélanger cantaloup, poulet, cumin, échalote, céleri et chutney dans un bol. Saler, poivrer.

Ajouter mayonnaise et crème sure. Remuer pour bien enrober les ingrédients.

Arroser de jus de citron. Si désiré, servir sur des feuilles de laitue.

1 portion	258 calories	14 g glucides
28 g protéines	10 g lipides	1,9 g fibres

Coquilles de homard aux tomates

pour 4 personnes

30 ml	(*2 c. à soupe*) beurre
2	gousses d'ail, écrasées et hachées
2	échalotes sèches, hachées
500 g	(*1 livre*) chair de homard congelée, dégelée et égouttée
796 ml	(*28 oz*) tomates en conserve, égouttées et hachées
5 ml	(*1 c. à thé*) origan
125 ml	(*½ tasse*) fromage mozzarella râpé
	sel et poivre

Faire fondre le beurre à feu doux dans une sauteuse. Ajouter ail et échalotes ; cuire 2 à 3 minutes.

Incorporer le homard et cuire 2 à 3 minutes à feu vif. Retirer la chair de homard et mettre de côté.

Ajouter tomates et origan à la sauteuse. Saler, poivrer ; cuire 8 à 10 minutes à feu moyen.

Remettre le homard dans la sauce, remuer et incorporer le fromage. Cuire 2 minutes. Servir aussitôt dans des plats à coquille individuels.

1 portion	*269 calories*	*9 g glucides*
29 g protéines	*13 g lipides*	*1,7 g fibres*

Homard en sauce sur pain grillé

pour 4 personnes

30 ml	(*2 c. à soupe*) beurre
1	échalote sèche, hachée
1	piment vert, coupé en petits cubes
1	courgette, coupée en petits cubes
500 g	(*1 livre*) chair de homard congelée, dégelée et égouttée
45 ml	(*3 c. à soupe*) farine
375 ml	(*1½ tasse*) bouillon de poulet chaud
50 ml	(*¼ tasse*) crème à 35 %
	une pincée de paprika
	sel et poivre
	pain grillé

Faire chauffer le beurre à feu moyen-doux dans une sauteuse. Ajouter échalote, piment et courgette ; couvrir et cuire 8 minutes.

Incorporer le homard. Saler, poivrer et saupoudrer de paprika. Cuire 3 minutes sans couvrir. Retirer la chair de homard et mettre de côté.

Ajouter la farine aux légumes de la sauteuse. Bien mélanger et cuire 2 minutes à feu doux.

Incorporer le bouillon de poulet, remuer et amener à ébullition. Cuire 4 à 5 minutes à feu moyen-doux.

Ajouter la crème. Rectifier l'assaisonnement. Cuire 2 minutes à feu doux. Remettre le homard dans la sauce, remuer et servir sur du pain grillé.

1 portion	*342 calories*	*26 g glucides*
22 g protéines	*14 g lipides*	*2,4 g fibres*

Escargots à l'ail

250 g	(*½ livre*) beurre non salé
15 ml	(*1 c. à soupe*) persil frais haché
3	gousses d'ail, écrasées et hachées
3	échalotes sèches hachées
24	coquilles d'escargots
24	escargots en conserve, bien lavés et égouttés
	quelques gouttes de sauce Tabasco
	quelques gouttes de sauce Worcestershire
	jus du quart d'un citron
	sel et poivre

Mettre beurre, persil, ail et échalotes dans un robot culinaire. Saler et bien mélanger pour incorporer tous les ingrédients.

Ajouter sauce Tabasco, sauce Worcestershire et jus de citron. Poivrer et bien remuer. Mettre de côté.

Préchauffer le four à 200°C (*400°F*).

Placer une petite quantité de beurre à l'ail à l'intérieur de chaque coquille. Ajouter un escargot et remplir de beurre à l'ail.

Placer les coquilles dans les plats à escargots, les ouvertures tournées vers le haut.

Placer les plats sur une plaque à biscuits. Cuire 3 minutes au four. Faire dorer ensuite au gril (broil) 2 minutes.

Servir aussitôt avec des tranches de pain français.

1 portion	*453 calories*	*0 g glucides*
3 g protéines	*49 g lipides*	*0 g fibres*

1. Mettre beurre et persil dans un robot culinaire.

2. Ajouter ail et échalotes.

3. Saler et bien mélanger pour incorporer tous les ingrédients.

4. Ajouter sauce Tabasco, sauce Worcestershire et jus de citron. Poivrer et bien remuer.

Asperges fraîches en vinaigrette

2	grosses bottes d'asperges fraîches
15 ml	(*1 c. à soupe*) moutarde de Dijon
1	jaune d'œuf
45 ml	(*3 c. à soupe*) vinaigre de vin blanc
125 ml	(*½ tasse*) huile d'olive
30 ml	(*2 c. à soupe*) crème à 35 %
5 ml	(*1 c. à thé*) grains de poivre vert, écrasés
	quelques gouttes de sauce Tabasco
	sel et poivre

Retirer 2,5 cm (*1 po*) du pied des asperges. Peler et laver les asperges pour en retirer tout le sable.

Cuire les asperges 7 à 8 minutes dans l'eau bouillante salée. Ajuster le temps de cuisson selon leur grosseur. Les passer sous l'eau froide. Égoutter et mettre de côté.

Mettre la moutarde dans un bol. Ajouter jaune d'œuf et vinaigre ; bien mélanger au fouet. Saler, poivrer.

Incorporer l'huile, en un mince filet, tout en mélangeant constamment au fouet.

Incorporer la crème, en mélangeant constamment cette fois-ci avec le batteur électrique.

Ajouter le poivre vert écrasé, remuer et assaisonner de sauce Tabasco.

Verser la vinaigrette dans un bol de service. Placer les asperges dans une serviette de table propre pour absorber l'excédent d'eau.

Servir.

1 portion	*337 calories*	*6 g glucides*
4 g protéines	*33 g lipides*	*2 g fibres*

Quiche aux oignons et au bacon

5	tranches de bacon cuit croustillant
1	abaisse de pâte à tarte de 23 cm (*9 po*) *
2	oignons, émincés et cuits
15 ml	(*1 c. à soupe*) persil frais haché
250 ml	(*1 tasse*) fromage gruyère râpé
1	œuf
2	jaunes d'œufs
250 ml	(*1 tasse*) crème à 35% poivre du moulin une pincée de muscade une pincée de paprika

Préchauffer le four à 190°C (*375°F*).

Placer les tranches de bacon dans le fond de quiche cuit. Recouvrir d'oignons et parsemer de persil.

Ajouter la moitié du fromage. Poivrer généreusement.

Mettre l'œuf et les jaunes d'œufs dans un bol. Ajouter crème, muscade et paprika. Bien mélanger au fouet.

Verser le mélange dans le fond de quiche. Couronner de fromage. Placer la quiche sur une plaque à biscuits et cuire 35 minutes au four. Laisser reposer quelques minutes avant de servir.

* *Foncer un moule à quiche de l'abaisse de pâte. Piquer la pâte avec une fourchette. Laisser reposer 1 heure.*

1 portion	662 calories	23 g glucides
21 g protéines	54 g lipides	1,2 g fibres

Quiche à la grecque

pour 4 personnes

30 ml	(*2 c. à soupe*) huile végétale
1	aubergine, pelée et coupée en dés
2	gousses d'ail, écrasées et hachées
1	courgette, coupée en dés
250 ml	(*1 tasse*) tomates en conserve, égouttées et hachées
2 ml	(*½ c. à thé*) estragon
15 ml	(*1 c. à soupe*) basilic
250 ml	(*1 tasse*) fromage emmenthal râpé
1	abaisse de pâte à tarte de 23 cm (*9 po*) *
1	œuf
2	jaunes d'œufs
250 ml	(*1 tasse*) crème à 35% une pincée de muscade une pincée de poivre de Cayenne sel et poivre

Préchauffer le four à 190°C (*375°F*).

Faire chauffer l'huile à feu moyen dans une sauteuse. Ajouter aubergine, ail et courgette. Saler, poivrer et cuire 15 minutes à feu moyen.

Incorporer les tomates et continuer la cuisson 15 à 20 minutes.

Ajouter estragon et basilic. Incorporer 125 ml (*½ tasse*) de fromage. Rectifier l'assaisonnement et cuire 2 minutes.

Remplir la croûte à quiche. Placer la quiche sur une plaque à biscuits.

Mettre œuf et jaunes d'œufs dans un bol. Ajouter muscade, poivre de Cayenne, sel et poivre. Incorporer la crème au fouet.

Verser le mélange d'œufs sur la quiche. Mélanger délicatement avec une fourchette pour que le liquide s'écoule vers le fond.

Couronner le tout de fromage. Cuire 35 minutes au four.

Laisser reposer quelques minutes avant de servir.

* *Foncer un moule à quiche de l'abaisse de pâte. Piquer la pâte avec une fourchette. Laisser reposer 1 heure.*

1 portion	685 calories	24 g glucides
19 g protéines	57 g lipides	2,6 g fibres

1. Mettre aubergine, ail et courgette dans l'huile chaude. Saler, poivrer et cuire 15 minutes à feu moyen.

2. Incorporer les tomates et continuer la cuisson 15 à 20 minutes.

3. Ajouter estragon, basilic et 125 ml (½ tasse) de fromage. Rectifier l'assaisonnement et cuire 2 minutes.

4. Remplir la croûte à quiche du mélange.

Trempette au bleu

150 g	(*⅓ livre*) fromage bleu
12	olives noires dénoyautées
15 ml	(*1 c. à soupe*) crème sure
1 ml	(*¼ c. à thé*) paprika
30 ml	(*2 c. à soupe*) chutney
	sel et poivre
	branches de céleri, lavées et coupées
	en trois

Mettre fromage et olives dans un robot culinaire et mélanger 1 minute.

Ajoutger la crème sure et bien mélanger. Saler, poivrer et assaisonner de paprika.

Ajouter le chutney et mélanger de nouveau. Verser la trempette dans un bol ; couvrir et réfrigérer 2 heures.

Mettre le mélange dans un sac à pâtisserie muni d'une douille étoilée.

Farcir le céleri ou autre légume au choix. Servir.

1 portion	*186 calories*	*6 g glucides*
9 g protéines	*14 g lipides*	*1,9 g fibres*

LEVERS ENSOLEILLÉS

*Commencer
la journée
en fête!*

Cantaloup en fête

pour 2 personnes

1	cantaloup
375 ml	(*1½ tasse*) melon d'eau coupé en cubes
1	orange, en quartiers
125 ml	(*½ tasse*) raisins verts et raisins rouges sans pépins
50 ml	(*¼ tasse*) rhum léger Lamb's
30 ml	(*2 c. à soupe*) noix hachées
	jus d'une limette

Couper le cantaloup en deux en le dentelant. Enlever et jeter les graines. Retirer la plupart de la pulpe et la hacher.

Mettre la pulpe hachée dans un bol. Ajouter le reste des fruits. Arroser de rhum et bien mêler. Laisser mariner 15 à 20 minutes.

Arroser de jus de limette, mélanger et placer dans les demi-cantaloups évidés.

Parsemer de noix. Servir.

1 portion	329 calories	50 g glucides
5 g protéines	6 g lipides	6,1 g fibres

Salade de kiwis

375 ml   (*1½ tasse*) framboises fraîches, lavées
30 ml   (*2 c. à table*) sucre
50 ml   (*¼ tasse*) vodka Jazz à saveur de
          pêche
4   kiwis, pelés et tranchés

Bien égoutter les framboises et les mettre dans une casserole. Ajouter le sucre et arroser de la moitié de la vodka. Couvrir et cuire 6 à 8 minutes à feu moyen.

Transvider le mélange dans un robot culinaire et réduire en purée. Laisser refroidir.

Entre-temps, mettre les tranches de kiwi dans un bol et les arroser du reste de vodka. Laisser mariner 15 minutes.

Au moment de servir, placer des tranches de kiwi dans un bol à dessert. Napper de sauce aux framboises. Si désiré, décorer de crème fouettée.

1 portion	131 calories	23 g glucides
1 g protéines	1 g lipides	3,6 g fibres

Salade de pamplemousse

pour 4 personnes

2	gros pamplemousses, coupés en deux
2	grosses oranges sans pépins, coupées en deux
125 ml	(*½ tasse*) raisins verts et raisins rouges sans pépins
250 ml	(*1 tasse*) fraises, lavées et équeutées
15 ml	(*1 c. à soupe*) sucre
	jus d'une orange
	jus d'un citron

À l'aide d'un petit couteau, couper tout autour des pamplemousses pour retirer la pulpe en un seul morceau. Couper ensuite le fruit entre chaque membrane blanche. Placer les morceaux de pamplemousse dans un bol. Mettre de côté.

Bien nettoyer les pamplemousses évidés pour qu'il ne reste pas de trace de pulpe ou de jus. Mettre de côté.

Retirer la pelure des oranges à l'aide d'un petit couteau. Couper le fruit entre chaque membrane blanche. Placer les morceaux d'orange dans le bol.

Ajouter le reste des fruits. Saupoudrer de sucre. Bien mêler. Arroser de jus de fruits. Mélanger délicatement.

Servir dans les pamplemousses évidés. Accompagner de croissants.

1 portion	*132 calories*	*31 g glucides*
2 g protéines	*0 g lipides*	*3,3 g fibres*

1. À l'aide d'un petit couteau, couper tout autour du pamplemousse pour retirer la pulpe en un seul morceau. Couper ensuite le fruit entre chaque membrane blanche. Mettre dans un bol.

2. Bien nettoyer les pamplemousses évidés pour qu'il ne reste pas de trace de pulpe ou de jus. Mettre de côté.

3. Retirer la pelure des oranges à l'aide d'un petit couteau.

4. Couper le fruit entre chaque membrane blanche. Mettre les morceaux d'orange dans un bol.

Poires dans une crème aux œufs

pour 4 personnes

4	jaunes d'œufs
125 ml	(½ *tasse*) sucre granulé
375 ml	(1½ *tasse*) lait chaud
30 ml	(*2 c. à soupe*) vodka Jazz à saveur de pêche
4	poires pochées
30 ml	(*2 c. à soupe*) cassonade
	groseilles pour décorer

Mettre jaunes d'œufs et sucre granulé dans un bol en acier inoxydable ; bien mélanger au batteur électrique.

Incorporer le lait au fouet. Placer le bol sur une casserole à moitié remplie d'eau chaude. Faire cuire à feu moyen tout en remuant constamment jusqu'à ce que la crème adhère au dos d'une cuillère.

Incorporer la vodka. Mettre de côté et laisser refroidir.

Placer les poires pochées et égouttées dans un plat à gratin. Ajouter la crème refroidie. Saupoudrer de cassonade. Dorer 1 minute au four (broil).

Décorer de groseilles. Servir.

1 portion	*344 calories*	*61 g glucides*
7 g protéines	*8 g lipides*	*2,9 g fibres*

Fraises au vin rouge

pour 4 personnes

625 ml	(*2½ tasses*) fraises, lavées et équeutées
30 ml	(*2 c. à soupe*) sucre
250 ml	(*1 tasse*) vin rouge sec
125 ml	(*½ tasse*) crème fouettée

Bien égoutter les fraises, si nécessaire.

Saupoudrer les fraises de sucre. Arroser de vin et laisser mariner 2 heures à la température de la pièce.

Égoutter les fraises et les mettre dans un bol de service. Décorer de crème fouettée. Servir.

1 portion	*114 calories*	*14 g glucides*
1 g protéines	*6 g lipides*	*2,2 g fibres*

Purée de fruits

15 ml	(*1 c. à soupe*) beurre
3	pommes, évidées, pelées et émincées
30 ml	(*2 c. à soupe*) sirop d'érable
5 ml	(*1 c. à thé*) cannelle
125 ml	(*½ tasse*) raisins de Smyrne
250 ml	(*1 tasse*) crème à 35 %, fouettée
	jus d'une demi-orange
	groseilles pour décorer

Faire chauffer le beurre à feu moyen dans une casserole. Ajouter pommes, sirop d'érable, cannelle et jus d'orange. Cuire 6 minutes en remuant de temps à autre.

Incorporer les raisins et continuer la cuisson 3 à 4 minutes.

Verser le tout dans un robot culinaire et réduire en purée. Laisser refroidir.

Au moment de servir, incorporer, en pliant, la crème fouettée à la purée de fruits.

Servir dans des coupes à dessert. Décorer de groseilles.

1 portion	397 calories	41 g glucides
2 g protéines	25 g lipides	3,5 g fibres

Bateaux d'ananas et de melon

pour 2 personnes

1	ananas frais mûr
250 ml	(*1 tasse*) melon d'eau haché
30 ml	(*2 c. à soupe*) raisins secs dorés sans pépins
5 ml	(*1 c. à thé*) liqueur au goût

Couper l'ananas en deux dans le sens de la longueur. Retirer le cœur. Denteler la pulpe pour décorer et laisser de la place pour la garniture de fruits.

Hacher la pulpe d'ananas en gros morceaux et la mettre dans un bol. Ajouter melon d'eau et raisins. Arroser de liqueur et mêler. Laisser reposer 15 minutes.

Remplir les bateaux d'ananas de garniture de fruits. Réfrigérer avant de servir.

1 portion	*173 calories*	*39 g glucides*
2 g protéines	*1 g lipides*	*3,9 g fibres*

67

Poires pochées au sirop léger

250 ml	(*1 tasse*) sucre granulé
500 ml	(*2 tasses*) eau
4	poires, évidées et pelées
30 ml	(*2 c. à soupe*) cassonade
5 ml	(*1 c. à thé*) beurre
5 ml	(*1 c. à thé*) cannelle
125 ml	(*½ tasse*) jus d'orange
30 ml	(*2 c. à soupe*) noix hachées
	jus d'une limette
	zeste d'une orange, coupé en julienne
	zeste d'une limette, coupé en julienne

Mettre sucre granulé, eau et jus de limette dans une petite casserole. Amener à ébullition à feu vif et continuer la cuisson 3 minutes. Ne pas remuer.

Entre-temps, mettre poires, cassonade, beurre et zestes dans une autre casserole. Arroser de jus d'orange et saupoudrer de cannelle.

Ajouter le sirop et cuire 10 à 12 minutes à feu moyen.

Retirer la casserole du feu. Laisser refroidir les poires dans le sirop.

Parsemer de noix hachées avant de servir.

1 portion	*292 calories*	*62 g glucides*
2 g protéines	*4 g lipides*	*3,2 g fibres*

1. Peler et évider les poires.

2. Placer les poires préparées dans une casserole.

3. Ajouter cassonade et beurre. Parsemer de zestes.

4. Ajouter cannelle, jus d'orange et sirop. Cuire 10 à 12 minutes à feu moyen.

Muffins aux bananes

pour 6 à 8 personnes

250 ml	(*1 tasse*) farine tout usage
250 ml	(*1 tasse*) farine de blé entier
175 ml	(*¾ tasse*) cassonade
125 ml	(*½ tasse*) noix hachées
10 ml	(*2 c. à thé*) poudre à pâte
5 ml	(*1 c. à thé*) cannelle
2 ml	(*½ c. à thé*) sel
2	bananes moyennes, écrasées
2	gros œufs
250 ml	(*1 tasse*) lait
75 ml	(*⅓ tasse*) huile végétale

Préchauffer le four à 200°C (*400°F*).

Mélanger farines, cassonade et noix. Incorporer poudre à pâte, cannelle et sel.

Dans un autre bol, mettre les bananes écrasées. Ajouter œufs, lait et huile ; bien mélanger les ingrédients.

Incorporer le mélange de farine aux bananes. Beurrer un moule à muffins et y verser le mélange à l'aide d'une cuillère. Cuire 15 à 20 minutes, suivant la grosseur.

Dès que les muffins sont cuits, les retirer du four. Laisser refroidir quelques minutes avant de servir.

1 portion	*307 calories*	*53 g glucides*
8 g protéines	*7 g lipides*	*3,6 g fibres*

Œufs en cocotte

pour 4 personnes

4   gros œufs
250 ml   (*1 tasse*) crème à 35 %
        sel et poivre

Préchauffer le four à 180°C (*350°F*).

Casser les œufs dans des ramequins individuels. Arroser de crème. Saler, poivrer.

Placer les ramequins dans un plat à rôtir contenant 2,5 cm (*1 po*) d'eau chaude. Cuire 10 à 12 minutes au four.

Servir avec du pain grillé et de la confiture.

1 portion	288 calories	2 g glucides
7 g protéines	28 g lipides	0 g fibres

Rouleaux de jambon aux asperges

pour 4 personnes

2	bottes d'asperges fraîches, nettoyées
8	tranches de jambon de Virginie
375 ml	(*1½ tasse*) sauce hollandaise chaude *

Préchauffer le four à 190°C (*375°F*).

Faire cuire les asperges 7 à 8 minutes dans l'eau bouillante salée ou jusqu'à ce qu'elles soient tendres. Bien égoutter.

Partager les asperges en 8 petits paquets. Enrouler chaque paquet dans une tranche de jambon. Placer le tout dans un plat à gratin.

Verser la sauce sur les rouleaux. Cuire 3 minutes au four. Servir.

* Pour la préparation de la sauce hollandaise, voir page 93.

1 portion	595 calories	6 g glucides
19 g protéines	55 g lipides	2 g fibres

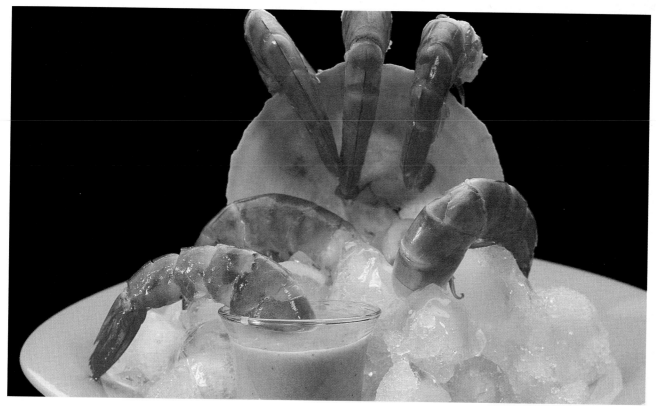

Crevettes à la rouille

pour 4 personnes

16	crevettes très grosses, lavées
6	gousses d'ail, pelées
1	jaune d'œuf
15 ml	(*1 c. à soupe*) pâte de tomates
125 ml	(*½ tasse*) huile d'olive verte
	quelques gouttes de jus de citron
	sel et poivre
	quelques gouttes de sauce Tabasco

Mettre les crevettes dans une casserole. Les couvrir d'eau. Amener à ébullition et retirer immédiatement du feu. Laisser reposer 2 à 3 minutes.

Refroidir les crevettes dans l'eau froide. Bien égoutter. Décortiquer et retirer la veine noire. Mettre de côté.

Placer l'ail dans une petite casserole. Ajouter 250 ml (*1 tasse*) d'eau. Amener à ébullition et continuer la cuisson 8 minutes.

Bien égoutter et mettre l'ail dans un mortier. Écraser au pilon.

Ajouter jaune d'œuf et pâte de tomates ; bien mélanger. Verser l'huile en filet tout en mélangeant constamment avec le pilon.

Arroser de jus de citron et de sauce Tabasco. Saler, poivrer.

Cette sauce s'appelle la « rouille ». Servir avec les crevettes.

1 portion	384 calories	1 g glucides
23 g protéines	32 g lipides	0 g fibres

Deux dans un

375 ml	(*1½ tasse*) farine tout usage, tamisée
45 ml	(*3 c. à soupe*) cassonade
1 ml	(*¼ c. à thé*) sel
250 ml	(*1 tasse*) lait
250 ml	(*1 tasse*) eau chaude
12	gros œufs
45 ml	(*3 c. à soupe*) beurre fondu
30 ml	(*2 c. à soupe*) beurre
12	tranches de bacon cuit croustillant
	sirop d'érable pur

Tamiser farine, cassonade et sel dans un grand bol. Incorporer le lait au fouet, puis l'eau.

Ajouter 4 œufs ; bien mélanger au fouet pour obtenir une pâte homogène. Filtrer la pâte dans une passoire fine. Incorporer le beurre fondu. Couvrir d'une pellicule plastique placée directement sur la surface de la pâte. Réfrigérer 1 heure.

Préparer les crêpes. Placer 12 crêpes dans une assiette. Garder au four pour tenir chaud. Congeler les crêpes non utilisées.

Mettre 15 ml (*1 c. à soupe*) de beurre dans deux poêles en téflon. Faire chauffer à feu moyen.

Ajouter 4 œufs dans chaque poêle ; couvrir et cuire 4 à 5 minutes à feu doux ou selon la cuisson désirée. Les blancs doivent rester moelleux.

Entre-temps, disposer 3 crêpes dans l'assiette de chaque invité. Ajouter 2 œufs frits et recouvrir partiellement les blancs avec les côtés des crêpes. Ajouter les tranches de bacon. Arroser de sirop d'érable.

Servir aussitôt.

1 portion	*875 calories*	*96 g glucides*
26 g protéines	*43 g lipides*	*1,8 g fibres*

1. Tamiser farine, cassonade et sel dans un bol.

2. Incorporer le lait au fouet, puis l'eau.

3. Ajouter 4 œufs ; bien mélanger au fouet pour obtenir une pâte homogène.

4. Filtrer la pâte dans une passoire fine. Ajouter le beurre fondu. Couvrir d'une pellicule plastique. Réfrigérer.

Œufs au four

30 ml	(*2 c. à soupe*) beurre
8	gros œufs
	sel et poivre

Préchauffer le four à 180°C (*350°F*).

Partager le beurre entre quatre plats individuels à œufs. Le faire fondre au four.

Casser 2 œufs dans chaque plat. Saler, poivrer généreusement. Cuire 12 à 15 minutes au four.

Servir avec des petites rondelles de pain grillé.

1 portion   *201 calories   0 g glucides*
12 g protéines   17 g lipides   0 g fibres

Pommes de terre sautées maison

8	petites saucisses de porc
4	pommes de terre, bouillies avec la pelure *
30 ml	(*2 c. à soupe*) beurre
2	échalotes sèches, hachées
15 ml	(*1 c. à soupe*) persil frais haché
5 ml	(*1 c. à thé*) ciboulette fraîche hachée
	sel et poivre
	muscade au goût

Piquer les saucisses et les faire cuire 3 minutes dans l'eau bouillante. Bien égoutter et mettre de côté.

Peler et hacher les pommes de terre. Faire chauffer le beurre dans une poêle à frire, en fonte de préférence. Ajouter les pommes de terre et cuire 20 minutes à feu doux en remuant de temps à autre.

Entre-temps, faire griller au four (broil) les saucisses jusqu'à ce que la chair soit complètement cuite et que la peau devienne croustillante.

Ajouter le reste des ingrédients aux pommes de terre ; bien mêler. Cuire 3 à 4 minutes.

Accompagner les saucisses de pommes de terre. Servir avec des œufs cuits au goût.

* *Ne pas trop cuire les pommes de terre. Il est préférable qu'elles soient encore un peu fermes.*

1 portion	462 calories	52 g glucides
14 g protéines	22 g lipides	2,5 g fibres

Plat d'œufs aux aubergines

30 ml	(*2 c. à soupe*) beurre
1	oignon vert, haché
½	petit oignon, haché
1	gousse d'ail, écrasée et hachée
½	aubergine, pelée et coupée en dés
5 ml	(*1 c. à thé*) persil frais haché
2 ml	(*½ c. à thé*) origan
1 ml	(*¼ c. à thé*) thym
1	tomate mûre, évidée et hachée
125 ml	(*½ tasse*) fromage Monterey ou cheddar râpé
10 ml	(*2 c. à thé*) beurre fondu
4	œufs
	sel et poivre
	une pincée de sucre
	tranches de pain baguette, grillées

Faire chauffer 30 ml (*2 c. à soupe*) de beurre à feu moyen dans une sauteuse. Ajouter oignons et ail ; cuire 2 minutes.

Incorporer aubergine, persil, thym et origan ; bien mélanger. Saler, poivrer ; couvrir et cuire 15 minutes en remuant fréquemment.

Ajouter tomate et sucre. Rectifier l'assaisonnement et bien mélanger. Couvrir et continuer la cuisson 10 minutes.

Entre-temps, préchauffer le four à 180°C (*350°F*).

Incorporer le fromage au mélange d'aubergine. Bien mélanger et cuire 1 à 2 minutes. Mettre de côté.

Déposer 5 ml (*1 c. à thé*) de beurre fondu dans 2 plats à œufs allant au four. Faire chauffer quelques minutes au four.

Étendre le mélange d'aubergine dans le fond de chaque plat et cuire 5 à 6 minutes au four.

Casser 2 œufs, dans chaque plat, sur les aubergines. Saler, poivrer. Cuire 12 à 15 minutes.

Servir avec du pain grillé.

1 portion	*494 calories*	*16 g glucides*
22 g protéines	*38 g lipides*	*2,5 g fibres*

Œufs brouillés au fromage

pour 4 personnes

6	gros œufs
30 ml	(*2 c. à soupe*) crème légère
30 ml	(*2 c. à soupe*) ciboulette fraîche hachée
250 ml	(*1 tasse*) fromage cheddar blanc fort, râpé
30 ml	(*2 c. à soupe*) beurre
	sel et poivre
	une pincée de paprika

Battre œufs, crème, ciboulette et fromage à la fourchette. Saler, poivrer.

Faire chauffer le beurre à feu moyen-vif dans une poêle en téflon. Ajouter les œufs et cuire 15 secondes sans remuer. À l'aide d'une cuillère de bois, mêler délicatement les œufs et continuer la cuisson 15 secondes ou plus, si désiré.

Une cuisson trop prolongée durcira les œufs.

Dès que les œufs brouillés sont moelleux, les retirer du feu.

Servir avec du pain grillé.

1 portion   310 calories   2 g glucides
17 g protéines   26 g lipides   0 g fibres

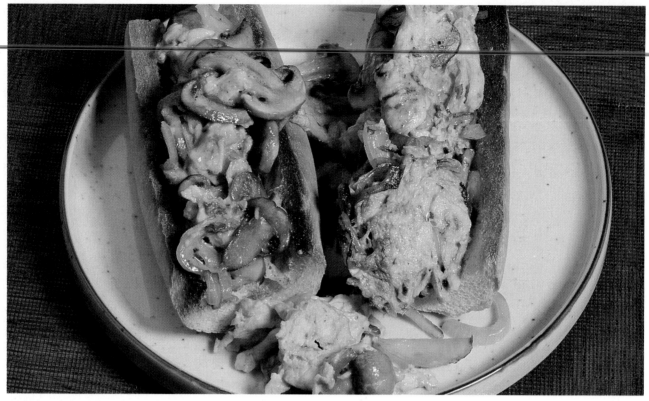

Œufs brouillés aux champignons sur baguette

pour 4 personnes

30 ml	(*2 c. à soupe*) beurre
½	oignon d'Espagne, émincé
250 g	(*½ livre*) champignons frais, nettoyés et émincés
6	gros œufs
2 ml	(*½ c. à thé*) graines de céleri
	sel et poivre
	une pincée de paprika
	une pincée de muscade
	baguette de pain français

Faire chauffer le beurre à feu doux dans une poêle en téflon. Ajouter l'oignon et cuire 8 à 10 minutes.

Ajouter champignons et épices. Saler, poivrer et continuer la cuisson 3 à 4 minutes à feu moyen.

Battre les œufs à la fourchette et verser sur les champignons. Mélanger et cuire au goût.

Entre-temps, couper la baguette en deux, puis couper chaque morceau en deux, dans le sens de la longueur, pour obtenir un total de 4 morceaux. Faire griller au four.

Servir les œufs brouillés aux champignons sur les quartiers de pain.

1 portion	429 calories	51 g glucides
18 g protéines	17 g lipides	4,3 g fibres

Œufs brouillés à la française

pour 6 à 8 personnes

8	gros œufs
50 ml	(¼ *tasse*) crème légère
125 ml	(½ *tasse*) fromage suisse râpé
30 ml	(*2 c. à soupe*) beurre
	sel et poivre

Battre œufs, crème et fromage à la fourchette. Assaisonner.

Placer un bol en acier inoxydable sur une casserole contenant 750 ml (*3 tasses*) d'eau bouillante et régler la chaleur à feu moyen.

Mettre le beurre dans le bol et laisser fondre. Verser les œufs dans le beurre fondu et remuer doucement au fouet jusqu'à ce que les œufs soient brouillés. Il faut remuer constamment pour éviter que les œufs adhèrent au bol.

Servir avec des pommes de terre rösti *, des pommes de terre maison, des saucisses et du bacon. Très bonne idée pour un brunch !

---

* *Pour la préparation des pommes de terre rösti, voir page 104.*

1 portion	144 calories	0 g glucides
9 g protéines	12 g lipides	0 g fibres

Œufs mollets en crêpe

4	gros œufs, à la température de la pièce
8	crêpes *
125 ml	(½ *tasse*) fromage cheddar (blanc, fort) râpé
	sel et poivre

À l'aide d'une cuillère, déposer délicatement les œufs dans une casserole remplie d'eau bouillante. Cuire à feu doux 5 minutes.

Retirer les œufs de l'eau et les passer rapidement sous l'eau froide, pas plus d'une minute.

Écaler délicatement les œufs. Placer chaque œuf sur deux crêpes et les envelopper de façon à former des petits paquets. Placer le tout dans un plat à gratin. Saler, poivrer.

Parsemer de fromage. Dorer au four (broil) 2 minutes. Servir aussitôt.

* *Pour la recette des crêpes, voir page 240.*

1 portion	436 calories	35 g glucides
20 g protéines	24 g lipides	1,4 g fibres

1. À l'aide d'une cuillère, déposer délicatement les œufs dans l'eau bouillante. Cuire à feu doux 5 minutes.

2. Retirer les œufs de l'eau et les passer rapidement sous l'eau froide, pas plus d'une minute.

3. Écaler délicatement les œufs et placer chaque œuf sur deux crêpes. Les envelopper de façon à former des petits paquets.

4. L'œuf mollet doit posséder un jaune encore liquide.

Œufs à la coque

pour 4 personnes

4   gros œufs, à la température de la
      pièce
4   tranches de pain grillées et coupées
      en bâtonnets

Remplir une casserole d'eau et amener à ébullition.

Ajouter les œufs et faire bouillir 3 à 4 minutes ou selon la cuisson désirée.

Retirer les œufs de l'eau. Placer dans des coquetiers. Trancher délicatement le dessus de chaque œuf. Accompagner de bâtonnets de pain.

1 portion	118 calories	8 g glucides
8 g protéines	6 g lipides	0,4 g fibres

Œufs mollets à la garniture de champignons

pour 2 personnes

4	gros œufs, à la température de la pièce
30 ml	(*2 c. à soupe*) beurre
250 g	(*½ livre*) champignons frais, nettoyés et tranchés
3	échalotes sèches, hachées
15 ml	(*1 c. à soupe*) ciboulette fraîche hachée
1	gousse d'ail, écrasée et hachée
125 ml	(*½ tasse*) fromage emmenthal râpé sel et poivre

À l'aide d'une cuillère, déposer délicatement les œufs dans une casserole contenant de l'eau bouillante. Cuire à feu doux 5 minutes.

Retirer les œufs de l'eau et les passer rapidement sous l'eau froide, pas plus d'une minute.

Écaler délicatement les œufs. Placer 2 œufs dans chaque assiette. Mettre de côté.

Faire chauffer le beurre à feu moyen-vif dans une poêle à frire. Ajouter le reste des ingrédients, à l'exception du fromage. Cuire 3 à 4 minutes.

Placer la garniture de champignons à côté des œufs mollets. Assaisonner et couronner de fromage. Dorer quelques minutes au four.

1 portion   465 calories   6 g glucides
27 g protéines   37 g lipides   3,1 g fibres

Omelette aux pommes et aux raisins

pour 2 personnes

30 ml	(*2 c. à soupe*) beurre
2	pommes, pelées, évidées et émincées
30 ml	(*2 c. à soupe*) cassonade
30 ml	(*2 c. à soupe*) raisins de Smyrne
15 ml	(*1 c. à soupe*) gelée de prunes
4	gros œufs
30 ml	(*2 c. à soupe*) crème légère
15 ml	(*1 c. à soupe*) sucre granulé

Préchauffer le four à 120°C (*250°F*).

Faire chauffer la moitié du beurre dans une poêle en téflon. Ajouter pommes et cassonade ; couvrir et cuire 4 minutes à feu moyen.

Incorporer les raisins et continuer la cuisson 2 minutes. Ajouter la gelée, mélanger et cuire 3 à 4 minutes, sans couvrir. Mettre dans un plat allant au four. Tenir chaud.

Faire chauffer le reste du beurre à feu moyen dans une poêle en téflon. Battre œufs et crème à la fourchette. Verser les œufs dans le beurre chaud. Cuire 30 secondes, sans remuer, à feu moyen-vif.

Remuer délicatement et continuer la cuisson 30 secondes. À l'aide d'une spatule, commencer à rouler l'omelette tout en penchant légèrement la poêle pour que l'omelette roule plus facilement. Saupoudrer le dessous de sucre.

Glisser l'omelette dans un plat de service chaud. Faire une fente sur le dessus de l'omelette et y incorporer un peu de la garniture de pommes.

Verser le reste de la garniture de pommes sur l'omelette. Couper et servir.

1 portion	*481 calories*	*51 g glucides*
13 g protéines	*25 g lipides*	*3,4 g fibres*

86

1. Faire chauffer la moitié du beurre dans une poêle en téflon. Ajouter pommes et cassonade ; couvrir et cuire 4 minutes à feu moyen.

2. Incorporer les raisins et continuer la cuisson 2 minutes.

3. Ajouter la gelée, mélanger et cuire 3 à 4 minutes, sans couvrir.

4. Faire une fente sur le dessus de l'omelette et y incorporer un peu de la garniture de pommes. Verser le reste de la garniture sur l'omelette.

Omelette aux fraises

pour 2 personnes

250 ml	(*1 tasse*) fraises, lavées et équeutées
45 ml	(*3 c. à soupe*) sucre
15 ml	(*1 c. à soupe*) zeste de citron finement râpé
4	gros œufs
30 ml	(*2 c. à soupe*) crème légère
15 ml	(*1 c. à soupe*) beurre fraises fraîches pour décorer

Mettre fraises, sucre et zeste dans une casserole. Cuire 3 à 4 minutes à feu moyen en remuant 1 fois.

Verser le mélange dans un robot culinaire et réduire en purée. Mettre de côté.

Battre œufs et crème à la fourchette dans un bol. Faire chauffer le beurre à feu moyen dans une poêle en téflon.

Verser les œufs dans la poêle et faire chauffer 30 secondes à feu moyen-vif, sans remuer.

Mélanger ensuite délicatement et continuer la cuisson 30 secondes.

Étendre 60 ml (*4 c. à soupe*) de sauce aux fraises sur l'omelette. Commencer à rouler l'omelette à l'aide d'une spatule. Pencher légèrement la poêle pour que l'omelette roule plus facilement.

Glisser l'omelette dans un plat de service chaud. Accompagner du reste de la sauce et décorer de fraises.

1 portion	*327 calories*	*26 g glucides*
13 g protéines	*19 g lipides*	*2,2 g fibres*

Omelette en galette

30 ml	(*2 c. à soupe*) beurre
1	oignon moyen, émincé
250 g	(*½ livre*) champignons frais, lavés et coupés en deux
5 ml	(*1 c. à thé*) estragon
250 ml	(*1 tasse*) tomates en conserve, égouttées et hachées
6	œufs battus
125 ml	(*½ tasse*) fromage gruyère râpé sel et poivre

Faire chauffer le beurre à feu vif dans une grande poêle en téflon. Ajouter oignon, champignons et estragon. Saler, poivrer et cuire 5 minutes.

Ajouter les tomates. Bien assaisonner et continuer la cuisson 5 à 6 minutes.

Verser les œufs sur le mélange et cuire 15 secondes sans remuer.

Remuer délicatement et continuer la cuisson 15 secondes.

Saupoudrer de fromage. Cuire au four (broil) 2 à 3 minutes.

Couper et servir.

1 portion	*243 calories*	*10 g glucides*
17 g protéines	*15 g lipides*	*2,7 g fibres*

Omelette froide à la vinaigrette

6	gros œufs
15 ml	(*1 c. à soupe*) persil frais haché
5 ml	(*1 c. à thé*) ciboulette fraîche hachée
30 ml	(*2 c. à soupe*) crème légère
30 ml	(*2 c. à soupe*) beurre
15 ml	(*1 c. à soupe*) moutarde de Dijon
1	gousse d'ail pelée, blanchie 3 minutes et écrasée
45 ml	(*3 c. à soupe*) vinaigre de vin blanc
125 ml	(*½ tasse*) huile d'olive verte quelques gouttes de sauce Tabasco sel et poivre

Battre les œufs à la fourchette. Saler, poivrer. Ajouter persil, ciboulette et crème. Mélanger de nouveau.

Faire chauffer le beurre à feu moyen dans une poêle en téflon. Dès que le beurre est chaud, augmenter la chaleur à feu moyen-vif. Verser les œufs dans le beurre chaud ; cuire 1 minute sans remuer.

Mélanger délicatement et continuer la cuisson 1 à 2 minutes en remuant, si nécessaire.

À l'aide d'une spatule, commencer à rouler l'omelette en penchant légèrement la poêle pour que l'omelette roule plus facilement.

Glisser l'omelette dans un plat de service. Laisser refroidir.

Mettre le reste des ingrédients dans un bol. Mélanger vigoureusement au fouet. Verser sur l'omelette froide.

Si désiré, servir avec des biscottes.

1 portion	*867 calories*	*3 g glucides*
19 g protéines	*87 g lipides*	*0,2 g fibres*

Omelette aux bananes

pour 2 personnes

45 ml	(*3 c. à soupe*) beurre
2	bananes tranchées
30 ml	(*2 c. à soupe*) cassonade
4	gros œufs
50 ml	(*¼ tasse*) lait ou crème légère
30 ml	(*2 c. à soupe*) rhum

Faire chauffer 15 ml (*1 c. à soupe*) de beurre à feu moyen dans une poêle à frire. Ajouter bananes et cassonade ; cuire 2 à 3 minutes. Mettre de côté.

Battre œufs, lait ou crème et rhum à la fourchette.

Faire chauffer le reste du beurre à feu moyen-vif dans une poêle à frire en téflon. Ajouter les œufs et cuire 30 secondes, sans remuer.

Remuer délicatement les œufs et continuer la cuisson 30 secondes.

Verser la moitié de la garniture de bananes sur l'omelette. Commencer à rouler l'omelette à l'aide d'une spatule. Pencher légèrement la poêle pour que l'omelette roule plus facilement.

Glisser l'omelette dans un plat de service chaud. Garnir du reste de bananes.

1 portion	509 calories	37 g glucides
14 g protéines	30 g lipides	3,9 g fibres

Omelette de l'Ouest

pour 2 personnes

30 ml	(*2 c. à soupe*) beurre
½	oignon haché
1	oignon vert, haché
½	piment vert, haché
125 ml	(*½ tasse*) jambon cuit coupé en dés
4	gros œufs
	sel et poivre

Faire chauffer le beurre à feu moyen dans une poêle en téflon de grandeur moyenne. Ajouter oignons, piment et jambon ; cuire 4 minutes. Saler, poivrer.

Battre les œufs à la fourchette. Saler, poivrer. Verser sur le mélange de jambon et remuer délicatement. Cuire 2 minutes sans remuer à feu moyen-vif.

À l'aide d'une spatule, commencer à replier l'omelette. Cuire 1 minute.

Glisser l'omelette dans une assiette en la pliant en deux. Servir.

1 portion	*321 calories*	*4 g glucides*
20 g protéines	*25 g lipides*	*0,7 g fibres*

Œufs pochés et sauce hollandaise

pour 4 personnes

2	jaunes d'œufs
30 ml	(*2 c. à soupe*) eau froide
250 ml	(*1 tasse*) beurre clarifié
4	petites tranches de pain français, grillées
4	tranches de jambon de la Forêt Noire
4	œufs pochés
	quelques gouttes de jus de citron
	sel et poivre

Verser 750 ml (*3 tasses*) d'eau chaude dans une casserole.

Mettre jaunes d'œufs et eau froide dans un bol en acier inoxydable. Placer le bol sur la casserole. Attention ! ne pas déposer la casserole sur le feu.

Mélanger œufs et eau au fouet jusqu'à épaississement. Incorporer le beurre clarifié, en un mince filet, tout en mélangeant constamment au fouet.

Arroser de quelques gouttes de jus de citron. Saler, poivrer.

Placer une tranche de pain grillée dans chaque assiette. Couvrir d'une tranche de jambon et ajouter un œuf poché.

Napper le tout de sauce. Servir aussitôt.

1 portion	*602 calories*	*8 g glucides*
12 g protéines	*58 g lipides*	*0,4 g fibres*

Soufflé au fromage

pour 4 personnes

300 ml	(*1¼ tasse*) fromage gruyère, emmenthal ou mozzarella râpé
60 ml	(*4 c. à soupe*) beurre
60 ml	(*4 c. à soupe*) farine
300 ml	(*1¼ tasse*) lait froid
4	jaunes d'œufs
5	blancs d'œufs, montés en neige ferme
	sel et poivre
	beurre pour le moule

Préchauffer le four à 190°C (*375°F*). Beurrer un moule à soufflé de 1,5 L (*6 tasses*) et saupoudrer de fromage le fond et les parois. Mettre de côté.

Faire chauffer le beurre à feu doux dans une casserole. Incorporer la farine et cuire 3 à 4 minutes à feu très doux. Incorporer la moitié du lait et cuire quelques minutes à feu moyen en remuant constamment. Continuer à incorporer le lait, très lentement, en remuant constamment. Amener doucement à ébullition. Cela prendra 3 à 4 minutes. Le mélange commencera alors à épaissir et à adhérer légèrement à la casserole. Retirer du feu. Laisser refroidir légèrement.

Ajouter les jaunes d'œufs, un à un, tout en mélangeant bien à la cuillère de bois entre chaque ajout. Incorporer le fromage. Saler, poivrer. Déposer et mélanger une grosse cuillerée de blancs d'œufs. Verser le mélange dans le bol contenant le reste de blancs d'œufs battus. À l'aide d'une spatule, incorporer les blancs d'œufs jusqu'à ce que la pâte soit d'une couleur uniforme.

Verser le mélange dans le moule à soufflé. Enfoncer le pouce de 1 cm (*½ po*) dans la pâte le long de la paroi et le glisser sur le pourtour du moule. Cela aidera le soufflé à monter et à former une petite calotte sur le dessus. Cuire au four 35 minutes.

1 portion	*455 calories*	*11 g glucides*
24 g protéines	*35 g lipides*	*0,3 g fibres*

1. Bien beurrer un moule à soufflé. Saupoudrer d'un peu de fromage le fond et les parois du moule. Mettre de côté.

2. Faire chauffer le beurre à feu doux dans une casserole. Incorporer la farine et cuire 3 à 4 minutes à feu très doux.

3. Ajouter la moitié du lait et cuire quelques minutes à feu moyen tout en remuant constamment à la cuillère de bois. Incorporer le reste du lait et cuire jusqu'à épaississement.

4. Ajouter les jaunes d'œufs, un à un, tout en mélangeant bien à la cuillère de bois entre chaque ajout.

Soufflé de pommes de terre

50 ml	(¼ *tasse*) fromage mozzarella râpé
500 g	(*1 livre*) pommes de terre, pelées
45 ml	(*3 c. à soupe*) beurre
1 ml	(¼ *c. à thé*) muscade
125 ml	(½ *tasse*) crème légère, chaude
4	jaunes d'œufs, à la température de la pièce
6	blancs d'œufs, à la température de la pièce
	sel et poivre
	une pincée de paprika
	une pincée de sarriette
	une pincée de poivre de Cayenne
	beurre pour le moule

Préchauffer le four à 190°C (*375°F*). Bien beurrer un moule à soufflé de 1,5 L (*6 tasses*). Saupoudrer de fromage le fond et les parois. Mettre de côté.

Couper les pommes de terre en petits morceaux et les placer dans une casserole remplie d'eau. Saler et amener à ébullition. Faire cuire juste à point *. Bien égoutter les pommes de terre et les remettre dans la casserole. Assécher quelques minutes à feu doux. Mettre les pommes de terre dans un moulin à légumes et réduire en purée. Placer dans un grand bol. Bien incorporer beurre et épices. Ajouter la crème. Le mélange doit être une purée. À l'aide d'une cuillère en bois, incorporer les jaunes d'œufs. Mettre de côté.

Dans un autre bol, monter les blancs d'œufs en neige ferme. Incorporer de grosses cuillerées de blancs d'œufs battus au mélange de pommes de terre. Verser le mélange de pommes de terre dans le bol contenant les blancs d'œufs battus. Bien incorporer, en pliant, pour obtenir un mélange homogène.

Verser la pâte dans le moule à soufflé. Enfoncer le pouce de 1 cm (½ *po*) dans la pâte le long de la paroi et le glisser sur le pourtour du moule. Cela aidera le soufflé à monter et à former une petite calotte sur le dessus. Placer délicatement au four et cuire 35 minutes.

* Il est très important que les pommes de terre ne soient pas trop cuites.

1 portion	296 calories	18 g glucides
11 g protéines	20 g lipides	2,4 g fibres

Crêpes en bouchées

45 ml	(*3 c. à soupe*) beurre
2	échalotes sèches, finement hachées
125 g	(*¼ livre*) têtes de champignons frais, nettoyées et finement hachées
15 ml	(*1 c. à soupe*) persil frais haché
5 ml	(*1 c. à thé*) herbes de Provence
30 ml	(*2 c. à soupe*) farine
375 ml	(*1½ tasse*) lait
125 ml	(*½ tasse*) fromage gruyère râpé
8	crêpes *
	quelques gouttes de sauce Tabasco
	une pincée de paprika
	sel et poivre
	grosses oranges

Faire chauffer le beurre à feu moyen dans une sauteuse. Ajouter échalotes, champignons et épices. Cuire 3 à 4 minutes.

Saler, poivrer et incorporer la farine. Mélanger et continuer la cuisson 2 minutes à feu doux.

Bien incorporer le lait en mélangeant avec une cuillère de bois. Augmenter la chaleur à feu moyen-doux. Rectifier l'assaisonnement. Continuer la cuisson 3 à 4 minutes pour obtenir une sauce homogène.

Ajouter le fromage et bien mélanger. Retirer la sauce du feu. Laisser refroidir.

Étendre la sauce aux champignons sur toute la surface de chaque crêpe. Rouler et placer dans une assiette. Recouvrir légèrement d'une pellicule plastique. Réfrigérer 2 heures.

Couper chaque crêpe en morceaux de 2,5 cm (*1 po*). Servir froid en piquant chaque morceau dans une grosse orange. Si désiré, réchauffer les crêpes avant de servir.

* Pour la recette des crêpes, voir page 240.

1 portion	*121 calories*	*5 g glucides*
5 g protéines	*9 g lipides*	*0,5 g fibres*

Crêpes savoyardes

pour 4 personnes

8	crêpes*
8	fines tranches de jambon de la Forêt Noire
8	fines tranches de fromage gruyère ou 375 ml (*1½ tasse*) de fromage râpé
30 ml	(*2 c. à soupe*) beurre fondu
	une pincée de paprika
	poivre

Préchauffer le four à 180°C (*350°F*).

Placer une tranche de jambon et de fromage sur chaque crêpe. Assaisonner de paprika et de poivre. Rouler et mettre dans un plat à gratin.

Arroser de beurre fondu. Cuire 10 à 15 minutes au four.

* Pour la recette des crêpes, voir page 240.

1 portion	560 calories	50 g glucides
27 g protéines	28 g lipides	1,4 g fibres

Allumettes

pour 6 à 8 personnes

375 ml	(*1½ tasse*) farine tout usage
1 ml	(*¼ c. à thé*) sel
250 ml	(*1 tasse*) lait froid
3	œufs
250 ml	(*1 tasse*) bière
45 ml	(*3 c. à soupe*) beurre fondu
	sucre granulé
	confiture au goût

Mettre farine et sel dans un grand bol. Incorporer le lait au fouet. Ajouter les œufs ; mélanger. Incorporer la bière et bien remuer pour obtenir une pâte homogène. Filtrer la pâte dans une passoire. Ajouter le beurre fondu et mélanger. Recouvrir d'une pellicule plastique touchant directement la surface de la pâte. Réfrigérer 1 heure.

Retirer la pâte du réfrigérateur et bien mélanger au fouet. Beurrer une poêle à crêpes et faire chauffer à feu vif. Retirer du feu. Essuyer la poêle avec du papier essuie-tout afin de retirer l'excès de beurre. En tenant la poêle d'une main, verser une petite louche de pâte dans le fond de la poêle. Faire un mouvement rotatif afin que la pâte couvre complètement le fond de la poêle. Verser l'excès de pâte dans le bol. Faire cuire la crêpe 1 minute à feu moyen-vif. À l'aide d'une longue spatule, retourner la crêpe et continuer la cuisson 30 secondes. Retirer la poêle du feu et placer la crêpe dans une assiette. Répéter le même procédé pour utiliser toute la pâte.

Étendre la confiture sur les crêpes. Rouler les crêpes bien serrées et les placer dans un plat allant au four. Saupoudrer de sucre. Dorer 3 minutes au four.

Congeler les crêpes non utilisées.

1 portion	*295 calories*	*50 g glucides*
6 g protéines	*7 g lipides*	*1,1 g fibres*

Croque-madame

pour 4 personnes

8	tranches épaisses de pain de fermier, grillées
4	tranches de jambon italien cuit
250 ml	(*1 tasse*) fromage gruyère râpé
250 ml	(*1 tasse*) sauce blanche chaude
	sel et poivre

Placer 4 tranches de pain dans un grand plat de service allant au four. Déposer une tranche de jambon sur chaque tranche de pain. Parsemer de la moitié du fromage. Assaisonner.

Ajouter une tranche de pain pour former les sandwiches. Napper chaque sandwich de sauce.

Couronner du reste de fromage. Dorer au four (broil) 5 à 6 minutes.

Trancher et servir.

1 portion	*476 calories*	*39 g glucides*
26 g protéines	*24 g lipides*	*1,6 g fibres*

1. Placer 4 tranches de pain dans un grand plat allant au four. Déposer une tranche de jambon sur chaque tranche de pain.

2. Ajouter la moitié du fromage. Assaisonner.

3. Ajouter une autre tranche de pain pour former les sandwiches.

4. Napper chaque sandwich de sauce. Couronner du reste de fromage. Dorer au four.

Pain doré garni de pommes et de raisins

pour 4 personnes

30 ml	(*2 c. à soupe*) beurre
3	pommes, évidées, pelées et émincées
125 ml	(*½ tasse*) raisins de Smyrne
1 ml	(*¼ c. à thé*) cannelle
30 ml	(*2 c. à soupe*) sirop d'érable
	une pincée de muscade
	pain doré

Faire chauffer le beurre à feu moyen dans une poêle à frire. Ajouter pommes, raisins, cannelle et muscade ; bien mêler. Cuire 8 à 10 minutes.

Incorporer le sirop d'érable et continuer la cuisson 5 minutes.

Servir sur du pain doré.

1 portion	*206 calories*	*37 g glucides*
1 g protéines	6 g lipides	3,4 g fibres

Pain doré

pour 4 personnes

5	gros œufs
50 ml	(¼ *tasse*) crème légère
15 ml	(*1 c. à soupe*) miel
8	tranches épaisses de pain français avec la croûte
45 ml	(*3 c. à soupe*) beurre
	confiture aux fraises
	sucre à glacer

Préchauffer le four à 100°C (*200°F*).

Battre œufs, crème et miel à la fourchette dans un bol.

Faire chauffer la moitié du beurre dans une grande poêle en téflon. Tremper la moitié du pain dans le mélange d'œufs. Faire cuire 2 minutes de chaque côté ou jusqu'à ce que le pain soit bien doré.

Placer le pain doré au four et tenir chaud.

Répéter le même procédé pour le reste du beurre et du pain.

Servir le pain doré avec de la confiture et, si désiré, saupoudrer de sucre à glacer.

1 portion	*483 calories*	*65 g glucides*
13 g protéines	*19 g lipides*	*1,8 g fibres*

Pommes de terre rösti

pour 4 personnes

4	grosses pommes de terre, bouillies avec la pelure*
4	tranches de bacon, coupées en petits dés
30 ml	(*2 c. à soupe*) beurre
	sel et poivre

Peler les pommes de terre et les râper en longs filets. Mettre de côté.

Cuire le bacon à feu moyen dans une poêle à frire. Retirer le bacon et laisser le gras de bacon dans la poêle.

Mettre aussitôt les pommes de terre dans le gras chaud. Saler, poivrer et cuire 10 à 12 minutes à feu moyen. Remuer fréquemment.

À l'aide d'une spatule, presser les pommes de terre pour former une galette. Placer le beurre sur les côtés de la poêle afin qu'il glisse sous les pommes de terre en fondant. Continuer la cuisson 6 à 7 minutes.

Au moment de servir, retourner les pommes de terre.

* *Pas trop cuites.*

1 portion	205 calories	27 g glucides
4 g protéines	9 g lipides	2,7 g fibres

1. Peler les pommes de terre et les râper en longs filets. Mettre de côté.

2. Cuire le bacon à feu moyen dans une poêle à frire. Retirer le bacon et ne conserver que le gras.

3. Placer immédiatement les pommes de terre dans le gras chaud. Saler, poivrer et cuire 10 à 12 minutes à feu moyen.

4. À l'aide d'une spatule, presser les pommes de terre pour former une galette. Placer le beurre sur les côtés de la poêle afin qu'il glisse sous les pommes de terre en fondant. Continuer la cuisson pour dorer le dessous des pommes de terre.

Crêpes au fromage cottage

pour 4 personnes

4	œufs, jaunes et blancs séparés
25 ml	(*1½ c. à soupe*) sucre
60 ml	(*4 c. à soupe*) fromage cottage
50 ml	(*¼ tasse*) farine tout usage
30 ml	(*2 c. à soupe*) beurre fondu
	sirop d'érable et fromage cottage

Battre les blancs d'œufs au batteur électrique jusqu'à la formation de pics. Incorporer le sucre et battre quelques minutes.

Dans un autre bol, battre les jaunes d'œufs et incorporer le fromage. Mélanger.

Ajouter la farine. Bien incorporer les blancs d'œufs pour obtenir un mélange uniforme, puis ajouter le beurre fondu.

Faire chauffer une poêle légèrement huilée. Cuire les crêpes à feu moyen-vif jusqu'à ce qu'elles soient bien dorées des deux côtés.

Servir avec du sirop d'érable et du fromage cottage.

1 portion   *308 calories*   *39 g glucides*
11 g protéines   *12 g lipides*   *0,2 g fibres*

Chocolat chaud onctueux

pour 2 personnes

250 ml	(*1 tasse*) crème à 35%, froide
2 ml	(*½ c. à thé*) vanille
15 ml	(*1 c. à soupe*) sucre à glacer
60 ml	(*4 c. à soupe*) cacao
60 ml	(*4 c. à soupe*) sucre granulé
500 ml	(*2 tasses*) lait, chauffé au point d'ébullition
	chocolat aromatisé à la menthe, râpé

Préparation de la crème fouettée :

Placer un bol en acier inoxydable dans le réfrigérateur et laisser refroidir.

Verser crème froide et vanille dans le bol. Battre au moulin électrique jusqu'à la formation de pics.

Saupoudrer de sucre à glacer et l'incorporer à l'aide d'une spatule. Réfrigérer.

Dans un autre bol en acier inoxydable, mélanger cacao et sucre granulé. Ajouter lentement le lait tout en mélangeant constamment avec le fouet.

Verser le lait au cacao dans deux grands verres. Placer la crème fouettée dans un sac à pâtisserie muni d'une douille étoilée. Recouvrir le lait. Saupoudrer de chocolat râpé.

Servir avec une cuillère.

1 portion	778 calories	58 g glucides
15 g protéines	54 g lipides	1,2 g fibres

Café bavarois

125 g   (*4 oz*) chocolat mi-sucré
375 ml   (*1½ tasse*) crème à 35%, fouettée
         café fort pour 4 personnes, chaud
         une pincée de cannelle

Mettre le chocolat dans un bol en acier inoxydable. Placer le bol sur une casserole à moitié remplie d'eau chaude. Chauffer à feu moyen et faire fondre le chocolat.

Verser le café chaud dans un grand pot et y incorporer le chocolat fondu. Verser le tout dans 4 verres à café ou 4 tasses attrayantes. Garnir de crème fouettée et saupoudrer de cannelle.

Servir aussitôt.

1 portion	518 calories	12 g glucides
5 g protéines	50 g lipides	0,8 g fibres

À L'HEURE
DE POINTE

*Des recettes savoureuses
exécutées en un rien de temps
grâce au four à micro-ondes*

Salade de légumes chauds

Réglage du four à micro-ondes : FORT
Temps de cuisson : 11 minutes

15 ml	(*1 c. à soupe*) huile végétale
1	gousse d'ail, écrasée et hachée
1	oignon, coupé en quartiers
2	carottes, pelées et émincées
½	courgette, émincée
½	piment rouge, émincé
1	piment vert, coupé en dés
1	branche de céleri, émincée
12	cosses de pois, nettoyées
30 ml	(*2 c. à soupe*) vinaigre de vin
45 ml	(*3 c. à soupe*) huile d'olive
	sel et poivre

Mettre huile végétale, ail, oignon et carottes dans une casserole de 3 L (*12 tasses*). Saler, poivrer ; couvrir et cuire 3 minutes.

Ajouter courgette, piments, céleri et cosses de pois. Bien assaisonner. Couvrir et cuire 8 minutes en remuant une fois durant la cuisson.

Arroser les légumes de vinaigre et d'huile d'olive ; mêler et servir aussitôt.

1 portion	*190 calories*	*13 g glucides*
3 g protéines	*14 g lipides*	*4,9 g fibres*

Boulettes de viande à la trempette de pois chiches

pour 4 personnes

Réglage du four à micro-ondes : FORT
Temps de cuisson : 15 minutes (préchauffage requis)

5 ml	(*1 c. à thé*) huile végétale
½	aubergine, pelée et coupée en dés
2	gousses d'ail, écrasées et hachées
540 ml	(*19 oz*) pois chiches en conserve, égouttés
½	piment banane fort, haché
250 ml	(*1 tasse*) tomates en conserve, égouttées
24	petites boulettes de viande crues
30 ml	(*2 c. à soupe*) huile d'olive
15 ml	(*1 c. à soupe*) sauce soya
	une pincée de paprika
	sel et poivre

Mettre huile végétale, aubergine et ail dans une casserole de 3 L (*12 tasses*). Saler, poivrer ; couvrir et cuire 7 minutes.

Incorporer pois chiches, piment fort, tomates et paprika ; rectifier l'assaisonnement. Cuire 6 minutes sans couvrir.

Entre-temps, mélanger huile d'olive et sauce soya. Rouler les boulettes dans le mélange ; mettre de côté.

Retirer la casserole du four à micro-ondes. Verser le contenu dans un robot culinaire. Réduire en purée. Verser la trempette dans de petits bols de service.

Préchauffer la plaque à rôtir 10 minutes à FORT.

Placer les boulettes sur la grille chaude. Saler, poivrer ; cuire 1 minute.

Retourner les boulettes et cuire 1 minute.

Servir avec la trempette de pois chiches.

1 portion	455 calories	27 g glucides
35 g protéines	23 g lipides	5,9 g fibres

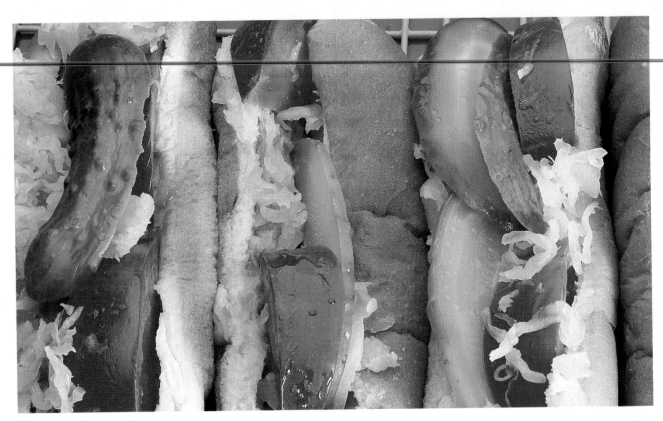

Hot-dogs à la choucroute

pour 4 personnes

Réglage du four à micro-ondes : FORT
Temps de cuisson : 3 minutes

4	saucisses à hot-dog, au bœuf
4	pains à hot-dog
1	tomate, coupée en quartiers
250 ml	(*1 tasse*) choucroute chaude
2	gros cornichons, tranchés
	condiments au goût

Placer une saucisse dans chaque petit pain. Envelopper chaque hot-dog dans une feuille de papier essuie-tout. Cuire 3 minutes.

Retirer les hot-dogs de leur papier. Garnir de quartiers de tomate, de choucroute, de cornichons et de condiments choisis.

Servir aussitôt.

1 portion	279 calories	26 g glucides
10 g protéines	15 g lipides	3,2 g fibres

Tarte aux pommes de terre fromagées

pour 4 personnes

Réglage du four à micro-ondes : FORT et MOYEN-FORT
Temps de cuisson : 10 minutes

30 ml	(*2 c. à soupe*) beurre
2	grosses échalotes sèches, finement hachées
4	grosses pommes de terre, bouillies avec la peau, pelées et émincées
4	minces tranches de jambon de la Forêt Noire, coupées en lanières
6	gros œufs
250 ml	(*1 tasse*) fromage suisse râpé
	une pincée de muscade
	sel et poivre

Mettre beurre et échalotes dans un plat à tarte de 2 L (*8 tasses*). Cuire 2 minutes, sans couvrir, à FORT.

Disposer les pommes de terre, en une seule couche, dans le fond du plat à tarte. Saler, poivrer et saupoudrer de muscade. Recouvrir de lanières de jambon.

Battre les œufs à la fourchette et saler, poivrer. Verser sur le jambon et les pommes de terre. Cuire 5 minutes, sans couvrir, à FORT.

Couronner le tout de fromage. Cuire 3 minutes, sans couvrir, à MOYEN-FORT.

Laisser reposer 2 minutes avant de couper. Servir avec des feuilles de laitue et des tomates tranchées.

1 portion	472 calories	27 g glucides
28 g protéines	28 g lipides	4,1 g fibres

Aubergine et concombre sur toast

pour 4 personnes

Réglage du four à micro-ondes : FORT
Temps de cuisson : 25 minutes

5 ml	(*1 c. à thé*) huile d'olive
1	petit oignon, haché
1	gousse d'ail, écrasée et hachée
1	aubergine moyenne, pelée et émincée
½	concombre anglais, pelé et émincé
1	tomate, coupée en quartiers
5 ml	(*1 c. à thé*) origan
6 à 8	tranches de pain grillé, coupées en deux
125 ml	(*½ tasse*) fromage gruyère râpé
125 ml	(*½ tasse*) fromage cheddar râpé
	une pincée de paprika
	sel et poivre

Mettre huile, oignon, ail et aubergine dans une casserole de 3 L (*12 tasses*). Saler, poivrer et ajouter le paprika ; couvrir et cuire 10 minutes.

Ajouter concombre et tomate. Saler, poivrer et ajouter l'origan. Cuire 15 minutes sans couvrir.

Placer le pain grillé sur une plaque à biscuits. Étendre le mélange d'aubergine sur le pain. Parsemer des deux fromages.

Placer le tout dans un four ordinaire. Dorer 1 à 2 minutes ou jusqu'à ce que le fromage soit complètement fondu.

1 portion	253 calories	21 g glucides
13 g protéines	13 g lipides	2,6 g fibres

1. *Mettre huile, oignon, ail et aubergine dans une casserole de 3 L (12 tasses). Saler, poivrer et ajouter le paprika ; couvrir et cuire 10 minutes.*

2. *Ajouter concombre et tomate. Saler, poivrer et ajouter l'origan.*

3. *Étendre le mélange d'aubergine sur le pain grillé.*

4. *Couronner le tout des deux fromages. Dorer 1 à 2 minutes dans un four ordinaire.*

Trempette pour fruits de mer

Réglage du four à micro-ondes : FORT
Temps de cuisson : 5 minutes

½	concombre anglais, pelé et coupé en dés
½	piment vert, coupé en dés
375 ml	(*1½ tasse*) haricots rouges en conserve, égouttés
5 ml	(*1 c. à thé*) sauce Pickapeppa
30 ml	(*2 c. à soupe*) crème sure
	quelques gouttes de sauce Worcestershire
	quelques gouttes de sauce Tabasco
	une pincée de paprika
	sel et poivre

Mettre concombre, piment vert, haricots rouges et sauce Pickapeppa dans une casserole de 3 L (*12 tasses*). Ajouter sauce Worcestershire et sauce Tabasco. Saler, poivrer et saupoudrer de paprika. Bien mélanger ; couvrir et cuire 5 minutes.

Verser le mélange dans un robot culinaire ; réduire en purée. Incorporer la crème sure.

Servir avec des fruits de mer.

1 portion	*118 calories*	*19 g glucides*
6 g protéines	*2 g lipides*	*6,8 g fibres*

Salade de crevettes sur croissant

pour 4 personnes

Réglage du four à micro-ondes : FORT
Temps de cuisson : 4 minutes

500 g	(*1 livre*) crevettes moyennes
125 ml	(*½ tasse*) eau
1	branche de céleri, hachée
1	piment vert, haché
2	grosses carottes, pelées et râpées
15 ml	(*1 c. à soupe*) persil frais haché
60 ml	(*4 c. à soupe*) mayonnaise
	sel et poivre
	quelques gouttes de sauce Tabasco
	quelques gouttes de jus de citron

Mettre crevettes et eau dans une casserole de 3 L (*12 tasses*). Couvrir et cuire 4 minutes. Retirer la casserole du four à micro-ondes. Mettre de côté sans enlever le couvercle.

Égoutter ensuite les crevettes et les refroidir à l'eau froide. Bien égoutter. Décortiquer et retirer la veine noire.

Hacher les crevettes et les mettre dans un bol à mélanger. Ajouter légumes et persil. Saler, poivrer et mélanger.

Incorporer le reste des ingrédients. Rectifier l'assaisonnement. Servir sur des croissants ou des petits pains.

1 portion	*192 calories*	*5 g glucides*
16 g protéines	*12 g lipides*	*1,5 g fibres*

Salade de poulet sur croissant

pour 2 personnes

Réglage du four à micro-ondes : MOYEN-FORT
Temps de cuisson : 7 minutes

15 ml	(*1 c. à soupe*) beurre
1	poitrine de poulet entière sans peau, coupée en deux et désossée
1	branche de céleri, émincée
1	branche de céleri, coupée en dés
1	pomme rouge, pelée et coupée en dés
¼	piment vert, coupé en dés
5 ml	(*1 c. à thé*) poudre de cari
45 ml	(*3 c. à soupe*) mayonnaise
2	gros croissants frais
	sel et poivre
	une pincée de paprika
	quelques gouttes de jus de citron

Mettre beurre, poulet et céleri émincé dans une casserole de 3 L (*12 tasses*). Saler, poivrer ; couvrir et cuire 7 minutes.

Retourner le poulet ; couvrir et laisser reposer 3 minutes.

Égoutter et hacher le poulet. Mettre dans un bol. Ajouter céleri coupé en dés, pomme et piment vert.

Mettre la poudre de cari ; bien mélanger. Incorporer la mayonnaise et assaisonner de paprika et de jus de citron. Rectifier l'assaisonnement.

Servir dans les croissants.

1 portion	*626 calories*	*39 g glucides*
32 g protéines	*38 g lipides*	*2,2 g fibres*

Crabe sur baguette

pour 4 personnes

Réglage du four à micro-ondes : FORT
Temps de cuisson : 8 minutes

45 ml	(*3 c. à soupe*) beurre
1	branche de céleri, coupée en dés
½	piment rouge, coupé en dés
½	courgette, coupée en dés
45 ml	(*3 c. à soupe*) farine
375 ml	(*1½ tasse*) lait chaud
200 g	(*7 oz*) chair de crabe en conserve, bien égouttée
1	baguette de pain frais
	sel et poivre
	muscade

Mettre beurre, céleri, piment rouge et courgette dans une casserole de 3 L (*12 tasses*) ; couvrir et cuire 3 minutes.

Bien incorporer la farine et assaisonner. Ajouter le lait, rectifier l'assaisonnement et remuer. Saupoudrer de muscade ; cuire 4 minutes, sans couvrir, en remuant à mi-temps.

Incorporer la chair de crabe et cuire 1 minute, sans couvrir.

Couper la baguette en deux dans le sens de la longueur. Couper de nouveau en deux, dans le sens de la largeur, pour obtenir 4 morceaux. Retirer la plupart de la mie.

Étendre le mélange de crabe dans le pain. Servir.

1 portion	382 calories	45 g glucides
19 g protéines	14 g lipides	2,6 g fibres

Œufs brouillés aux champignons sur pain grillé

Réglage du four à micro-ondes : FORT
Temps de cuisson : 7 minutes 15 secondes

15 ml	(*1 c. à soupe*) beurre
6	gros champignons frais, nettoyés et émincés
15 ml	(*1 c. à soupe*) persil frais haché
1	oignon vert, haché
4	gros œufs
50 ml	(*¼ tasse*) lait
125 ml	(*½ tasse*) fromage gruyère râpé
	sel et poivre
	une pincée de paprika
	pain grillé
	bacon cuit et émietté

Mettre beurre, champignons, persil et oignon vert dans une casserole de 3 L (*12 tasses*) ; couvrir et cuire 4 minutes.

Casser les œufs dans un bol. Ajouter le lait et battre à la fourchette. Saler, poivrer et saupoudrer de paprika. Incorporer le fromage.

Verser le mélange d'œufs sur les champignons ; cuire 2 minutes sans couvrir.

Bien incorporer les œufs et continuer la cuisson 1 minute 15 secondes, sans couvrir.

Servir sur le pain grillé. Garnir de bacon émietté.

1 portion	279 calories	11 g glucides
16 g protéines	19 g lipides	1,4 g fibres

1. *Mettre beurre, champignons, persil et oignon vert dans une casserole de 3 L (12 tasses) ; couvrir et cuire 4 minutes.*

2. *Casser les œufs dans un bol. Ajouter le lait et battre à la fourchette. Assaisonner et incorporer le fromage.*

3. *Verser les œufs sur les champignons ; cuire 2 minutes sans couvrir.*

4. *Bien incorporer les œufs et continuer la cuisson 1 minute 15 secondes, sans couvrir.*

Saumon fumé sur œufs

Réglage du four à micro-ondes : FORT
Temps de cuisson : 5 minutes

15 ml	(*1 c. à soupe*) beurre
1	branche de céleri, émincée
½	concombre anglais, pelé, coupé en deux dans le sens de la longueur et émincé
4	tomates miniatures, coupées en deux
5 ml	(*1 c. à thé*) poudre de cari
5	gros œufs
4	tranches de saumon fumé
	sel et poivre

Mettre beurre, céleri, concombre, tomates et poudre de cari dans une casserole de 3 L (*12 tasses*). Saler, poivrer ; couvrir et cuire 2 minutes.

Battre les œufs à la fourchette. Saler, poivrer. Verser les œufs sur les légumes. Ne pas mélanger. Cuire 2 minutes sans couvrir.

Bien mélanger et continuer la cuisson 1 minute sans couvrir.

Servir les œufs et ajouter les tranches de saumon.

1 portion	189 calories	3 g glucides
15 g protéines	13 g lipides	0,7 g fibres

122

Omelette aux tomates

Réglage du four à micro-ondes : FORT
Temps de cuisson : 9 minutes

15 ml	(*1 c. à soupe*) beurre
4	gros œufs
5 ml	(*1 c. à thé*) persil frais haché
3	tranches épaisses de tomate
2	grandes tranches épaisses de pain italien, grillées
	sel et poivre

Mettre le beurre dans un plat rectangulaire de 2 L (*8 tasses*) ; cuire 2 minutes sans couvrir.

Casser les œufs dans un bol. Ajouter le persil et battre à la fourchette.

Verser les œufs dans le beurre chaud. Disposer les tranches de tomate sur les œufs. Saler, poivrer et cuire 4 minutes sans couvrir.

Rouler les côtés cuits de l'omelette et continuer la cuisson 3 minutes.

Rouler l'omelette sur elle-même et la diviser en deux. Servir sur le pain grillé.

1 portion	294 calories	18 g glucides
15 g protéines	18 g lipides	1,3 g fibres

123

Plat de riz du midi

pour 4 personnes

Réglage du four à micro-ondes : FORT et MOYEN-FORT
Temps de cuisson : 18 minutes

15 ml	(*1 c. à soupe*) beurre
1	petit oignon, haché
6	gros champignons frais, nettoyés et émincés
15 ml	(*1 c. à soupe*) persil frais haché
6	saucisses à hot-dog au bœuf, coupées en rondelles, en biais
15 ml	(*1 c. à soupe*) sauce teriyaki
500 ml	(*2 tasses*) riz à longs grains, cuit
796 ml	(*28 oz*) tomates en conserve, égouttées
250 ml	(*1 tasse*) fromage cheddar râpé
	sel et poivre

Mettre beurre, oignon, champignons et persil dans une casserole de 3 L (*12 tasses*) ; couvrir et cuire 3 minutes à FORT.

Incorporer saucisses et sauce teriyaki ; bien mélanger. Ajouter le riz, assaisonner et mélanger de nouveau.

Placer les tomates sur le riz, poivrer et saupoudrer de fromage ; couvrir et cuire 15 minutes à MOYEN-FORT.

1 portion	607 calories	42 g glucides
22 g protéines	39 g lipides	4 g fibres

1. *Mettre beurre, oignon, champignons et persil dans une casserole de 3 L (12 tasses) ; couvrir et cuire 3 minutes à FORT.*

2. *Incorporer saucisses et sauce teriyaki ; bien mélanger.*

3. *Ajouter le riz, assaisonner et mélanger de nouveau.*

4. *Placer les tomates sur le riz, poivrer et saupoudrer de fromage ; couvrir et cuire 15 minutes à MOYEN-FORT.*

Riz au citron et au concombre

pour 4 personnes

Réglage du four à micro-ondes : FORT et MOYEN-FORT
Temps de cuisson : 7 minutes

30 ml	(*2 c. à soupe*) beurre
1	branche de céleri, émincée
2	cœurs de palmier, émincés
¼	concombre anglais, pelé et coupé en rondelles, en biais
15 ml	(*1 c. à soupe*) persil frais haché
625 ml	(*2½ tasses*) riz à longs grains cuit
12	olives noires dénoyautées, émincées
	zeste d'un citron, râpé
	une pincée de paprika
	sel et poivre

Mettre 15 ml (*1 c. à soupe*) de beurre dans une casserole de 3 L (*12 tasses*). Ajouter céleri, cœurs de palmier, concombre, persil et zeste. Couvrir et cuire 3 minutes à FORT.

Incorporer riz, olives et paprika ; bien assaisonner. Ajouter quelques noisettes de beurre. Couvrir et cuire 4 minutes à MOYEN-FORT.

Rectifier l'assaisonnement. Servir.

1 portion	252 calories	32 g glucides
4 g protéines	12 g lipides	3,7 g fibres

Foies de poulet aux pommes

pour 2 personnes

Réglage du four à micro-ondes : FORT et MOYEN-FORT
Temps de cuisson : 7 minutes (préchauffage requis)

250 g	(*½ livre*) foies de poulet, nettoyés et dégraissés
15 ml	(*1 c. à soupe*) persil frais haché
½	petit oignon, haché
5 ml	(*1 c. à thé*) huile végétale
5 ml	(*1 c. à thé*) poudre de cari
15 ml	(*1 c. à soupe*) beurre
2	cœurs d'artichaut, coupés en deux
1	branche de céleri, émincée
1	pomme, évidée, pelée et émincée
250 ml	(*1 tasse*) riz à longs grains cuit
	quelques gouttes de sauce Tabasco
	quelques gouttes de sauce Pickapeppa
	quelques gouttes de jus de citron
	sel et poivre

Mettre foies, persil, oignon, huile végétale, sauce Tabasco et sauce Pickapeppa dans un bol ; bien mélanger. Incorporer le cari et mettre de côté.

Placer beurre, cœurs d'artichaut, céleri et pomme dans une casserole de 3 L (*12 tasses*). Arroser de jus de citron et bien assaisonner ; couvrir et cuire 4 minutes à FORT.

Incorporer le riz ; couvrir et cuire 1 minute à FORT. Mettre de côté.

Préchauffer la plaque à rôtir 10 minutes à FORT.

Placer les foies de poulet sur la plaque chaude et cuire 1 minute à MOYEN-FORT.

Retourner les foies et continuer la cuisson 1 minute à MOYEN-FORT.

Mettre les foies dans la casserole ; mélanger et servir.

1 portion	430 calories	47 g glucides
29 g protéines	14 g lipides	3,4 g fibres

Sauce d'aubergine au cari

Réglage du four à micro-ondes : FORT
Temps de cuisson : 33 minutes

5 ml	(*1 c. à thé*) huile végétale
1	petit oignon, haché
2	gousses d'ail, écrasées et hachées
15 ml	(*1 c. à soupe*) persil frais haché
5 ml	(*1 c. à thé*) herbes de Provence
1	grosse aubergine, pelée et coupée en gros dés
30 ml	(*2 c. à soupe*) poudre de cari
45 ml	(*3 c. à soupe*) farine
500 ml	(*2 tasses*) bouillon de poulet chaud sel et poivre

Mettre huile, oignon et ail dans une casserole de 3 L (*12 tasses*). Ajouter persil et herbes de Provence ; couvrir et cuire 3 minutes.

Ajouter aubergine et poudre de cari ; bien mélanger et assaisonner au goût. Couvrir et cuire 15 minutes.

Mélanger les aubergines en les écrasant à la cuillère de bois.

Bien incorporer la farine. Ajouter le bouillon de poulet ; remuer et rectifier l'assaisonnement. Cuire 15 minutes sans couvrir.

Servir la sauce sur du riz. Si désiré, garnir de raisins.

1 portion	*57 calories*	*10 g glucides*
2 g protéines	*1 g lipides*	*1,9 g fibres*

1. *Mettre huile, oignon et ail dans une casserole de 3 L (12 tasses). Ajouter persil et herbes de Provence ; couvrir et cuire 3 minutes.*

2. *Ajouter aubergine et poudre de cari ; bien mélanger et assaisonner au goût.*

3. *Mélanger les aubergines en les écrasant à la cuillère de bois.*

4. *Bien incorporer la farine. Ajouter le bouillon de poulet ; remuer et rectifier l'assaisonnement. Finir la cuisson.*

129

Sauce blanche aux herbes

Réglage du four à micro-ondes : FORT
Temps de cuisson : 9 minutes 30 secondes

45 ml	(*3 c. à soupe*) beurre
45 ml	(*3 c. à soupe*) farine
375 ml	(*1½ tasse*) lait chaud
5 ml	(*1 c. à thé*) menthe fraîche hachée
5 ml	(*1 c. à thé*) persil frais haché
2 ml	(*½ c. à thé*) thym
50 ml	(*¼ tasse*) fromage gruyère râpé
	une pincée de muscade
	sel et poivre
	carottes et haricots cuits et tranchés

Mettre le beurre dans une casserole de 3 L (*12 tasses*) ; cuire 30 secondes à FORT, sans couvrir. Bien incorporer la farine ; cuire 1 minute à FORT.

Ajouter le lait chaud et mélanger au fouet. Ajouter les épices et cuire 6 minutes, sans couvrir, à FORT, tout en remuant toutes les 2 minutes.

Incorporer le fromage ; cuire 2 minutes à MOYEN.

Si désiré, ajouter les légumes et laisser reposer 1 minute. Verser sur des pâtes chaudes.

1 portion	197 calories	13 g glucides
7 g protéines	13 g lipides	1,4 g fibres

Coquilles géantes en salade

pour 4 personnes

Réglage du four à micro-ondes : FORT
Temps de cuisson : 6 minutes

5 ml	(*1 c. à thé*) huile végétale
2	cœurs de palmier, tranchés
4	cœurs d'artichaut, coupés en deux
½	piment rouge, émincé
½	courgette, coupée en deux dans le sens de la longueur et émincée
12	pois mange-tout, nettoyés
1	échalote sèche, hachée
1	gousse d'ail, écrasée et hachée
1 L	(*4 tasses*) nouilles coquilles géantes cuites
25 ml	(*1½ c. à soupe*) huile d'olive
15 ml	(*1 c. à soupe*) vinaigre de vin
15 ml	(*1 c. à soupe*) persil frais haché
250 ml	(*1 tasse*) fromage cheddar râpé
	jus de citron
	sel et poivre

Mettre huile végétale, cœurs de palmier, cœurs d'artichaut, piment, courgette, pois mange-tout, échalote et ail dans une casserole de 3 L (*12 tasses*). Saler, poivrer et arroser de quelques gouttes de jus de citron ; couvrir et cuire 3 minutes.

Mélanger les légumes et ajouter les coquilles cuites. Arroser d'huile d'olive, de vinaigre et de quelques gouttes de jus de citron. Ajouter le persil. Saler, poivrer ; couvrir et cuire 3 minutes.

Parsemer de fromage et servir.

1 portion	*410 calories*	*46 g glucides*
16 g protéines	*18 g lipides*	*4,6 g fibres*

131

Spaghetti au cheddar et au bacon

pour 4 personnes

Réglage du four à micro-ondes : FORT
Temps de cuisson : 11 minutes

40 ml	(*2½ c. à soupe*) beurre
2	oignons verts, hachés
4	gros champignons frais, nettoyés et coupés en dés
45 ml	(*3 c. à soupe*) farine
500 ml	(*2 tasses*) lait chaud
250 ml	(*1 tasse*) fromage cheddar râpé
4	portions de spaghetti cuits et chauds
4	tranches de bacon cuit et haché
	une pincée de paprika
	sel et poivre

Mettre beurre, oignons verts et champignons dans une casserole de 3 L (*12 tasses*) ; couvrir et cuire 3 minutes.

Incorporer farine et paprika à la cuillère de bois.

Ajouter et bien mélanger les trois quarts du lait ; cuire 3 minutes, sans couvrir, tout en remuant le mélange à mi-temps.

Incorporer le reste du lait. Saler, poivrer et ajouter le fromage. Bien remuer et cuire 5 minutes, sans couvrir, en remuant à mi-temps.

Verser la sauce au cheddar sur les pâtes chaudes. Parsemer de bacon. Servir.

1 portion	516 calories	54 g glucides
21 g protéines	24 g lipides	2,7 g fibres

1. Mettre beurre, oignons verts et champignons dans une casserole de 3 L (12 tasses) ; couvrir et cuire 3 minutes.

2. Incorporer farine et paprika à la cuillère de bois.

3. Ajouter et bien mélanger les trois quarts du lait ; cuire 3 minutes, sans couvrir, tout en remuant le mélange à mi-temps.

4. Incorporer le reste du lait. Saler, poivrer et ajouter le fromage. Bien remuer et cuire 5 minutes, sans couvrir, en remuant à mi-temps.

Plat de saucisses et de haricots au fromage

pour 4 personnes

Réglage du four à micro-ondes : FORT et MOYEN-FORT
Temps de cuisson : 14 minutes

5 ml	(*1 c. à thé*) huile d'olive
1	petit oignon, haché
1	branche de céleri, coupée en dés
500 g	(*1 livre*) bœuf haché maigre
3	petites saucisses de porc fumées, coupées en rondelles, en biais
500 ml	(*2 tasses*) jus de tomates aux palourdes
540 ml	(*19 oz*) haricots rouges, égouttés
45 ml	(*3 c. à soupe*) pâte de tomates
2 ml	(*½ c. à thé*) origan frais haché
125 ml	(*½ tasse*) fromage gruyère râpé
	sel et poivre
	quelques gouttes de sauce Pickapeppa

Mettre huile, oignon et céleri dans une casserole de 3 L (*12 tasses*) ; couvrir et cuire 3 minutes à FORT.

Incorporer bœuf haché et saucisses. Saler, poivrer et assaisonner de sauce Pickapeppa ; couvrir et cuire 4 minutes à FORT.

Ajouter le jus de tomates, puis les haricots et la pâte de tomates. Mélanger et parsemer d'origan ; cuire 5 minutes, sans couvrir, à FORT.

Incorporer le fromage râpé et cuire 2 minutes, sans couvrir, à MOYEN.

Servir sur des pâtes. Accompagner de petits pois ou de tout autre légume.

1 portion	504 calories	12 g glucides
42 g protéines	32 g lipides	1,4 g fibres

Spaghetti au saumon fumé

Réglage du four à micro-ondes : FORT
Temps de cuisson : 3 minutes

30 ml	(*2 c. à soupe*) beurre
½	courgette, émincée
8	pois mange-tout, nettoyés
6	tomates miniatures, coupées en deux
2	portions de spaghetti cuits et chauds
4	minces tranches de saumon fumé, coupées en grosses lanières
15 ml	(*1 c. à soupe*) persil frais haché
	sel et poivre
	fromage parmesan râpé

Mettre 15 ml (*1 c. à soupe*) de beurre dans une casserole de 3 L (*12 tasses*). Ajouter les légumes et assaisonner ; couvrir et cuire 3 minutes.

Incorporer les pâtes chaudes. Ajouter saumon, beurre et persil ; laisser reposer 1 minute.

Parsemer de fromage. Servir.

1 portion	398 calories	52 g glucides
25 g protéines	10 g lipides	3,4 g fibres

135

Linguine et sauce aux palourdes

pour 4 personnes

Réglage du four à micro-ondes : FORT
Temps de cuisson : 13 minutes

45 ml	(*3 c. à soupe*) beurre
1	oignon, haché
15 ml	(*1 c. à soupe*) persil frais haché
5 ml	(*1 c. à thé*) graines de fenouil
8	champignons frais, nettoyés et coupés en petits dés
60 ml	(*4 c. à soupe*) farine
250 ml	(*1 tasse*) bouillon de poulet chaud
142 g	(*5 oz*) petites palourdes en conserve, égouttées (réserver le jus)
30 ml	(*2 c. à soupe*) crème à 35 %
4	portions de linguine cuites et chaudes
	une pincée de paprika
	sel et poivre

Mettre beurre, oignon, persil et graines de fenouil dans une casserole de 3 L (*12 tasses*) ; couvrir et cuire 3 minutes.

Ajouter les champignons et assaisonner ; couvrir et continuer la cuisson 3 minutes.

Bien incorporer la farine. Saupoudrer de paprika.

Incorporer bouillon de poulet et jus des palourdes ; cuire 7 minutes, sans couvrir, en remuant deux fois durant la cuisson.

Incorporer palourdes et crème ; laisser reposer, sans couvrir.

Verser la sauce sur les pâtes chaudes. Servir aussitôt.

1 portion	*377 calories*	*52 g glucides*
13 g protéines	*13 g lipides*	*3,1 g fibres*

1. *Mettre beurre, oignon, persil et graines de fenouil dans une casserole de 3 L (12 tasses) ; couvrir et cuire 3 minutes.*

2. *Ajouter les champignons et assaisonner ; couvrir et continuer la cuisson 3 minutes.*

3. *Bien incorporer la farine. Saupoudrer de paprika.*

4. *Incorporer le bouillon de poulet. Ajouter le jus des palourdes ; cuire 7 minutes sans couvrir en remuant deux fois durant la cuisson.*

Sauce aux moules fraîches

pour 4 personnes

Réglage du four à micro-ondes : FORT
Temps de cuisson : 17 minutes

45 ml	(*3 c. à soupe*) beurre
2	oignons, coupés en quartiers
4	gros champignons frais, nettoyés et coupés en quartiers
15 ml	(*1 c. à soupe*) persil frais haché
60 ml	(*4 c. à soupe*) farine
500 ml	(*2 tasses*) lait chaud
900 g	(*2 livres*) moules fraîches, bien nettoyées et lavées
1	citron, coupé en quartiers
50 ml	(*¼ tasse*) vin blanc sec
	une pincée de paprika
	une pincée de muscade
	sel et poivre

Mettre beurre, oignons, champignons, persil et paprika dans une casserole de 3 L (*12 tasses*) ; couvrir et cuire 3 minutes.

Bien incorporer la farine et assaisonner.

Ajouter le lait et remuer. Saupoudrer de muscade ; cuire 8 minutes, sans couvrir, en remuant une fois à mi-temps.

Retirer la casserole du four à micro-ondes. Mettre de côté sans enlever le couvercle.

Déposer moules, quartiers de citron et vin dans une autre casserole de 3 L (*12 tasses*) ; couvrir et cuire 6 minutes.

Écailler les moules et les incorporer à la sauce. Bien mélanger. Servir sur des pâtes chaudes.

1 portion	*290 calories*	*23 g glucides*
18 g protéines	*14 g lipides*	*2,1 g fibres*

138

1. *Mettre beurre, oignons, champignons, persil et paprika dans une casserole de 3 L (12 tasses) ; couvrir et cuire 3 minutes.*

2. *Bien incorporer la farine. Assaisonner.*

3. *Ajouter le lait et remuer. Saupoudrer de muscade ; cuire 8 minutes, sans couvrir, en remuant une fois à mi-temps.*

4. *Écailler les moules cuites et les incorporer à la sauce. Servir.*

Crevettes aux légumes

pour 4 personnes

Réglage du four à micro-ondes : FORT
Temps de cuisson : 12 minutes

5 ml	(*1 c. à thé*) huile végétale
½	aubergine, pelée et coupée en dés
½	concombre anglais, pelé et coupé en dés
2 ml	(*½ c. à thé*) graines de fenouil
½	gros piment vert, coupé en dés
1	tomate, coupée en dés
2	oignons verts, émincés
125 ml	(*½ tasse*) fromage suisse râpé
500 g	(*1 livre*) crevettes cuites, décortiquées et nettoyées
	une pincée de paprika
	sel et poivre

Mettre huile, aubergine, concombre, graines de fenouil et paprika dans une casserole de 3 L (*12 tasses*). Bien assaisonner ; couvrir et cuire 8 minutes.

Ajouter piment, tomate, oignons verts, sel et poivre. Incorporer le fromage ; couvrir et cuire 3 minutes.

Ajouter les crevettes cuites et remuer ; couvrir et cuire 1 minute. Servir dans des plats à coquille.

1 portion	184 calories	6 g glucides
22 g protéines	8 g lipides	1,6 g fibres

Crevettes en blancheur

Réglage du four à micro-ondes : FORT et MOYEN-FORT
Temps de cuisson : 5 minutes

15 ml	(*1 c. à soupe*) beurre
2	gros oignons verts, coupés en dés
1	piment vert, coupé en dés
170 g	(*6 oz*) petites crevettes cuites
375 ml	(*1½ tasse*) sauce blanche chaude
125 ml	(*½ tasse*) fromage gruyère râpé
	une pincée de paprika
	sel et poivre

Mettre beurre, oignons verts et piment dans une casserole de 3 L (*12 tasses*) ; couvrir et cuire 3 minutes à FORT.

Ajouter les crevettes et assaisonner. Incorporer la sauce blanche et saupoudrer de paprika. Cuire 1 minute, sans couvrir, à MOYEN.

Incorporer le fromage et cuire 1 minute, sans couvrir, à MOYEN.

Servir avec du pain grillé et des légumes frais.

1 portion	*326 calories*	*11 g glucides*
20 g protéines	*22 g lipides*	*0,6 g fibres*

Crevettes en simplicité

Réglage du four à micro-ondes : FORT
Temps de cuisson : 4 minutes

500 ml	(*1 livre*) crevettes moyennes fraîches
125 ml	(*½ tasse*) eau
2	tranches de citron

Rincer soigneusement les crevettes à l'eau froide.

Mettre les crevettes dans une casserole de 3 L (*12 tasses*). Ajouter eau et tranches de citron ; couvrir et cuire 3 minutes.

À l'aide d'une pince, retirer les crevettes qui ont pris une couleur rose, ce qui indique qu'elles sont cuites. Remuer le reste des crevettes, couvrir et continuer la cuisson pendant 1 minute.

Placer toutes les crevettes cuites dans l'eau froide pour arrêter la cuisson. Décortiquer et retirer la veine des crevettes. Servir.

1 portion	73 calories	0 g glucides
16 g protéines	1 g lipides	0 g fibres

Crevettes teriyaki au gingembre

pour 4 personnes

Réglage du four à micro-ondes : FORT
Temps de cuisson : 7 minutes (préchauffage requis)

15 ml	(*1 c. à soupe*) huile végétale
2	carottes, pelées et émincées
30 ml	(*2 c. à soupe*) gingembre finement haché
6 à 8	gros champignons frais, nettoyés et émincés
500 g	(*1 livre*) crevettes moyennes, décortiquées et nettoyées
15 ml	(*1 c. à soupe*) huile d'olive
15 ml	(*1 c. à soupe*) sauce teriyaki
	jus d'un demi-citron
	quelques branches de cresson
	sel et poivre

Mettre huile végétale, carottes et gingembre dans une casserole de 3 L (*12 tasses*) ; couvrir et cuire 4 minutes.

Ajouter les champignons. Arroser de jus de citron. Saler, poivrer ; couvrir et cuire 2 minutes. Laisser la casserole couverte et mettre de côté.

Préchauffer la plaque à rôtir 10 minutes à FORT.

Entre-temps, placer les crevettes dans un bol. Arroser d'huile d'olive et de sauce teriyaki. Laisser mariner 8 à 10 minutes.

Égoutter les crevettes en transvasant la marinade dans la casserole contenant les légumes.

Placer les crevettes sur la plaque chaude, assaisonner et cuire 30 secondes.

Retourner les crevettes ; cuire 30 secondes.

Incorporer les crevettes aux légumes ; bien mêler.

Servir sur du cresson frais.

1 portion	*164 calories*	*6 g glucides*
17 g protéines	*8 g lipides*	*2,1 g fibres*

Rouleaux de sole au vin blanc

pour 2 personnes

Réglage du four à micro-ondes : MOYEN-FORT
Temps de cuisson : 7 minutes

15 ml	(*1 c. à soupe*) beurre
2	grands filets de sole, roulés
6	gros champignons frais, nettoyés et émincés
15 ml	(*1 c. à soupe*) persil frais haché
30 ml	(*2 c. à soupe*) vin blanc sec
4	tomates miniatures, coupées en deux
	jus d'un citron
	sel et poivre

Mettre beurre, poisson, jus de citron, champignons et persil dans une casserole de 3 L (*12 tasses*). Saler, poivrer.

Incorporer vin et tomates ; couvrir et cuire 4 minutes.

Retourner les rouleaux. Saler, poivrer ; couvrir et cuire 3 minutes.

Servir aussitôt.

1 portion	*199 calories*	*6 g glucides*
19 g protéines	*11 g lipides*	*2,2 g fibres*

Moules au naturel

pour 2 personnes

Réglage du four à micro-ondes : FORT
Temps de cuisson : 6 minutes

900 g	(*2 livres*) moules fraîches
1	citron, coupé en quartiers
50 ml	(*¼ tasse*) vin blanc sec

Bien laver les moules dans beaucoup d'eau froide. Brosser soigneusement chaque moule et retirer la « barbe » avec un petit couteau. *Il est important de jeter toutes les moules dont la coquille est déjà ouverte.*

Placer les moules propres dans une casserole de 3 L (*12 tasses*). Ajouter citron et vin ; couvrir et cuire 6 minutes.

Servir au naturel avec le liquide de cuisson.

1 portion	*143 calories*	*7 g glucides*
22 g protéines	*3 g lipides*	*0 g fibres*

Foies de poulet aux légumes

pour 2 personnes

Réglage du four à micro-ondes : FORT et MOYEN-FORT
Temps de cuisson : 8 minutes (préchauffage requis)

250 g	(*½ livre*) foies de poulet, nettoyés et dégraissés
15 ml	(*1 c. à soupe*) persil frais haché
2	échalotes sèches, hachées
5 ml	(*1 c. à thé*) huile végétale
15 ml	(*1 c. à soupe*) sauce teriyaki
1	gousse d'ail, écrasée et hachée
15 ml	(*1 c. à soupe*) beurre
½	courgette, émincée
½	piment rouge, émincé
1	branche de céleri, émincée
4	champignons frais, nettoyés et émincés
	une pincée de paprika
	quelques gouttes de jus de citron
	sel et poivre

Mettre foies de poulet, persil et échalotes dans un bol ; saupoudrer de paprika. Ajouter huile végétale, sauce teriyaki et ail ; mélanger et mettre de côté.

Placer beurre, légumes et jus de citron dans une casserole de 3 L (*12 tasses*) ; couvrir et cuire 5 minutes à FORT. Retirer la casserole du four à micro-ondes. Mettre de côté sans enlever le couvercle.

Préchauffer la plaque à rôtir 10 minutes à FORT. Placer les foies de poulet sur la plaque chaude ; cuire 1 minute à MOYEN-FORT. Retourner les foies de poulet. Assaisonner et continuer la cuisson 1 minute à MOYEN-FORT.

Mettre les foies de poulet de côté. Réchauffer les légumes 1 minute à FORT. Incorporer les foies de poulet aux légumes. Rectifier l'assaisonnement. Servir aussitôt.

1 portion	*270 calories*	*9 g glucides*
27 g protéines	*14 g lipides*	*3,2 g fibres*

Foie de veau aux raisins verts

pour 2 personnes

Réglage du four à micro-ondes : MOYEN-FORT et FORT
Temps de cuisson : 2 minutes (préchauffage requis)

2	tranches de foie de veau
15 ml	(*1 c. à soupe*) huile végétale
15 ml	(*1 c. à soupe*) jus de citron
15 ml	(*1 c. à soupe*) sauce teriyaki
20	raisins verts
50 ml	(*¼ tasse*) bouillon de poulet chaud
	sel et poivre

Préchauffer la plaque à rôtir 10 minutes à FORT.

Retirer le gras du foie. Placer le foie de veau dans une assiette. Ajouter huile, jus de citron et sauce teriyaki. Poivrer mais ne pas saler. Laisser mariner 8 à 10 minutes en retournant le foie à mi-temps pour faire mariner les deux côtés.

Placer le foie sur la plaque chaude. Réserver la marinade. Cuire 1 minute à MOYEN-FORT.

Retourner les tranches de foie. Retirer et mettre de côté.

Verser la marinade sur la plaque chaude avec les jus de cuisson. Ajouter raisins et bouillon de poulet ; cuire 1 minute, sans couvrir, à FORT.

Verser sur les tranches de foie de veau. Servir aussitôt.

1 portion	227 calories	11 g glucides
21 g protéines	11 g lipides	0,3 g fibres

Ailerons de poulet Victoire

Réglage du four à micro-ondes : FORT
Temps de cuisson : 6 minutes (préchauffage requis)

8	ailerons de poulet (pointes retirées)
30 ml	(*2 c. à soupe*) gingembre frais haché
15 ml	(*1 c. à soupe*) miel liquide
15 ml	(*1 c. à soupe*) huile végétale
	jus d'un citron
	sel et poivre
	paprika au goût
	quelques gouttes de sauce Tabasco

Mettre ailerons, gingembre, miel, huile et jus de citron dans un bol. Saler, poivrer et saupoudrer de paprika. Arroser de sauce Tabasco et bien mélanger.

Entre-temps, préchauffer la plaque à rôtir 10 minutes à FORT.

Placer les ailerons sur la plaque chaude et cuire 3 minutes.

Retourner les ailerons, assaisonner et continuer la cuisson 3 minutes, ou selon la grosseur des ailerons.

Servir.

1 portion	*274 calories*	*11 g glucides*
26 g protéines	*14 g lipides*	*0 g fibres*

Poulet aux bananes et à la noix de coco

pour 2 personnes

Réglage du four à micro-ondes : MOYEN-FORT
Temps de cuisson : 9 minutes

30 ml	(*2 c. à soupe*) beurre
1	poitrine de poulet entière sans peau, coupée en deux et désossée
6	gros champignons, nettoyés et émincés
5 ml	(*1 c. à thé*) poudre de cari
125 ml	(*½ tasse*) raisins de Smyrne
1	grosse banane, coupée en rondelles épaisses
¼	papaye, pelée et tranchée
15 ml	(*1 c. à soupe*) noix de coco râpée
	jus d'un demi-citron
	jus d'une orange
	sel et poivre

Mettre beurre, poulet, champignons, jus de citron, jus d'orange et poudre de cari dans une casserole de 3 L (*12 tasses*). Saler, poivrer ; couvrir et cuire 6 minutes.

Retourner le poulet et ajouter les raisins ; couvrir et cuire 2 minutes.

Incorporer banane, papaye et noix de coco ; rectifier l'assaisonnement. Couvrir et cuire 1 minute.

1 portion	*513 calories*	*59 g glucides*
31 g protéines	*17 g lipides*	*6,5 g fibres*

Entrecôtes de Provence

Réglage du four à micro-ondes : FORT
Temps de cuisson : 1 minute 30 secondes (préchauffage requis)

15 ml	(*1 c. à soupe*) huile
15 ml	(*1 c. à soupe*) sauce teriyaki
5 ml	(*1 c. à thé*) herbes de Provence
2	entrecôtes de 200 g (*7 oz*) chacune, de 1,2 cm (*½ po*) d'épaisseur
	sel et poivre

Préchauffer la plaque à rôtir 10 minutes à FORT.

Entre-temps, arroser d'huile et de sauce teriyaki les deux côtés de la viande et parsemer d'herbes de Provence. Mettre de côté.

Placer les entrecôtes sur la plaque chaude et cuire 1 minute.

Retourner les entrecôtes. Saler, poivrer et continuer la cuisson 30 secondes pour obtenir une viande saignante.

Servir avec des pommes de terre au four.

1 portion	340 calories	1 g glucides
48 g protéines	16 g lipides	0 g fibres

Galettes de bœuf aux légumes

pour 4 personnes

Réglage du four à micro-ondes : FORT
Temps de cuisson : 14 minutes (préchauffage requis)

00 g	(*1 livre*) bœuf haché maigre
50 g	(*½ livre*) chair à saucisse
ml	(*1 c. à thé*) huile végétale
	aubergines, pelées et émincées
	gousse d'ail, écrasée et hachée
	piment vert, émincé
	branche de céleri, émincée
25 ml	(*½ tasse*) fromage gruyère râpé
	une pincée de paprika
	quelques gouttes de sauce Tabasco
	huile d'olive
	sauce teriyaki
	sel et poivre

Mettre bœuf haché et chair à saucisse dans un robot culinaire. Saler, poivrer et ajouter paprika et sauce Tabasco ; bien mélanger.

Former de minces galettes et mettre dans une assiette. Arroser d'un peu d'huile d'olive et de sauce teriyaki ; laisser mariner 15 minutes.

Entre-temps, verser l'huile végétale dans une casserole de 3 L (*12 tasses*). Ajouter les aubergines ; saler, poivrer. Couvrir et cuire 7 minutes.

Ajouter ail, piment vert et céleri ; couvrir et cuire 2 minutes.

Ajouter le fromage. Rectifier l'assaisonnement et mélanger le tout. Cuire 2 minutes sans couvrir. Mettre de côté.

Préchauffer une plaque à rôtir 10 minutes à FORT.

Placer les galettes de viande sur la plaque chaude et cuire 1 minute. Retourner les galettes et continuer la cuisson 1 minute.

Retirer et mettre de côté. Réchauffer les légumes 1 minute. Servir aussitôt.

1 portion	626 calories	8 g glucides
45 g protéines	46 g lipides	3,2 g fibres

Bœuf haché Strogonoff

pour 4 personnes

Réglage du four à micro-ondes : FORT
Temps de cuisson : 12 minutes

1	oignon, haché
5 ml	(*1 c. à thé*) huile
15 ml	(*1 c. à soupe*) persil frais haché
250 g	(*½ livre*) champignons frais, nettoyés et émincés
500 g	(*1 livre*) bœuf haché maigre
5 ml	(*1 c. à thé*) sauce Pickapeppa
2	gousses d'ail, écrasées et hachées
250 ml	(*1 tasse*) haricots rouges en conserve, égouttés
250 ml	(*1 tasse*) sauce tomate
45 ml	(*3 c. à soupe*) crème sure
	quelques gouttes de sauce Worcestershire
	sel et poivre

Mettre oignon, huile et persil dans une casserole de 3 L (*12 tasses*) ; couvrir et cuire 3 minutes.

Ajouter champignons et bœuf haché. Saler, poivrer. Ajouter sauce Pickapeppa, ail et sauce Worcestershire ; bien mélanger.

Incorporer les haricots rouges ; cuire 8 minutes, sans couvrir, en remuant à mi-temps.

Incorporer la sauce tomate ; cuire 1 minute sans couvrir.

Incorporer la crème sure. Servir.

1 portion	364 calories	22 g glucides
33 g protéines	16 g lipides	6,9 g fibres

Filet de bœuf sauté

pour 4 personnes

Réglage du four à micro-ondes : FORT
Temps de cuisson : 1 minute (préchauffage requis)

5 ml	(*1 c. à thé*) huile végétale
30 ml	(*2 c. à soupe*) sauce teriyaki
15 ml	(*1 c. à soupe*) gingembre frais haché
4	tranches de filet de bœuf, de 1,2 cm (*½ po*) d'épaisseur
	jus d'une demi-limette
	poivre noir moulu

Préchauffer la plaque à rôtir 10 minutes à FORT.

Verser huile et sauce teriyaki dans une assiette. Ajouter gingembre et jus de limette. Poivrer généreusement. Ne pas saler.

Placer les tranches de filet dans la marinade et laisser mariner 10 minutes. Retourner la viande à mi-temps pour bien faire mariner les deux côtés.

Placer la viande sur la plaque chaude et cuire 1 minute à FORT. Retourner la viande et laisser reposer 1 minute.

Servir avec des légumes frais.

1 portion	195 calories	1 g glucides
32 g protéines	7 g lipides	0 g fibres

Gâteau pour le goûter

pour 4 personnes

Réglage du four à micro-ondes : FORT et MOYEN
Temps de cuisson : 14 minutes

125 g	(*4 oz*) chocolat mi-sucré
30 ml	(*2 c. à soupe*) eau
30 ml	(*2 c. à soupe*) beurre
50 ml	(*¼ tasse*) crème à 35 %
3	jaunes d'œufs
45 ml	(*3 c. à soupe*) sucre
45 ml	(*3 c. à soupe*) farine
3	blancs d'œufs et une pincée de sel battus fermement
	crème fouettée
	copeaux de chocolat

Mettre chocolat et eau dans un bol en verre. Cuire 2 minutes sans couvrir, à FORT.

Incorporer le beurre. Ajouter la crème et bien mélanger. Incorporer les jaunes d'œufs, le sucre et remuer.

Ajouter la farine. À l'aide d'une spatule, bien incorporer, en pliant, les blancs d'œufs au mélange. Il est très important que les blancs d'œufs battus soient complètement incorporés au mélange.

Verser le mélange dans un plat à tarte de 2 L (*8 tasses*). Cuire 12 minutes, sans couvrir, à MOYEN.

Laisser refroidir complètement. Au moment de servir, décorer le gâteau de crème fouettée et de copeaux de chocolat.

1 portion	*504 calories*	*26 g glucides*
10 g protéines	*40 g lipides*	*1,2 g fibres*

Gâteau à la crème sure

pour 6 à 8 personnes

Réglage du four à micro-ondes : FORT
Temps de cuisson : 14 minutes

250 ml	(*1 tasse*) crème sure
250 ml	(*1 tasse*) yogourt nature
250 ml	(*1 tasse*) cassonade
500 ml	(*2 tasses*) farine tout usage tamisée
15 ml	(*1 c. à soupe*) poudre à pâte
1 ml	(*¼ c. à thé*) bicarbonate de soude
1	œuf
1	pomme, évidée, pelée et émincée
30 ml	(*2 c. à soupe*) rhum léger Lamb's
5 ml	(*1 c. à thé*) cannelle
	zeste d'un citron, râpé
	beurre pour le moule

Mettre crème sure et yogourt dans un bol ; mélanger. Bien incorporer la cassonade à la spatule pour obtenir un mélange sans grumeaux. Mettre de côté.

Dans un autre bol, mélanger farine, poudre à pâte et bicarbonate de soude. Tamiser et incorporer la farine au mélange de crème sure.

Ajouter le zeste, puis l'œuf et mélanger.

Ajouter la pomme et remuer. Bien incorporer rhum et cannelle.

Beurrer un moule « bundt » de 2 L (*8 tasses*). Verser la pâte dans le moule et cuire 7 minutes, sans couvrir. Tourner le gâteau d'un quart de tour et continuer la cuisson 7 minutes, sans couvrir.

Laisser refroidir sur une grille. Décorer au goût et servir.

1 portion	*326 calories*	*61 g glucides*
7 g protéines	*6 g lipides*	*1,5 g fibres*

Sauce à dessert aux kiwis

Réglage du four à micro-ondes : FORT
Temps de cuisson : 8 minutes

3	kiwis mûrs, pelés et coupés en dés
125 ml	(*½ tasse*) sucre granulé
125 ml	(*½ tasse*) eau
5 ml	(*1 c. à thé*) fécule de maïs
15 ml	(*1 c. à soupe*) eau froide
2	mangues mûres, pelées et coupées en quartiers
4	boules de crème glacée à la vanille cerises sucrées, dénoyautées

Réduire les kiwis en purée dans un robot culinaire. Mettre de côté.

Mettre le sucre dans une casserole de 3 L (*12 tasses*). Ajouter 125 ml (*½ tasse*) d'eau ; cuire 5 minutes sans couvrir.

Délayer la fécule de maïs dans 15 ml (*1 c. à soupe*) d'eau froide. Incorporer au mélange de sucre.

Ajouter la purée de kiwis ; remuer et cuire 3 minutes sans couvrir. Verser la sauce dans un bol. Placer 10 minutes au congélateur.

Au moment de servir, verser une louche de sauce dans chaque assiette à dessert. Ajouter la crème glacée. Garnir de mangues et de cerises.

1 portion	376 calories	72 g glucides
4 g protéines	8 g lipides	2,5 g fibres

EN TOUTE VITESSE

*Cuisine rapide
pour gens affairés*

Le petit pita gourmet

15 ml	(*1 c. à soupe*) huile d'olive
1	gousse d'ail, écrasée et hachée
15 ml	(*1 c. à soupe*) persil frais haché
1	oignon, haché
2	échalotes sèches, hachées
796 ml	(*28 oz*) tomates en conserve, égouttées et hachées
30 ml	(*2 c. à soupe*) pâte de tomates
½	piment jalapeño, haché
4	grands pains pita
½	piment vert, émincé
250 g	(*½ livre*) champignons frais, nettoyés et émincés
500 ml	(*2 tasses*) fromage mozzarella râpé
	une pincée de sucre
	pepperoni tranché
	une pincée de paprika
	sel et poivre

Faire chauffer l'huile dans une sauteuse. Ajouter ai persil, oignon et échalotes ; cuire 5 à 6 minutes à fei doux, sans couvrir.

Incorporer les tomates. Saler, poivrer ; cuire 20 mi nutes à feu doux.

Ajouter pâte de tomates et piment jalapeño. Sau poudrer de sucre ; remuer et cuire 7 à 8 minutes à fei doux.

Préchauffer le four à 200°C (*400°F*).

Placer les pains pita sur une plaque à biscuits Étendre la sauce sur le pain. Garnir de piment vert, de champignons et de pepperoni.

Couronner de fromage. Saler, poivrer et assaisonne: de paprika. Cuire 12 minutes au four.

1 portion   854 calories   70 g glucides
40 g protéines   46 g lipides   4 g fibres

158

1. Faire chauffer l'huile dans une sauteuse. Ajouter ail, persil, oignon et échalotes ; cuire 5 à 6 minutes à feu doux, sans couvrir.

2. Incorporer les tomates. Saler, poivrer et cuire 20 minutes à feu doux.

3. Ajouter pâte de tomates et piment jalapeño. Saupoudrer de sucre ; cuire 7 à 8 minutes à feu doux.

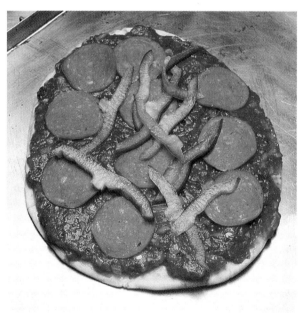

4. Étendre la sauce sur le pain. Garnir de piment, de champignons et de pepperoni ou choisir des ingrédients au goût. Couronner de fromage. Assaisonner et cuire au four.

Baguette aux crevettes

pour 2 personnes

12	crevettes moyennes
2	tranches de citron
½	branche de céleri, hachée
¼	piment vert, haché
2	tomates, tranchées
5 ml	(*1 c. à thé*) persil frais haché
5 ml	(*1 c. à thé*) moutarde de Dijon
30 ml	(*2 c. à soupe*) mayonnaise
	quelques gouttes de jus de citron
	sel et poivre
	quelques gouttes de sauce Tabasco
	une baguette de pain français

Mettre les crevettes dans une casserole. Couvrir d'eau froide. Ajouter les tranches de citron et amener à ébullition.

Retirer immédiatement du feu. Laisser reposer 5 à 6 minutes. Égoutter, décortiquer et retirer la veine noire des crevettes.

Couper les crevettes en dés et les mettre dans un bol. Ajouter les légumes et mêler. Incorporer persil, moutarde et mayonnaise. Bien mélanger.

Saler, poivrer et arroser de jus de citron et de sauce Tabasco.

Servir dans une baguette.

1 portion   *747 calories*   *95 g glucides*
49 g protéines   *19 g lipides*   *6,4 g fibres*

Salade dans un petit pain

250 ml (*1 tasse*) macédoine de légumes, congelée

4 tranches de jambon cuit, coupées en lanières

3 œufs durs, hachés

15 ml (*1 c. à soupe*) ciboulette fraîche hachée

45 ml (*3 c. à soupe*) mayonnaise
jus d'un citron
petits pains « kaiser »
sel et poivre

Cuire la macédoine de légumes en suivant le mode d'emploi indiqué sur l'emballage. La passer sous l'eau froide. Bien égoutter et mettre dans un bol.

Ajouter jambon et œufs. Saler, poivrer.

Parsemer de ciboulette. Incorporer mayonnaise et jus de citron.

Couper le dessus de chaque petit pain et retirer la plupart de la mie. Placer la salade de légumes dans la cavité.

Décorer au goût. Servir.

| 1 portion | 360 calories | 37 g glucides |
| 17 g protéines | 16 g lipides | 2,5 g fibres |

Sandwich western pour deux

pour 2 personnes

15 ml	(*1 c. à soupe*) beurre
½	oignon, haché
250 ml	(*1 tasse*) jambon cuit haché
½	piment vert, haché
5 ml	(*1 c. à thé*) persil frais haché
4	gros œufs
4	tranches de pain, grillées
	sel et poivre

Faire chauffer le beurre à feu vif dans une poêle à frire en téflon. Ajouter oignon, jambon, piment et persil ; cuire 3 à 4 minutes.

Entre-temps, casser les œufs dans un bol et bien battre à la fourchette. Assaisonner légèrement.

Verser les œufs battus sur le mélange de jambon. Remuer légèrement et cuire 2 minutes à feu moyen.

À l'aide d'une spatule, retourner délicatement l'omelette ; cuire 1 minute.

Trancher l'omelette en 4 morceaux. Former les sandwiches. Servir avec des chips ou des tortillas.

1 portion	*454 calories*	*33 g glucides*
31 g protéines	*22 g lipides*	*1,1 g fibres*

Salade de crevettes et poisson

pour 4 personnes

2	filets de sole, cuits
500 g	(*1 livre*) crevettes cuites
2	carottes cuites, tranchées
250 ml	(*1 tasse*) pois mange-tout, blanchis
2	grosses pommes, évidées et émincées, avec la pelure
1	oignon vert, haché
15 ml	(*1 c. à soupe*) persil frais haché
60 ml	(*4 c. à soupe*) huile d'olive
30 ml	(*2 c. à soupe*) vinaigre de vin rouge
	sel et poivre
	jus de citron
	feuilles de laitue

Défaire les filets de poisson en morceaux et les placer dans un bol. Mettre les crevettes.

Ajouter légumes et pommes ; bien mêler.

Parsemer de persil. Arroser d'huile et de vinaigre. Saler, poivrer et bien incorporer les ingrédients.

Arroser de jus de citron. Servir sur des feuilles de laitue fraîche.

1 portion	376 calories	18 g glucides
40 g protéines	16 g lipides	5 g fibres

Salade Île Saint-Louis

pour 4 personnes

1	pomme, pelée, évidée et émincée
5 ml	(*1 c. à thé*) jus de citron
2	oignons verts, émincés
1	branche de céleri, hachée
2	demi-poitrines de poulet, cuites et chaudes
2	tomates, coupées en deux et tranchées
1	endive, effeuillée et lavée
2	bottes d'asperges fraîches, nettoyées, cuites et encore chaudes
30 ml	(*2 c. à soupe*) mayonnaise
30 ml	(*2 c. à soupe*) crème à 35 %
2	feuilles de menthe fraîche, hachées
60 ml	(*4 c. à soupe*) noix hachées
	sel et poivre

Mettre la pomme dans un bol et arroser de jus de citron. Ajouter oignons verts et céleri ; saler, poivrer.

Couper le poulet en grosses lanières et mettre dans le bol. Ajouter tomates et endive.

Couper les asperges en trois et mettre dans le bol.

Incorporer mayonnaise et crème. Saler, poivrer et ajouter la menthe. Bien mêler. Parsemer de noix. Servir.

1 portion	*263 calories*	*14 g glucides*
18 g protéines	*15 g lipides*	*3,9 g fibres*

Salade de petites crevettes

pour 4 personnes

2	paquets de 170 g (*6 oz*) de petites crevettes cuites
1	branche de céleri, hachée
½	piment rouge, haché
15 ml	(*1 c. à soupe*) persil frais haché
1	pomme rouge, évidée, pelée et grossièrement hachée
15 ml	(*1 c. à soupe*) jus de citron
125 g	(*¼ livre*) haricots verts, cuits et coupés en dés
250 ml	(*1 tasse*) fleurettes de brocoli, blanchies
1	oignon vert, blanchi et émincé
60 ml	(*4 c. à soupe*) mayonnaise
	une pincée de paprika
	sel et poivre

Rincer les crevettes à l'eau froide, égoutter et assécher dans du papier essuie-tout.

Mettre les crevettes dans un grand bol. Ajouter céleri, piment, persil et pomme. Arroser de jus de citron. Saler, poivrer.

Ajouter les légumes cuits. Bien mêler.

Incorporer la mayonnaise. Saupoudrer de paprika. Bien incorporer tous les ingrédients.

Rectifier l'assaisonnement. Servir.

1 portion	*248 calories*	*12 g glucides*
23 g protéines	*12 g lipides*	*4,8 g fibres*

Tomates Duvernay

pour 4 personnes

4	grosses tomates, bien lavées
15 ml	(*1 c. à soupe*) huile végétale
2	gousses d'ail, écrasées et hachées
1	oignon, finement haché
250 ml	(*1 tasse*) chair à saucisse de porc hachée
5 ml	(*1 c. à thé*) thym frais haché
5 ml	(*1 c. à thé*) ciboulette fraîche hachée
15 ml	(*1 c. à soupe*) persil frais haché
4	tranches de jambon cuit, coupées en petits dés
300 ml	(*1¼ tasse*) riz à longs grains cuit
250 ml	(*1 tasse*) cheddar (blanc, fort) râpé
	sel et poivre
	poivre de Cayenne

Préchauffer le four à 190°C (*375°F*).

Couper une fine tranche de la base de chaque tomate pour qu'elle se tienne bien debout. Avec un petit couteau, retirer le dessus de la tomate et réserver pour décorer. Enlever les trois quarts de la pulpe.

Saler, poivrer et arroser de quelques gouttes d'huile la cavité des tomates. Mettre de côté dans un plat à gratin.

Faire chauffer l'huile végétale à feu moyen dans une sauteuse. Ajouter ail et oignon ; cuire 3 minutes.

Incorporer chair à saucisse et épices. Saler, poivrer et cuire 3 minutes à feu vif.

Ajouter le jambon, mélanger et cuire 3 minutes.

Incorporer le riz. Rectifier l'assaisonnement et cuire 3 à 4 minutes.

Ajouter fromage et poivre de Cayenne. Mélanger et cuire 2 minutes.

Farcir les tomates du mélange. Cuire 30 minutes au four ou selon la grosseur des tomates.

Décorer avec la tranche supérieure. Servir.

1 portion	*339 calories*	*22 g glucides*
20 g protéines	*19 g lipides*	*2,9 g fibres*

1. *Couper une fine tranche de la base de la tomate pour qu'elle tienne bien debout. Retirer une tranche du dessus de la tomate et enlever les trois quarts de la pulpe. Assaisonner la cavité.*

2. *Cuire ail et oignon dans l'huile chaude. Incorporer chair à saucisse et épices. Cuire 3 minutes.*

3. *Ajouter le jambon, mélanger et cuire.*

4. *Incorporer le riz. Rectifier l'assaisonnement et cuire 3 à 4 minutes.*

Welsh rarebit

pour 2 personnes

2	tranches de pain italien de 2 cm (¾ *po*) d'épaisseur, grillées
750 ml	(*3 tasses*) cheddar fort râpé
1 ml	(¼ *c. à thé*) paprika
5 ml	(*1 c. à thé*) moutarde sèche
125 ml	(½ *tasse*) bière
	poivre du moulin

Placer les tranches de pain dans un grand plat de service.

Mettre fromage et paprika dans un bol. Poivrer au goût. Ajouter la moutarde et bien mélanger.

Verser la bière dans une poêle à frire en téflon et amener à ébullition. Laisser réduire le liquide de moitié.

Ajouter le fromage et cuire 7 à 8 minutes à feu moyen en remuant 1 à 2 fois.

Verser sur le pain grillé. Servir aussitôt.

1 portion	*816 calories*	*22 g glucides*
47 g protéines	*60 g lipides*	*0,8 g fibres*

Hot-dogs vedettes

pour 2 personnes

15 ml	(*1 c. à soupe*) huile végétale
1	oignon, émincé
2	pains à hot-dog, grillés ou cuits à la vapeur
2	saucisses de porc, de bœuf ou de veau au goût, cuites
½	piment banane fort mariné, émincé
2	tranches de tomate, coupées en deux moutarde, relish, ketchup

Faire chauffer l'huile végétale dans une petite poêle à frire. Ajouter l'oignon ; couvrir et cuire 15 minutes à feu moyen. Remuer fréquemment durant la cuisson.

Préparation des hot-dogs : placer un peu d'oignons cuits dans le fond de chaque pain. Ajouter les saucisses, puis la moutarde, la relish et le ketchup au goût. Garnir du reste d'oignons et couronner de piment et de tranches de tomate.

Servir avec des condiments et des nachos.

1 portion   *533 calories*   *38 g glucides*
21 g protéines   *33 g lipides*   *2,8 g fibres*

Tarte aux oignons et à la menthe

pour 4 à 6 personnes

30 ml	(*2 c. à soupe*) beurre
1	gros oignon d'Espagne, émincé
15 ml	(*1 c. à soupe*) persil frais haché
2	œufs
1	jaune d'œuf
2	feuilles de menthe fraîche, hachées
5 ml	(*1 c. à thé*) ciboulette fraîche hachée
250 ml	(*1 tasse*) crème à 35 %
250 ml	(*1 tasse*) fromage cheddar râpé
1	abaisse de pâte à tarte de 23 cm (*9 po*)
	sel et poivre
	œuf battu

Préchauffer le four à 190 °C (*375 °F*).

Foncer un moule à quiche de l'abaisse de pâte. Piquer la pâte avec une fourchette. Badigeonner d'un œuf battu. Mettre de côté.

Faire chauffer le beurre à feu moyen dans une sauteuse. Ajouter oignon et persil ; couvrir et cuire 15 minutes.

Retirer le couvercle et continuer la cuisson 4 à 5 minutes.

Entre-temps, mélanger œufs et jaune d'œuf dans un petit bol. Ajouter menthe, ciboulette et crème ; mélanger au fouet et assaisonner généreusement.

Lorsque les oignons sont bien dorés, les placer dans le fond de tarte. Recouvrir de fromage.

Verser le mélange d'œufs dans la quiche. Saler, poivrer. Placer la quiche sur une plaque à biscuits. Cuire 35 minutes au four.

1 portion	437 calories	15 g glucides
11 g protéines	37 g lipides	0,8 g fibres

1. *Foncer un moule à quiche de l'abaisse de pâte. Piquer la pâte avec une fourchette. Badigeonner d'un œuf battu. Mettre de côté.*

2. *Mettre oignon et persil dans le beurre chaud ; couvrir et cuire 15 minutes.*

3. *Mélanger œufs et jaune d'œuf dans un petit bol. Ajouter menthe, ciboulette et crème. Mélanger au fouet et assaisonner généreusement.*

4. *Placer les oignons cuits dans le fond de quiche. Couronner de fromage cheddar.*

Crêpes au gruyère

pour 4 personnes

2	pommes pelées, évidées et coupées en dés
45 ml	(*3 c. à soupe*) beurre
1	piment rouge, haché
3	oignons verts, émincés
250 g	(*½ livre*) champignons frais, nettoyés et coupés en dés
500 ml	(*2 tasses*) jambon cuit coupé en cubes
15 ml	(*1 c. à soupe*) persil frais haché
1 ml	(*¼ c. à thé*) marjolaine
60 ml	(*4 c. à soupe*) farine
500 ml	(*2 tasses*) bouillon de poulet chaud
375 ml	(*1½ tasse*) fromage gruyère râpé
8	crêpes
	jus de citron
	sel et poivre
	une pincée de paprika
	une pincée de muscade
	quelques piments rouges broyés
	une pincée de clou de girofle moulu

Placer les pommes coupées en dés dans un bol rempli d'eau froide et les arroser de jus de citron. Mettre de côté.

Faire fondre 30 ml (*2 c. à soupe*) de beurre à feu moyen dans une sauteuse. Ajouter piment, oignons verts et champignons ; cuire 3 à 4 minutes.

Égoutter les pommes et les mettre dans la sauteuse. Rectifier l'assaisonnement. Incorporer le jambon ; couvrir et cuire 6 minutes à feu doux.

Ajouter les épices et mélanger. Bien incorporer la farine ; couvrir et cuire 3 minutes à feu doux.

Ajouter le bouillon de poulet et remuer. Saler, poivrer et amener à ébullition. Cuire 5 à 6 minutes, sans couvrir, à feu moyen.

Incorporer la moitié du fromage et cuire 2 minutes. Préchauffer le four à 200°C (*400°F*).

Farcir chaque crêpe et la plier en deux. Plier une seconde fois pour former un triangle. Placer les crêpes dans un plat à gratin. Napper du reste de la sauce. Couronner de fromage.

Ajouter quelques petites noisettes de beurre. Poivrer et cuire 5 minutes au four.

1 portion	825 calories	71 g glucides
43 g protéines	41 g lipides	4,9 g fibres

1. Mettre piment, oignons verts et champignons dans le beurre chaud et cuire 3 à 4 minutes.

2. Ajouter les pommes. Rectifier l'assaisonnement. Ajouter le jambon ; couvrir et cuire 6 minutes à feu doux.

3. Ajouter les épices et mélanger. Bien incorporer la farine ; couvrir et cuire 3 minutes à feu doux.

4. Incorporer le bouillon de poulet. Saler, poivrer et amener à ébullition. Continuer la cuisson.

Jambon aux deux champignons

pour 4 personnes

45 ml	(*3 c. à soupe*) beurre
1	petit oignon, finement haché
250 ml	(*1 tasse*) champignons frais nettoyés et tranchés
250 ml	(*1 tasse*) pleurotes* frais nettoyés et tranchés
1 ml	(*¼ c. à thé*) muscade
45 ml	(*3 c. à soupe*) farine
500 ml	(*2 tasses*) lait chaud
8	tranches de jambon cuit, de 0,65 cm (*¼ po*) d'épaisseur
2	jaunes d'œufs
	sel et poivre

Préchauffer le four à 180°C (*350°F*).

Faire chauffer le beurre à feu moyen dans une sauteuse. Ajouter l'oignon ; couvrir et cuire 3 minutes.

Ajouter champignons, pleurotes et muscade. Saler, poivrer. Couvrir et continuer la cuisson 3 minutes.

Bien incorporer la farine. Cuire 2 minutes, sans couvrir, à feu doux.

Verser le lait, mélanger et rectifier l'assaisonnement. Continuer la cuisson 8 minutes.

Rouler les tranches de jambon et les mettre dans un plat à gratin.

Retirer la sauteuse du feu. Incorporer les jaunes d'œufs à la sauce. Bien remuer. Verser la sauce sur le jambon et cuire 5 à 6 minutes au four.

Servir avec une salade.

---

* *Variété de champignon.*

1 portion	314 calories	17 g glucides
21 g protéines	18 g lipides	1,7 g fibres

Omelette aux pommes de terre

pour 4 personnes

45 ml	(*3 c. à soupe*) beurre
4	pommes de terre, pelées, coupées en deux et émincées
1	petit oignon, haché
15 ml	(*1 c. à soupe*) ciboulette fraîche hachée
15 ml	(*1 c. à soupe*) basilic frais haché
5 ml	(*1 c. à thé*) persil frais haché
15 ml	(*1 c. à soupe*) lait
8	œufs battus
	sel et poivre

Mettre le beurre dans une grande poêle en téflon. Faire chauffer à feu moyen.

Ajouter les pommes de terre ; couvrir et cuire 8 minutes en remuant 2 à 3 fois durant la cuisson.

Ajouter oignons et épices. Saler, poivrer. Cuire 3 à 4 minutes sans couvrir. Augmenter le temps de cuisson si les pommes de terre ne sont pas complètement cuites.

Battre lait et œufs. Verser les œufs sur les pommes de terre. Saler, poivrer et cuire 1 minute à feu vif, sans remuer.

Remuer délicatement l'omelette et continuer la cuisson 1 minute. Avec une spatule, retourner l'omelette et continuer la cuisson 1 minute.

Plier en deux. Servir.

1 portion	*356 calories*	*29 g glucides*
15 g protéines	*20 g lipides*	*2,9 g fibres*

Hachis de pommes de terre au jambon

pour 4 personnes

30 ml	(*2 c. à soupe*) beurre
1	petit oignon, finement haché
500 g	(*1 livre*) jambon cuit, haché
15 ml	(*1 c. à soupe*) persil frais haché
3	grosses pommes de terre cuites, pelées et coupées en petits dés
15 ml	(*1 c. à soupe*) ciboulette fraîche hachée
	sel et poivre
	huile végétale (si nécessaire)

Faire chauffer le beurre dans une grande poêle à frire. Ajouter oignon, jambon et persil ; cuire 3 minutes à feu vif.

Ajouter les pommes de terre. Saler, poivrer. Continuer la cuisson 8 à 10 minutes en remuant de temps à autre. Si nécessaire, ajouter un peu d'huile. Vers la fin de la cuisson, aplatir les pommes de terre avec une spatule.

Parsemer de ciboulette, mélanger et cuire 2 minutes. Servir.

1 portion	407 calories	30 g glucides
29 g protéines	19 g lipides	2,9 g fibres

Œufs pochés chasseur

pour 4 personnes

15 ml	(*1 c. à soupe*) beurre
3	tranches de bacon, coupées en dés
1	petit oignon, haché
125 g	(*¼ livre*) champignons frais, nettoyés et coupés en quartiers
30 ml	(*2 c. à soupe*) farine
50 ml	(*¼ tasse*) vin blanc sec
300 ml	(*1¼ tasse*) bouillon de bœuf chaud
5 ml	(*1 c. à thé*) pâte de tomates
8	œufs pochés
8	tranches de pain français, grillées quelques gouttes de sauce Pickapeppa sel et poivre

Faire chauffer le beurre à feu moyen dans une petite casserole. Ajouter le bacon et cuire 4 à 5 minutes. Mettre l'oignon, mélanger et cuire 3 minutes.

Ajouter les champignons ; saler, poivrer et cuire 3 à 4 minutes. Bien incorporer la farine ; cuire 2 minutes à feu doux.

Verser le vin et remuer. Ajouter bouillon de bœuf, pâte de tomates et sauce Pickapeppa ; remuer et cuire 15 minutes à feu moyen.

Placer un œuf poché sur chaque tranche de pain grillée. Arroser de sauce. Servir aussitôt.

1 portion	330 calories	24 g glucides
18 g protéines	18 g lipides	2,3 g fibres

177

Crêpes aux aubergines

pour 4 personnes

45 ml	(*3 c. à soupe*) beurre
1	oignon, haché
1	oignon vert, émincé
1	gousse d'ail, écrasée et hachée
1	aubergine, pelée et coupée en dés
15 ml	(*1 c. à soupe*) persil frais haché
2 ml	(*½ c. à thé*) origan
2 ml	(*½ c. à thé*) thym
1 ml	(*¼ c. à thé*) estragon
2	tomates, coupées en cubes
250 ml	(*1 tasse*) fromage gruyère râpé
8	crêpes *
	sel et poivre
	une pincée de sucre
	noisettes de beurre

Faire chauffer 30 ml (*2 c. à soupe*) de beurre à feu moyen dans une sauteuse. Ajouter oignon, oignon vert et ail ; cuire 3 à 4 minutes.

Ajouter aubergine et épices ; couvrir et cuire 20 minutes en remuant de temps à autre.

Incorporer les tomates. Saler, poivrer et saupoudrer de sucre. Mélanger, couvrir et cuire 15 minutes.

Incorporer la moitié du fromage. Rectifier l'assaisonnement et cuire 2 minutes.

Préchauffer le four à 200°C (*400°F*).

Farcir les crêpes. Plier chaque crêpe en deux, puis plier une seconde fois pour former un triangle.

Placer les crêpes dans un plat à gratin et couronner de fromage. Ajouter quelques noisettes de beurre.

Cuire 4 minutes au four. Servir.

* Pour la préparation de la pâte à crêpes, voir page 240.

1 portion	612 calories	58 g glucides
23 g protéines	32 g lipides	3,8 g fibres

1. *Mettre oignon, oignon vert et ail dans le beurre chaud et cuire 3 à 4 minutes à feu moyen.*

2. *Ajouter aubergine et épices; couvrir et cuire 20 minutes en remuant de temps à autre.*

3. *Incorporer les tomates. Saler, poivrer et saupoudrer de sucre. Mélanger, couvrir et cuire 15 minutes.*

4. *Ajouter la moitié du fromage. Rectifier l'assaisonnement et cuire 2 minutes.*

Pesto trompe-l'œil

pour 4 personnes

500 ml	(*2 tasses*) cresson frais, lavé et essoré
250 ml	(*1 tasse*) persil frais, lavé et bien essoré
2	gousses d'ail, écrasées et hachées
250 ml	(*1 tasse*) fromage romano râpé
4	portions de pâtes plumes, cuites et chaudes
	huile d'olive
	poivre du moulin

Mettre cresson et persil dans un robot culinaire ; bien hacher.

Ajouter l'ail et continuer de mélanger quelques minutes. Incorporer le fromage.

Ajouter juste assez d'huile pour former une pâte. Poivrer et mélanger une dernière fois.

Mettre les pâtes chaudes dans un bol et ajouter la sauce pesto. Mêler pour bien enrober les pâtes.

Servir aussitôt.

1 portion	*447 calories*	*43 g glucides*
17 g protéines	*23 g lipides*	*3,3 g fibres*

Veau sur fettuccine aux épinards

pour 4 personnes

30 ml	(*2 c. à soupe*) beurre
2	escalopes de veau, coupées en lanières
4	gros pleurotes frais, nettoyés et émincés
½	piment rouge, coupé en lanières
2	oignons verts, coupés en tranches épaisses
2	feuilles de menthe fraîche, finement hachées
175 ml	(*¾ tasse*) bouillon de poulet chaud
5 ml	(*1 c. à thé*) fécule de maïs
30 ml	(*2 c. à soupe*) eau froide
4	portions de fettuccine aux épinards cuites et chaudes
	sel et poivre

Faire chauffer le beurre à feu vif dans une grande poêle à frire. Ajouter le veau et saisir 2 minutes de chaque côté.

Saler, poivrer et retirer le veau de la poêle. Garder chaud au four.

Mettre tous les légumes dans la poêle. Ajouter la menthe. Saler, poivrer. Cuire 3 minutes à feu vif. Si nécessaire, ajouter un peu de beurre.

Retirer les légumes de la poêle et les placer au four avec les escalopes.

Verser le bouillon de poulet dans la poêle et amener à ébullition. Délayer la fécule de maïs dans l'eau froide. Incorporer à la sauce et cuire 1 minute à feu moyen.

Remettre viande et légumes dans la sauce. Laisser mijoter quelques minutes. Verser sur les nouilles chaudes. Servir.

1 portion	*382 calories*	*44 g glucides*
20 g protéines	*14 g lipides*	*2,5 g fibres*

De spirale en spirale

pour 4 personnes

30 ml	(*2 c. à soupe*) beurre
1	échalote sèche, hachée
250 g	(*½ livre*) champignons frais, nettoyés et tranchés
15 ml	(*1 c. à soupe*) persil frais haché
30 ml	(*2 c. à soupe*) farine
375 ml	(*1½ tasse*) lait chaud
127 g	(*4½ oz*) chair de crabe en conserve, bien égouttée
4	portions de pâtes en spirales, cuites et chaudes
	sel et poivre

Faire chauffer le beurre à feu moyen dans une casserole. Ajouter échalote, champignons et persil cuire 3 à 4 minutes.

Bien incorporer la farine. Cuire 2 minutes à feu doux.

Saler, poivrer et ajouter le lait; remuer et cuire 8 à 10 minutes à feu doux.

Ajouter la chair de crabe, mélanger et rectifier l'assaisonnement. Cuire 2 minutes à feu très doux.

Napper de sauce les spirales chaudes. Servir aussitôt

1 portion	*362 calories*	*52 g glucides*
16 g protéines	*10 g lipides*	*3,3 g fibres*

1. Faire fondre le beurre à feu moyen. Ajouter échalote, champignons et persil. Cuire 3 à 4 minutes.

2. Bien incorporer la farine. Cuire 2 minutes à feu doux.

3. Saler, poivrer et ajouter le lait. Remuer et continuer la cuisson 8 à 10 minutes à feu doux.

4. Ajouter la chair de crabe, mélanger et rectifier l'assaisonnement. Cuire 2 minutes à feu très doux.

Sandwich au veau et aux champignons

pour 2 personne.

2	escalopes de veau
30 ml	(*2 c. à soupe*) beurre
4	tranches épaisses de pain italien, grillées
15 ml	(*1 c. à soupe*) beurre à l'ail
8	champignons frais, netoyés et émincés
5 ml	(*1 c. à thé*) persil frais haché
50 ml	(*¼ tasse*) bouillon de poulet chaud sel et poivre

Poivrer légèrement les escalopes. Faire fondre le beurre dans une poêle à frire. Ajouter les escalopes e cuire 2 minutes à feu moyen-vif.

Retourner les escalopes. Saler, poivrer et continue la cuisson 2 minutes.

Placer 2 tranches de pain dans chaque assiette préchauffée. Ajouter les escalopes et garder chaud au four.

Faire fondre le beurre à l'ail dans la poêle. Ajoute champignons et persil ; cuire 2 minutes à feu vif.

Incorporer le bouillon de poulet. Assaisonner e laisser réduire de moitié.

Verser la sauce sur les sandwiches. Servir.

1 portion   576 calories   38 g glucides
34 g protéines   32 g lipides   4,2 g fibres

Piccata al limone

4	escalopes de veau
30 ml	(*2 c. à soupe*) beurre
50 ml	(*¼ tasse*) bouillon de poulet chaud
15 ml	(*1 c. à soupe*) persil frais haché
	jus d'un citron
	rondelles de citron
	sel et poivre

Poivrer légèrement les escalopes. Mettre de côté.

Faire chauffer le beurre à feu moyen-vif dans une grande poêle à frire. Ajouter les escalopes et cuire 2 minutes.

Retourner les escalopes. Saler, poivrer et continuer la cuisson 2 minutes. Retirer les escalopes et les mettre dans un plat de service chaud. Recouvrir d'un papier d'aluminium.

Verser le bouillon de poulet dans la poêle. Ajouter persil et jus de citron. Réduire 3 minutes à feu vif.

Verser aussitôt la sauce sur les escalopes. Garnir de rondelles de citron. Servir.

1 portion	*283 calories*	*1 g glucides*
27 g protéines	*19 g lipides*	*0,1 g fibres*

Escalopes de veau à la chinoise

500 g	(*1 livre*) escalopes de veau
250 ml	(*1 tasse*) farine assaisonnée
30 ml	(*2 c. à soupe*) beurre
1	branche de céleri, coupée en morceaux de 5 cm (*2 po*)
1	courgette, émincée
5 ml	(*1 c. à thé*) graines de sésame
125 ml	(*½ tasse*) bouillon de poulet chaud
45 ml	(*3 c. à soupe*) sauce aux prunes chinoise
5 ml	(*1 c. à thé*) fécule de maïs
30 ml	(*2 c. à soupe*) eau froide
	sel et poivre

Enfariner légèrement les escalopes de veau. Faire chauffer le beurre dans une poêle à frire. Ajouter le veau et cuire 2 minutes à feu moyen.

Retourner le veau. Saler, poivrer et continuer la cuisson 2 minutes. Retirer le veau de la poêle. Mettre de côté.

Mélanger légumes et graines de sésame dans la poêle ; couvrir et cuire 3 minutes.

Incorporer le bouillon de poulet et amener à ébullition. Ajouter la sauce aux prunes et cuire 2 minutes à feu doux.

Délayer la fécule de maïs dans l'eau froide. Bien incorporer à la sauce et cuire 1 minute. Réchauffer le veau 1 minute dans la sauce à feu doux. Servir.

1 portion	453 calories	35 g glucides
31 g protéines	21 g lipides	2,6 g fibres

Escalopes de veau à la poêle

pour 4 personnes

4	grandes escalopes de veau
250 ml	(*1 tasse*) farine assaisonnée
2	œufs
250 ml	(*1 tasse*) lait
30 ml	(*2 c. à soupe*) huile d'arachide
	chapelure assaisonnée
	sel et poivre

Préchauffer le four à 180°C (*350°F*).

Enfariner légèrement les escalopes. Battre œufs et lait dans un bol. Tremper les escalopes dans le mélange. Bien enrober de chapelure en pressant légèrement avec les doigts.

Faire chauffer l'huile dans une grande poêle à frire. Dès que l'huile est chaude, ajouter les escalopes et cuire 2 minutes à feu moyen. Retourner les escalopes, saler, poivrer et cuire 3 minutes.

Placer les escalopes dans un plat allant au four. Cuire 4 à 5 minutes au four.

Servir avec une garniture de pommes de terre. Accompagner de quartiers de citron.

1 portion	*529 calories*	*39 g glucides*
37 g protéines	*25 g lipides*	*3,3 g fibres*

Côtes de veau et champignons au sésame

pour 4 personnes

4	côtes de veau, de 2,5 cm (*1 po*) d'épaisseur
250 ml	(*1 tasse*) farine assaisonnée
60 ml	(*4 c. à soupe*) beurre
500 g	(*1 livre*) champignons frais, nettoyés et tranchés
15 ml	(*1 c. à soupe*) persil frais haché
	sel et poivre
	huile de sésame

Bien enfariner le veau. Mettre de côté.

Faire chauffer la moitié du beurre à feu moyen dans une poêle à frire. Ajouter le veau et cuire 5 minutes.

Retourner le veau. Saler, poivrer et continuer la cuisson 3 à 4 minutes ou selon l'épaisseur.

Entre-temps, faire chauffer le reste du beurre dans une autre poêle à frire. Ajouter champignons et persil ; cuire 3 minutes à feu vif. Saler, poivrer.

Arroser les champignons d'huile de sésame. Cuire 1 minute.

Accompagner les côtes de veau de champignons. Servir aussitôt.

1 portion	536 calories	32 g glucides
30 g protéines	32 g lipides	4,4 g fibres

188

Escalopes de veau au marsala

pour 4 personnes

:	escalopes de veau
0 ml	(*2½ c. à soupe*) beurre
0 ml	(*¼ tasse*) vin de marsala
5 ml	(*1 c. à soupe*) persil frais haché
	sel et poivre

Poivrer légèrement les escalopes. Mettre de côté.

Faire chauffer 30 ml (*2 c. à soupe*) de beurre à feu moyen-vif dans une grande poêle à frire. Ajouter les escalopes et cuire 2 minutes.

Retourner les escalopes. Saler, poivrer et continuer la cuisson 2 minutes. Retirer les escalopes et les placer dans un plat de service chaud. Recouvrir d'un papier d'aluminium.

Verser le marsala dans la poêle. Ajouter le reste du beurre et le persil. Laisser réduire 3 minutes à feu vif.

Verser aussitôt la sauce sur les escalopes. Servir.

1 portion	*293 calories*	*0 g glucides*
26 g protéines	*21 g lipides*	*0,1 g fibres*

Escalopes de porc panées à l'italienne

pour 4 personnes

4	escalopes de porc, de 0,65 cm (*¼ po*) d'épaisseur
250 ml	(*1 tasse*) farine assaisonnée
250 ml	(*1 tasse*) crème à 35%
250 ml	(*1 tasse*) chapelure à l'italienne
30 ml	(*2 c. à soupe*) huile d'arachide
300 ml	(*1¼ tasse*) sauce tomate chaude sel et poivre

Préchauffer le four à 180°C (*350°F*).

Si nécessaire, retirer le gras des escalopes. Enfariner les escalopes, les tremper dans la crème et les enrober de chapelure.

Faire chauffer l'huile à feu vif dans une poêle à frire. Ajouter les escalopes panées et cuire 2 minutes de chaque côté. Placer les escalopes dans un plat à gratin et cuire 7 minutes au four.

Au moment de servir, napper de sauce tomate des assiettes chaudes. Ajouter les escalopes. Servir.

Si désiré, garnir de jaunes d'œufs durs.

1 portion	*808 calories*	*53 g glucides*
41 g protéines	*48 g lipides*	*2,6 g fibres*

ssiette de porc barbecue

saucisses de porc frais, bouillies
pendant 4 minutes
petites côtelettes de porc, dégraissées
0 ml (*2 c. à soupe*) huile d'olive
5 ml (*1 c. à soupe*) sauce teriyaki
ml (*1 c. à thé*) jus de citron
gousse d'ail, écrasée et hachée
quelques gouttes d'huile de sésame
poivre du moulin

Mettre tous les ingrédients dans un grand bol et laisser mariner 15 minutes.

Entre-temps, préchauffer le barbecue à FORT et bien huiler la grille.

Placer la viande sur la grille chaude et cuire 15 minutes à feu MOYEN ou selon l'épaisseur de la viande. Retourner la viande et badigeonner souvent durant la cuisson. Assaisonner.

Servir avec des légumes grillés.

1 portion   *358 calories*   *1 g glucides*
30 g protéines   *26 g lipides*   *0 g fibres*

Porc sauté au soya

75 ml	(*⅓ tasse*) huile végétale
3	côtes de porc, dégraissées et coupées en lanières
750 ml	(*3 tasses*) riz bouilli
30 ml	(*2 c. à soupe*) sauce soya
2	œufs battus
30 ml	(*2 c. à soupe*) ciboulette fraîche hachée
	sel et poivre

Faire chauffer 30 ml (*2 c. à soupe*) d'huile dans un wok ou une poêle à frire. Dès que l'huile commence à fumer, ajouter le porc et cuire 4 à 5 minutes à feu vif.

Retirer la viande. Mettre de côté.

Faire chauffer le reste de l'huile dans le wok. Dès que l'huile commence à fumer, ajouter rapidement le riz et cuire 7 à 8 minutes à feu vif en remuant de temps à autre.

Remettre la viande dans le wok et bien assaisonner. Continuer la cuisson 3 minutes.

Arroser de sauce soya, mêler et incorporer les œufs. Réduire immédiatement la chaleur à feu doux ; mélanger rapidement pour permettre aux œufs de cuire.

Parsemer de ciboulette. Servir.

1 portion	*496 calories*	*40 g glucides*
21 g protéines	*28 g lipides*	*1,3 g fibres*

Riz pilaf aux légumes

pour 4 personnes

15 ml	(*1 c. à soupe*) beurre
2	oignons verts, hachés
1	branche de céleri, hachée
250 ml	(*1 tasse*) riz à longs grains, rincé et égoutté
15 ml	(*1 c. à soupe*) basilic
2 ml	(*½ c. à thé*) origan
1 ml	(*¼ c. à thé*) piments rouges broyés
375 ml	(*1½ tasse*) bouillon de poulet chaud
15 ml	(*1 c. à soupe*) huile d'olive
6	pointes d'asperge cuites, coupées en trois
1	carotte, pelée et émincée
1	piment vert, coupé en lanières
½	concombre anglais, émincé
1	grosse tomate, coupée en quartiers
1	gousse d'ail, écrasée et hachée
	huile de sésame au goût
	sel et poivre

Préchauffer le four à 180°C (*350°F*).

Faire chauffer le beurre à feu moyen dans une casserole allant au four. Ajouter oignons verts et céleri ; cuire 2 à 3 minutes.

Incorporer le riz et bien mêler. Saler, poivrer et ajouter basilic, origan et piments broyés. Cuire 2 à 3 minutes ou jusqu'à ce que le riz commence à adhérer à la casserole.

Incorporer le bouillon de poulet ; couvrir et amener à ébullition. Mettre au four et continuer la cuisson 18 minutes.

Cinq minutes avant la fin de la cuisson, préparer la garniture de légumes. Faire chauffer l'huile d'olive à feu vif dans une poêle à frire. Ajouter légumes et ail. Saler, poivrer et cuire 2 à 3 minutes en remuant une fois. Assaisonner de quelques gouttes d'huile de sésame.

Servir sur le riz.

1 portion	*159 calories*	*21 g glucides*
3 g protéines	*7 g lipides*	*2,8 g fibres*

Foie de veau et garniture d'oignon

60 ml	(*4 c. à soupe*) beurre
1	grosse tomate, nettoyée, coupée en deux et émincée
1	oignon d'Espagne, coupé en deux et émincé
5 ml	(*1 c. à thé*) basilic frais haché
4	grandes tranches de foie de veau
250 ml	(*1 tasse*) farine assaisonnée
	sel et poivre

Faire chauffer la moitié du beurre à feu moyen dans une sauteuse. Ajouter tomate, oignon et basilic. Saler, poivrer et cuire 20 à 25 minutes. Remuer de temps à autre. Mettre de côté.

Bien enfariner le foie. Faire chauffer le reste du beurre à feu doux dans une poêle à frire. Ajouter le foie et cuire 3 minutes. Retourner les tranches de foie. Saler, poivrer et cuire 2 minutes.

Servir avec la garniture d'oignon.

1 portion	*462 calories*	*38 g glucides*
37 g protéines	*18 g lipides*	*2,7 g fibres*

Foie de veau aux herbes

4	tranches de foie de veau frais
45 ml	(*3 c. à soupe*) beurre
250 g	(*½ livre*) champignons frais, nettoyés et coupés en quartiers
30 ml	(*2 c. à soupe*) persil frais haché
15 ml	(*1 c. à soupe*) estragon frais haché
	farine
	sel et poivre

Enfariner le foie de veau. Faire fondre 30 ml (*2 c. à soupe*) de beurre à feu moyen dans une poêle à frire. Ajouter le foie ; saler, poivrer. Cuire 2 à 3 minutes de chaque côté.

Mettre le foie de veau dans un plat de service chaud. Tenir chaud au four.

Faire fondre le reste du beurre dans la poêle. Ajouter champignons, persil et estragon. Saler, poivrer et cuire 2 à 3 minutes à feu vif.

Servir avec le foie de veau. Si désiré, accompagner d'asperges fraîches.

1 portion	*262 calories*	*7 g glucides*
27 g protéines	*14 g lipides*	*1,8 g fibres*

Poulet poché au vin blanc

pour 4 personnes

30 ml	(*2 c. à soupe*) beurre
2	poitrines de poulet entières, sans peau, désossées et coupées en deux
125 ml	(*½ tasse*) vin blanc sec
15 ml	(*1 c. à soupe*) persil frais haché
6	gros pleurotes frais, nettoyés et coupés en deux
½	concombre anglais, épépiné et coupé en rondelles épaisses
250 ml	(*1 tasse*) bouillon de poulet chaud
15 ml	(*1 c. à soupe*) fécule de maïs
30 ml	(*2 c. à soupe*) eau froide
	sel et poivre

Faire chauffer le beurre à feu moyen dans une sauteuse. Ajouter poulet, vin et persil. Saler, poivrer ; couvrir et cuire 10 minutes.

Retourner le poulet. Ajouter champignons et concombre. Saler, poivrer ; couvrir et cuire 6 à 7 minutes.

Retirer le poulet de la sauteuse et tenir chaud au four.

Verser le bouillon de poulet dans la sauteuse et amener à ébullition.

Délayer la fécule de maïs dans l'eau froide. Incorporer à la sauce. Cuire 1 minute à feu doux.

Napper le poulet de sauce. Servir avec du pain frais.

1 portion	*213 calories*	*5 g glucides*
28 g protéines	*9 g lipides*	*1,3 g fibres*

196

Poulet à la crème sur toast

2	poitrines de poulet entières, sans peau et coupées en gros cubes
30 ml	(*2 c. à soupe*) beurre
125 g	(*¼ livre*) champignons frais, nettoyés et coupés en quartiers
2	échalotes hachées
5 ml	(*1 c. à thé*) persil frais haché
375 ml	(*1½ tasse*) bouillon de poulet chaud
50 ml	(*¼ tasse*) crème à 35%
	farine
	sel et poivre
	tranches de pain français, grillées

Enfariner le poulet et bien assaisonner. Faire fondre le beurre à feu moyen dans une sauteuse. Ajouter le poulet ; couvrir et cuire 10 minutes en remuant de temps à autre.

Ajouter champignons, échalotes et persil. Saler, poivrer ; couvrir et continuer la cuisson 5 minutes.

Incorporer le bouillon de poulet et bien remuer. Ajouter la crème, mélanger et cuire 3 à 4 minutes, sans couvrir.

Servir sur du pain grillé.

1 portion	282 calories	10 g glucides
29 g protéines	14 g lipides	1,2 g fibres

Surprise de poulet au cheddar

pour 4 personnes

2	poitrines de poulet entières, sans peau, désossées et coupées en deux
250 ml	(*1 tasse*) fromage cheddar (blanc, fort) râpé
4	grandes tranches minces de jambon cuit
250 ml	(*1 tasse*) farine assaisonnée
2	œufs battus
250 ml	(*1 tasse*) chapelure
30 ml	(*2 c. à soupe*) huile d'arachide sel et poivre

Couper délicatement chaque morceau de poulet pour former une cavité. Remplir de fromage et bien refermer. Envelopper le poulet dans une tranche de jambon.

Bien enfariner chaque morceau de poulet, le tremper dans les œufs battus et l'enrober complètement de chapelure. Il est important de bien enrober le poulet de chapelure pour éviter que le fromage ne s'écoule pendant la cuisson.

Préchauffer le four à 190°C (*375°F*).

Faire chauffer l'huile d'arachide dans une grande poêle allant au four. Ajouter le poulet et cuire 2 à 3 minutes de chaque côté, à feu moyen-vif, pour dorer la chapelure. Saler, poivrer.

Mettre au four et cuire 10 minutes ou selon la grosseur des poitrines.

Servir avec des petits pains.

1 portion	622 calories	46 g glucides
51 g protéines	26 g lipides	2,1 g fibres

1. *Couper chaque poitrine pour former une cavité. Remplir de fromage et bien refermer.*

2. *Envelopper le poulet dans une tranche de jambon.*

3. *Bien enfariner chaque morceau.*

4. *Tremper les morceaux dans les œufs battus et les enrober complètement de chapelure.*

Poulet au sésame

pour 4 personnes

2	poitrines de poulet entières, sans peau et coupées en morceaux de 5 cm (*2 po*)
15 ml	(*1 c. à soupe*) huile végétale
1	courgette, émincée
1	grosse carotte, pelée et émincée
1	piment rouge, émincé
3	oignons verts, coupés en bâtonnets
15 ml	(*1 c. à soupe*) sauce soya
	farine
	quelques gouttes d'huile de sésame
	sel et poivre

Enfariner les morceaux de poulet. Faire chauffer l'huile végétale à feu moyen dans une sauteuse. Ajouter le poulet ; couvrir et cuire 3 à 4 minutes.

Retirer le poulet. Mettre de côté.

Déposer courgette et carotte dans la sauteuse. Saler, poivrer ; couvrir et cuire 6 minutes à feu moyen. Remuer de temps à autre.

Ajouter piment rouge, oignons verts, sauce soya et huile de sésame. Remettre le poulet dans la sauteuse ; couvrir et cuire 3 minutes. Servir.

1 portion	*231 calories*	*13 g glucides*
29 g protéines	*7 g lipides*	*2,8 g fibres*

Filet de bœuf aux champignons

pour 4 personnes

15 ml	(*1 c. à soupe*) huile végétale
8	tranches de filet de bœuf
8	pleurotes frais, nettoyés et coupés en gros morceaux
1	gousse d'ail, écrasée et hachée
15 ml	(*1 c. à soupe*) ciboulette fraîche hachée
2	tomates, coupées en deux et tranchées
	sel et poivre

Faire chauffer l'huile à feu moyen dans une poêle à frire. Ajouter la viande, saisir 1 à 2 minutes, ou selon l'épaisseur.

Retourner la viande. Saler, poivrer et saisir 1 minute.

Retirer la viande. Mettre de côté.

Placer pleurotes, ail et ciboulette dans la poêle ; cuire 3 à 4 minutes.

Ajouter les tomates ; saler, poivrer. Cuire 3 à 4 minutes.

Remettre la viande dans la poêle et cuire 1 à 2 minutes pour réchauffer. Servir aussitôt.

1 portion	*347 calories*	*5 g glucides*
48 g protéines	*15 g lipides*	*2,2 g fibres*

Boulettes chez Gena

pour 4 personnes

15 ml	(*1 c. à soupe*) beurre
2	oignons hachés
4	tranches de pain blanc, sans croûtes
125 ml	(*½ tasse*) lait
625 g	(*1¼ livre*) bœuf haché maigre
1	gousse d'ail, écrasée et hachée
5 ml	(*1 c. à thé*) origan
1	œuf
30 ml	(*2 c. à soupe*) crème sure
15 ml	(*1 c. à soupe*) huile végétale
	une pincée de paprika
	sel et poivre

Faire chauffer le beurre dans une petite casserole. Ajouter les oignons et cuire 4 à 5 minutes à feu moyen.

Entre-temps, mettre le pain dans un bol et ajouter le lait. Laisser le pain absorber le lait.

Mettre la viande dans un robot culinaire. Ajouter les oignons cuits. Saler, poivrer. Ajouter ail, épices et œuf.

Presser le pain pour retirer l'excédent de lait. Ajouter le pain trempé à la viande. Mélanger quelques minutes pour bien incorporer les ingrédients.

Ajouter la crème sure et mélanger de nouveau. Placer le mélange dans un bol et recouvrir d'une pellicule plastique. Réfrigérer 1 heure.

Former des boulettes avec le mélange de viande en prenant soin de se huiler les mains au préalable.

Faire chauffer l'huile dans une grande poêle à frire à feu moyen. Ajouter les boulettes et cuire 3 à 4 minutes de chaque côté, ou selon leur grosseur*.

Servir avec une sauce épicée.

* Pour ne pas surcharger la poêle, on peut cuire les boulettes en deux étapes.

1 portion	*402 calories*	*19 g glucides*
41 g protéines	*18 g lipides*	*1,9 g fibres*

1. Mettre les oignons dans le beurre chaud et cuire 4 à 5 minutes à feu moyen.

2. Mettre la viande dans un robot culinaire. Ajouter les oignons cuits. Saler, poivrer. Ajouter ail, épices et œuf.

3. Ajouter le pain trempé. Mélanger quelques minutes pour bien incorporer les ingrédients.

4. Saisir les boulettes de viande dans l'huile chaude sans les remuer. Retourner les boulettes et saisir l'autre côté.

Brochettes de crevettes au gingembre

pour 4 personnes

20	grosses crevettes, décortiquées et nettoyées
3	oignons verts, coupés en morceaux de 5 cm (*2 po*)
250 ml	(*1 tasse*) pois mange-tout, blanchis
2	oignons coupés, en quartiers
2	grosses carottes, pelées, coupées en rondelles de 1,2 cm (*½ po*) d'épaisseur et blanchies
30 ml	(*2 c. à soupe*) huile végétale
30 ml	(*2 c. à soupe*) sauce teriyaki
15 ml	(*1 c. à soupe*) jus de limette
30 ml	(*2 c. à soupe*) gingembre frais haché sel et poivre

Enfiler crevettes et légumes sur des brochettes, en alternant.

Mélanger le reste des ingrédients dans un petit bol. Badigeonner les brochettes du mélange.

Placer les brochettes au four, à 15 cm (*6 po*) de l'élément supérieur. Cuire 3 à 4 minutes ou selon la grosseur des crevettes. Si désiré, les brochettes peuvent être cuites sur une grille en respectant le même temps de cuisson.

Badigeonner fréquemment durant la cuisson. Servir.

1 portion	*265 calories*	*15 g glucides*
31 g protéines	*9 g lipides*	*4,7 g fibres*

Crevettes sautées au Courvoisier

pour 4 personnes

30 ml	(*2 c. à soupe*) beurre
800 g	(*1¾ livre*) crevettes moyennes, décortiquées et nettoyées
45 ml	(*3 c. à soupe*) cognac Courvoisier
1	carotte, pelée et coupée en petits dés
1	branche de céleri, coupée en petits dés
15 ml	(*1 c. à soupe*) persil frais haché
5 ml	(*1 c. à thé*) estragon frais haché
2	échalotes sèches, hachées
250 ml	(*1 tasse*) vin blanc sec
250 ml	(*1 tasse*) crème à 35%
	sel et poivre
	quelques gouttes de jus de limette

Faire chauffer le beurre à feu vif dans une grande poêle à frire. Ajouter les crevettes et cuire 3 minutes, sans remuer.

Retourner les crevettes. Saler, poivrer et cuire 3 minutes. Incorporer le cognac et flamber.

Dès que l'alcool est évaporé, retirer et mettre les crevettes de côté.

Placer légumes, persil, estragon et échalotes dans la poêle. Cuire 3 à 4 minutes à feu vif. Saler, poivrer.

Incorporer le vin et chauffer 3 à 4 minutes pour le faire réduire de moitié.

Ajouter la crème et continuer la cuisson pour épaissir la sauce tout en remuant de temps à autre.

Mettre les crevettes dans la sauce et laisser mijoter 1 à 2 minutes à feu très doux.

Arroser de jus de limette. Servir.

1 portion	393 calories	6 g glucides
27 g protéines	29 g lipides	0,8 g fibres

Crevettes tempura

900 g	(*2 livres*) crevettes moyennes
30 ml	(*2 c. à soupe*) sauce teriyaki
15 ml	(*1 c. à soupe*) jus de citron
15 ml	(*1 c. à soupe*) miel
1	gousse d'ail, écrasée et hachée
	sel et poivre
	un mélange commercial de pâte à frire tempura
	rondelles de citron

Peler les crevettes en laissant les queues attachées. Retirer la veine noire. Bien laver à l'eau froide, égoutter et essorer dans du papier essuie-tout.

Mettre les crevettes dans un bol. Ajouter sauce teriyaki, jus de citron, miel et ail. Poivrer et laisser mariner 30 minutes.

Entre-temps, préparer la pâte à frire tempura en suivant le mode d'emploi indiqué sur l'emballage.

Préchauffer l'huile d'arachide dans une friteuse à 190°C (*375°F*).

Tremper les crevettes dans la pâte et les plonger 2 à 3 minutes dans l'huile chaude pour bien les dorer. Ne pas surcharger la friteuse.

Bien égoutter les crevettes sur du papier essuie-tout avant de servir.

Accompagner de rondelles de citron.

1 portion	*374 calories*	*21 g glucides*
32 g protéines	*18 g lipides*	*0,4 g fibres*

LES PLATS ÉCONOMIQUES

*Des recettes alléchantes
qui réduisent vos frais
sans décevoir votre palais*

Salade de pâtes chaudes

pour 4 personnes

15 ml	(*1 c. à soupe*) huile d'olive
1	oignon, coupé en cubes
1	piment vert, coupé en dés
2	branches de céleri, émincées
2	carottes, pelées et émincées
15 ml	(*1 c. à soupe*) gingembre frais haché
750 ml	(*3 tasses*) penne * cuites et tièdes
15 ml	(*1 c. à soupe*) persil frais haché
30 ml	(*2 c. à soupe*) huile d'olive
30 ml	(*2 c. à soupe*) vinaigre de vin
15 ml	(*1 c. à soupe*) moutarde de Dijon
250 ml	(*1 tasse*) pois chiches, égouttés
	sel et poivre

Faire chauffer 15 ml (*1 c. à soupe*) d'huile dans une casserole à feu vif. Ajouter légumes et gingembre ; cuire 4 à 5 minutes.

Placer les pâtes tièdes dans un bol. Ajouter persil, 30 ml (*2 c. à soupe*) d'huile, vinaigre et moutarde ; bien mêler.

Ajouter les pois chiches. Saler, poivrer et mêler de nouveau.

Incorporer les légumes chauds. Rectifier l'assaisonnement. Mêler et servir dans un attrayant bol à salade.

---

* Variété de pâtes alimentaires, aussi appelées pâtes plumes.

1 portion	336 calories	48 g glucides
9 g protéines	12 g lipides	6,6 g fibres

Penne Abigail

pour 6 personnes

30 ml	(*2 c. à soupe*) huile d'olive
1	oignon moyen, haché
2	échalotes sèches, hachées
½	piment vert fort, épépiné et haché
1	petite courgette avec pelure, coupée en dés
500 g	(*1 livre*) bœuf haché maigre
796 ml	(*28 oz*) tomates en conserve, égouttées et hachées
15 ml	(*1 c. à soupe*) persil frais haché
375 ml	(*1½ tasse*) haricots rouges en conserve, égouttés
5 ml	(*1 c. à thé*) basilic
2 ml	(*½ c. à thé*) poudre de chili
1,2 L	(*5 tasses*) penne cuites
250 ml	(*1 tasse*) fromage mozzarella râpé
	sel et poivre
	quelques gouttes de sauce Pickapeppa

Faire chauffer l'huile dans une sauteuse. Ajouter oignon, échalotes, piment fort et courgette ; cuire 7 à 8 minutes à feu vif.

Incorporer le bœuf ; continuer la cuisson 3 à 4 minutes en remuant de temps à autre.

Saler, poivrer. Ajouter tomates, persil et haricots. Bien mélanger. Ajouter basilic, poudre de chili et sauce Pickapeppa.

Mélanger de nouveau. Rectifier l'assaisonnement et cuire 8 à 10 minutes à feu vif.

Réduire la chaleur à feu moyen et continuer la cuisson 15 minutes.

Incorporer les pâtes ; cuire 3 à 4 minutes. Ajouter le fromage et continuer la cuisson 2 minutes, jusqu'à ce que le fromage soit fondu.

1 portion	*448 calories*	*38 g glucides*
29 g protéines	*20 g lipides*	*2,5 g fibres*

Spaghetti et sauce aux petits pois verts

pour 4 personnes

45 ml	(*3 c. à soupe*) beurre
45 ml	(*3 c. à soupe*) farine
500 ml	(*2 tasses*) lait chaud
4	tranches de bacon de dos cuit, coupées en fines lanières
½	piment vert, coupé en lanières
15 ml	(*1 c. à soupe*) zeste de citron râpé
250 ml	(*1 tasse*) petits pois verts cuits
4	portions de spaghetti cuit et chaud
250 ml	(*1 tasse*) fromage mozzarella râpé
	une pincée de muscade
	sel et poivre

Faire fondre 30 ml (*2 c. à soupe*) de beurre dans une casserole à feu moyen. Ajouter la farine et bien mélanger à la cuillère de bois. Cuire 3 minutes à feu doux en remuant constamment.

Incorporer le lait chaud et mélanger. Cuire 8 à 10 minutes à feu doux en remuant fréquemment.

Saupoudrer de muscade. Saler, poivrer. Mettre de côté.

Faire chauffer le reste du beurre dans une sauteuse. Ajouter bacon, piment vert et zeste de citron ; saler, poivrer. Cuire 3 minutes à feu moyen.

Incorporer pois verts, pâtes et sauce blanche. Remuer et ajouter le fromage. Mélanger et continuer la cuisson 2 minutes à feu moyen avant de servir.

1 portion	*559 calories*	*60 g glucides*
28 g protéines	*23 g lipides*	*3,9 g fibres*

210

Cannelloni farcis

pour 4 personnes

15 ml	(*1 c. à soupe*) huile végétale
1	oignon moyen, haché
8	gros champignons frais, nettoyés et hachés
1	oignon vert, haché
5 ml	(*1 c. à thé*) zeste de limette haché
2 ml	(*½ c. à thé*) cumin
3	grosses olives vertes, hachées
170 g	(*6 oz*) bœuf haché maigre
90 g	(*3 oz*) fromage feta, coupé en morceaux
12	cannelloni « prêts au four »
250 ml	(*1 tasse*) sauce tomate
125 ml	(*½ tasse*) bouillon de poulet chaud
	une pincée de paprika
	sel et poivre
	fromage parmesan râpé

Préchauffer le four à 160 °C (*325 °F*).

Faire chauffer l'huile dans une poêle à frire. Ajouter oignon, champignons, oignon vert et zeste de limette. Saler, poivrer.

Ajouter les épices et cuire 4 à 5 minutes à feu moyen.

Incorporer olives et bœuf haché ; bien mélanger, assaisonner et continuer la cuisson 4 minutes.

Ajouter le fromage feta et cuire 3 minutes.

Transvider le mélange dans un robot culinaire et bien mélanger. Placer le mélange dans un sac à pâtisserie muni d'une douille unie.

Farcir les cannelloni et les mettre dans un plat à gratin. Incorporer la sauce tomate au bouillon de poulet. Verser le mélange sur les cannelloni.

Couvrir le plat d'un papier d'aluminium. Cuire 1 heure au four.

Parsemer de fromage parmesan avant de servir.

1 portion	412 calories	45 g glucides
22 g protéines	16 g lipides	2,7 g fibres

211

Ragoût d'agneau aux carottes

pour 4 personnes

1,4 kg	(*3 livres*) épaule d'agneau désossée, dégraissée
2	échalotes sèches, hachées
250 ml	(*1 tasse*) vin blanc sec
15 ml	(*1 c. à soupe*) huile d'olive
30 ml	(*2 c. à soupe*) huile d'arachide
45 ml	(*3 c. à soupe*) farine
625 ml	(*2½ tasses*) bouillon de bœuf chaud
30 ml	(*2 c. à soupe*) pâte de tomates
5 ml	(*1 c. à thé*) huile d'olive
1	oignon, coupé en six
1	gousse d'ail, écrasée et hachée
3	carottes, pelées et coupées en gros bâtonnets
2 ml	(*½ c. à thé*) origan
15 ml	(*1 c. à soupe*) persil frais haché
5 ml	(*1 c. à thé*) sauce soya
	une pincée de paprika
	sel et poivre

Couper l'épaule d'agneau en cubes. Mettre dans un bol; saler, poivrer. Ajouter les échalotes, le vin et 15 ml (*1 c. à soupe*) d'huile d'olive. Laisser mariner 1 heure. Préchauffer le four à 180°C (*350°F*).

Faire chauffer l'huile d'arachide dans une sauteuse. Égoutter l'agneau et réserver la marinade. Mettre l'agneau dans l'huile chaude et saisir 7 à 8 minutes à feu vif. Retourner les cubes. Saler, poivrer et continuer la cuisson 2 à 3 minutes.

Saupoudrer de farine; bien mélanger. Réduire la chaleur à feu moyen et continuer la cuisson 5 minutes ou jusqu'à ce que la farine adhère légèrement à la sauteuse. Remuer de temps à autre. Incorporer bouillon de bœuf et marinade. Remuer et amener à ébullition. Incorporer la pâte de tomates. Mélanger et retirer du feu. Mettre de côté.

Faire chauffer 5 ml (*1 c. à thé*) d'huile d'olive dans une petite poêle à frire. Ajouter oignon et ail; cuire 3 à 4 minutes à feu vif. Placer oignon et ail dans la sauteuse contenant l'agneau. Ajouter carottes, épices et sauce soya; bien remuer. Couvrir et amener à ébullition.

Mettre au four et continuer la cuisson 2 heures. Si nécessaire, ajouter un peu de bouillon de bœuf durant la cuisson. Servir avec des nouilles aux œufs.

1 portion	*669 calories*	*15 g glucides*
69 g protéines	*37 g lipides*	*2,5 g fibres*

Bœuf sauté aux figues

30 ml	(*2 c. à soupe*) huile d'arachide
500 g	(*1 livre*) intérieur de ronde de bœuf, tranchée en biseau
12	figues, coupées en deux
1	pomme avec la pelure, évidée et coupée en quartiers
12	châtaignes d'eau, émincées
1	piment vert, émincé
125 ml	(*½ tasse*) pois chiches en conserve, égouttés
25 ml	(*1½ c. à soupe*) fécule de maïs
45 ml	(*3 c. à soupe*) eau froide
250 ml	(*1 tasse*) bouillon de bœuf
	sel et poivre
	quelques gouttes de sauce Pickapeppa

Faire chauffer 15 ml (*1 c. à soupe*) d'huile dans une poêle à frire à feu vif. Ajouter la viande ; saisir 2 minutes de chaque côté. Saler, poivrer. Retirer la viande de la poêle. Mettre de côté.

Faire chauffer le reste de l'huile dans la poêle. Ajouter figues, pomme, châtaignes d'eau, piment vert et pois chiches ; cuire 3 à 4 minutes à feu vif. Bien assaisonner.

Délayer la fécule de maïs dans l'eau froide. Incorporer le bouillon de bœuf au mélange et remuer. Ajouter la fécule diluée, remuer et laisser mijoter 2 à 3 minutes.

Remettre la viande dans la sauce ; cuire 30 secondes. Servir sur des nouilles au beurre.

1 portion   *478 calories   54 g glucides*
34 g protéines   14 g lipides   13,4 g fibres

Boulettes au cari

500 g	(*1 livre*) bœuf haché maigre
1 ml	(*¼ c. à thé*) poudre de chili
30 ml	(*2 c. à soupe*) persil frais haché
1	œuf battu
30 ml	(*2 c. à soupe*) huile végétale
1½	gros oignon, finement haché
1	branche de céleri, coupée en petits dés
1	pomme rouge, évidée, pelée et hachée
30 ml	(*2 c. à soupe*) poudre de cari
15 ml	(*1 c. à soupe*) beurre
30 ml	(*2 c. à soupe*) farine
375 ml	(*1½ tasse*) bouillon de poulet chaud
	sel et poivre
	quelques gouttes de sauce Tabasco

Mettre viande, poudre de chili, 15 ml de persil (*1 c. à soupe*), œuf et sauce Tabasco dans un robot culinaire. Saler et bien mélanger jusqu'à ce que la viande forme une boule.

Façonner des boulettes avec le mélange. Mettre de côté.

Faire chauffer l'huile dans une sauteuse. Ajouter oignon, céleri, pomme et persil. Cuire 6 à 7 minutes à feu moyen.

Saupoudrer de cari et bien mélanger. Cuire 5 à 6 minutes à feu doux.

Ajouter le beurre et continuer la cuisson 1 minute.

Mettre les boulettes dans la sauteuse ; cuire 5 à 6 minutes à feu moyen en retournant fréquemment les boulettes.

Saupoudrer de farine, mélanger et continuer la cuisson 2 à 3 minutes.

Incorporer le bouillon de poulet. Bien assaisonner. Amener à ébullition et continuer la cuisson 15 minutes à feu doux.

Servir sur du riz.

1 portion	*377 calories*	*18 g glucides*
29 g protéines	*21 g lipides*	*2,8 g fibres*

1. Faire chauffer l'huile dans une sauteuse. Ajouter oignon, céleri, pomme et persil. Cuire 6 à 7 minutes à feu moyen.

2. Saupoudrer de cari et bien mélanger. Cuire 5 à 6 minutes à feu doux. Ajouter le beurre et continuer la cuisson 1 minute.

3. Mettre les boulettes dans la sauteuse. Cuire 5 à 6 minutes à feu moyen en retournant fréquemment les boulettes.

4. Saupoudrer de farine, mélanger et continuer la cuisson 2 à 3 minutes.

Boulettes de viande à la lyonnaise

pour 4 personnes

15 ml	(*1 c. à soupe*) huile d'arachide
3	oignons, émincés
1	gousse d'ail, écrasée et hachée
15 ml	(*1 c. à soupe*) persil frais haché
2 ml	(*½ c. à thé*) graines de céleri
5 ml	(*1 c. à thé*) cumin
15 ml	(*1 c. à soupe*) beurre
30 ml	(*2 c. à soupe*) farine
500 ml	(*2 tasses*) bouillon de poulet chaud
12	boulettes de viande cuites
50 ml	(*¼ tasse*) fromage mozzarella râpé
	sel et poivre

Faire chauffer l'huile dans une sauteuse à feu vif. Ajouter oignons, ail et persil ; couvrir et cuire 15 minutes à feu moyen.

Ajouter épices et beurre ; bien mélanger. Incorporer la farine et cuire 2 minutes.

Ajouter le bouillon de poulet, remuer et amener à ébullition. Rectifier l'assaisonnement.

Mettre les boulettes dans la sauce. Remuer et ajouter le fromage. Laisser mijoter quelques minutes.

Servir avec des légumes.

1 portion	*336 calories*	*13 g glucides*
26 g protéines	*20 g lipides*	*1,9 g fibres*

Riz aux champignons et à l'estragon

pour 4 personnes

15 ml	(*1 c. à soupe*) beurre
2	échalotes sèches, hachées
1	gousse d'ail, écrasée et hachée
½	branche de céleri, coupée en petits dés
15 ml	(*1 c. à soupe*) zeste de citron haché
250 ml	(*1 tasse*) riz à longs grains, lavé et égoutté
375 ml	(*1½ tasse*) bouillon de poulet chaud
15 ml	(*1 c. à soupe*) huile d'arachide
250 g	(*½ livre*) champignons frais, nettoyés et coupés en deux
5 ml	(*1 c. à thé*) estragon
	sel et poivre

Préchauffer le four à 180°C (*350°F*).

Faire fondre le beurre dans une casserole allant au four. Ajouter échalotes, ail, céleri et zeste de citron ; cuire 3 minutes à feu moyen.

Incorporer le riz. Bien assaisonner. Continuer la cuisson 2 à 3 minutes ou jusqu'à ce que le riz adhère légèrement à la casserole.

Incorporer le bouillon de poulet ; remuer et amener à ébullition. Rectifier l'assaisonnement ; couvrir et cuire 15 minutes au four.

Cinq minutes avant la fin de la cuisson, faire chauffer l'huile dans une poêle à frire à feu vif.

Ajouter champignons et estragon ; saler, poivrer. Faire sauter 2 à 3 minutes. Incorporer les champignons au riz. Remettre au four et cuire 3 minutes.

1 portion	*255 calories*	*43 g glucides*
5 g protéines	*7 g lipides*	*1,7 g fibres*

Riz indien

pour 4 personnes

30 ml	(*2 c. à soupe*) beurre
½	branche de céleri, coupée en dés
1	oignon moyen, coupé en dés
25 ml	(*1½ c. à soupe*) poudre de cari
250 ml	(*1 tasse*) riz à longs grains, lavé et égoutté
375 ml	(*1½ tasse*) bouillon de poulet chaud sel et poivre

Préchauffer le four à 180°C (*350°F*).

Mettre beurre, céleri et oignon dans une casserole allant au four. Saler, poivrer et cuire 3 minutes à feu moyen.

Saupoudrer de poudre de cari ; bien mêler. Continuer la cuisson 4 à 5 minutes à feu doux.

Ajouter le riz et mélanger. Assaisonner au goût. Cuire 2 à 3 minutes jusqu'à ce que le riz adhère légèrement à la casserole.

Incorporer le bouillon de poulet ; remuer et amener à ébullition à feu vif.

Couvrir et cuire 18 minutes au four.

1 portion	*242 calories*	*43 g glucides*
4 g protéines	*6 g lipides*	*0,7 g fibres*

1. Mettre beurre, céleri et oignon dans une casserole allant au four. Saler, poivrer et cuire 3 minutes à feu moyen.

2. Ajouter la poudre de cari ; bien mêler. Continuer la cuisson 4 à 5 minutes à feu doux.

3. Ajouter le riz ; mélanger. Assaisonner au goût. Cuire 2 à 3 minutes.

4. Dès que le riz commence à adhérer à la casserole, incorporer le bouillon de poulet.

Restes de bœuf à la chinoise

pour 4 personnes

30 ml	(*2 c. à soupe*) huile d'arachide
500 g	(*1 livre*) intérieur de ronde de bœuf, tranchée en biseau
½	piment jaune, émincé
1	courgette, émincée
2	feuilles de chou de Chine, émincées
2	tomates italiennes, coupées en quartiers
1	pomme avec la pelure, évidée et coupée en quartiers
30 ml	(*2 c. à soupe*) gingembre frais haché
15 ml	(*1 c. à soupe*) persil frais haché
	sel et poivre

Faire chauffer l'huile dans une poêle à frire à feu vif. Ajouter la viande et saisir 2 minutes de chaque côté. Saler, poivrer ; retirer la viande de la poêle. Mettre de côté.

Placer tous les légumes dans la poêle. Ajouter pomme, gingembre et persil. Saler, poivrer et cuire 3 minutes à feu vif.

Remettre la viande dans la poêle ; mélanger et cuire 30 secondes. Servir aussitôt.

1 portion	*289 calories*	*12 g glucides*
31 g protéines	*13 g lipides*	*3,5 g fibres*

Hamburgers, sauce au sherry

pour 4 personnes

750 g	(*1½ livre*) bœuf haché maigre
1	œuf battu
15 ml	(*1 c. à soupe*) persil frais haché
1	oignon, haché et cuit
1 ml	(*¼ c. à thé*) poudre de chili
25 ml	(*1½ c. à soupe*) huile d'olive
500 g	(*1 livre*) champignons frais, nettoyés et émincés
1 ml	(*¼ c. à thé*) estragon
60 ml	(*4 c. à soupe*) sherry
375 ml	(*1½ tasse*) sauce brune chaude sel et poivre

Mettre viande, œuf, persil, oignon et poudre de chili dans un robot culinaire. Saler, poivrer et bien mélanger jusqu'à ce que le mélange forme une boule. Façonner avec ce mélange, à la main, 4 hamburgers ronds et plats.

Badigeonner les deux côtés de la viande de 5 ml (*1 c. à thé*) d'huile. Faire chauffer une poêle à frire à feu vif. Ajouter les hamburgers et cuire 3 à 4 minutes.

Retourner les hamburgers. Réduire la chaleur à feu moyen et continuer la cuisson 3 à 4 minutes ou selon la cuisson désirée. Bien assaisonner durant la cuisson.

Retirer les hamburgers cuits de la poêle et les tenir au chaud.

Faire chauffer le reste de l'huile dans la poêle à frire. Ajouter champignons et estragon ; cuire 2 minutes à feu vif.

Saler, poivrer. Ajouter le sherry et cuire 3 minutes à feu vif.

Incorporer la sauce brune, bien remuer et continuer la cuisson 2 à 3 minutes. Verser la sauce sur les hamburgers. Servir.

1 portion	501 calories	13 g glucides
47 g protéines	29 g lipides	3,7 g fibres

Casserole de bœuf haché au riz

15 ml	(*1 c. à soupe*) huile végétale
½	oignon moyen, grossièrement haché
2	gousses d'ail, écrasées et hachées
½	piment vert, coupé en dés
½	branche de céleri, émincée
1	feuille de chou de Chine, émincée
1 ml	(*¼ c. à thé*) basilic
1 ml	(*¼ c. à thé*) poudre de chili
250 g	(*½ livre*) bœuf haché maigre
30 ml	(*2 c. à soupe*) zeste d'orange râpé
250 ml	(*1 tasse*) sauce tomate chaude
500 ml	(*2 tasses*) riz cuit
125 ml	(*½ tasse*) fromage mozzarella râpé
	une pincée de thym
	une pincée de gingembre moulu
	sel et poivre

Préchauffer le four à 200°C (*400°F*).

Faire chauffer l'huile dans une poêle à frire à feu vif. Réduire la chaleur à feu moyen. Ajouter oignon et ail ; cuire 3 minutes.

Ajouter piment vert, céleri et chou. Saupoudrer d'épices. Bien mélanger et continuer la cuisson 5 minutes.

Rectifier l'assaisonnement. Ajouter la viande ; mélanger et continuer la cuisson 5 à 6 minutes.

Incorporer zeste d'orange et sauce tomate. Assaisonner au goût. Amener à ébullition à feu vif.

Incorporer riz et fromage. Saler, poivrer. Placer le riz dans un plat allant au four. Cuire 8 à 10 minutes au four.

Servir.

1 portion	*351 calories*	*34 g glucides*
20 g protéines	*15 g lipides*	*2 g fibres*

Flanc de bœuf à la mode

pour 4 personnes

625 g	(*1¼ livre*) flanc de bœuf
30 ml	(*2 c. à soupe*) huile végétale
250 g	(*½ livre*) champignons frais, nettoyés et finement hachés
30 ml	(*2 c. à soupe*) zeste de citron râpé
2	oignons verts, hachés
2 ml	(*½ c. à thé*) origan
250 ml	(*1 tasse*) riz à longs grains cuit
45 ml	(*3 c. à soupe*) sauce à bifteck
1	oignon, coupé en quartiers
250 ml	(*1 tasse*) bière
250 ml	(*1 tasse*) sauce brune
30 ml	(*2 c. à soupe*) pâte de tomates
	sel et poivre
	paprika au goût

Préchauffer le four à 180°C (*350°F*). Couper le flanc en deux dans le sens de la longueur jusqu'aux trois quarts de son épaisseur. Ouvrir le flanc pour obtenir un seul grand morceau. L'aplatir avec un maillet. Assaisonner de poivre et de paprika. Mettre de côté.

Faire chauffer 15 ml (*1 c. à soupe*) d'huile dans une sauteuse. Ajouter champignons, zeste et oignons verts ; saler, poivrer. Ajouter l'origan et bien mélanger. Cuire 4 à 5 minutes à feu moyen. Incorporer le riz et continuer la cuisson 4 à 5 minutes.

Verser le mélange dans un robot culinaire et bien mélanger. Incorporer la sauce à bifteck et mélanger 2 à 3 minutes. Étendre la farce sur la pièce de viande. Rouler et ficeler.

Faire chauffer le reste de l'huile dans la sauteuse à feu vif. Saisir le flanc de tous les côtés. Saler, poivrer. Ajouter l'oignon et continuer la cuisson 3 à 4 minutes. Retirer la viande de la sauteuse. Mettre de côté.

Laisser l'oignon dans la sauteuse et ajouter la bière. Incorporer sauce brune et pâte de tomates. Rectifier l'assaisonnement.

Remettre la viande dans la sauce. Couvrir et amener à ébullition. Mettre au four et cuire 1 heure 30 minutes.

1 portion	*384 calories*	*28 g glucides*
41 g protéines	*12 g lipides*	*3 g fibres*

Ragoût de bœuf aux légumes

pour 4 personnes

1,8 kg	(*4 livres*) palette de bœuf
40 ml	(*2½ c. à soupe*) huile d'arachide
2	gousses d'ail, écrasées et hachées
2 ml	(*½ c. à thé*) basilic
1 ml	(*¼ c. à thé*) origan
1 ml	(*¼ c. à thé*) poudre de chili
1	feuille de laurier
60 ml	(*4 c. à soupe*) farine
750 ml	(*3 tasses*) bouillon de bœuf chaud
30 ml	(*2 c. à soupe*) pâte de tomates
2	gros oignons, coupés en cubes
1 ml	(*¼ c. à thé*) sauce Worcestershire
2	branches de céleri, coupées en cubes
2	navets, pelés et coupés en cubes
2	grosses carottes, pelées et coupées en cubes
	une pincée de thym
	sel et poivre

Préchauffer le four à 180°C (*350°F*).

Désosser la viande et la couper en cubes. Retirer l'excès de gras.

Faire chauffer la moitié de l'huile dans une sauteuse à feu vif. Ajouter la viande et saisir de tous les côtés.

Saler, poivrer la viande. Ajouter ail et épices ; mélanger et continuer la cuisson 3 à 4 minutes à feu vif.

Ajouter la farine et bien mélanger. Cuire 5 à 6 minutes à feu doux.

Incorporer le bouillon de bœuf ; remuer et amener à ébullition. Ajouter la pâte de tomates et amener à ébullition. Laisser mijoter 3 à 4 minutes à feu doux.

Faire chauffer le reste de l'huile dans une poêle à frire. Ajouter oignons et sauce Worcestershire ; cuire 2 à 3 minutes à feu vif.

Ajouter les oignons à la viande ; couvrir et cuire 1 heure au four.

Ajouter le reste des légumes ; mélanger. Couvrir et continuer la cuisson 1 heure.

1 portion	*892 calories*	*41 g glucides*
110 g protéines	*32 g lipides*	*6,4 g fibres*

1. Saisir la viande dans l'huile chaude.

2. Il est important de bien saisir la viande de tous les côtés avant d'ajouter les épices.

3. Ajouter l'ail et les épices ; continuer la cuisson 3 à 4 minutes.

4. Ajouter la farine et bien mélanger.

Rôti de palette à la bière

pour 4 personnes

1,4 kg	(*3 livres*) rôti de palette, désossé
2	gousses d'ail, pelées et coupées en deux
15 ml	(*1 c. à soupe*) gras de bacon
3	oignons, coupés en quartiers
1	feuille de laurier
2 ml	(*½ c. à thé*) basilic
375 ml	(*1½ tasse*) bière
	une pincée de thym
	sel et poivre

Préchauffer le four à 180°C (*350°F*).

À l'aide d'un petit couteau, faire de petites incisions dans la viande et y insérer l'ail.

Mettre le gras de bacon dans une casserole allant au four et faire chauffer à feu vif. Ajouter le rôti et bien saisir des 2 côtés. Saler et poivrer le rôti lorsqu'il est bien saisi.

Ajouter les oignons et continuer la cuisson 4 à 5 minutes.

Saupoudrer d'épices. Saler, poivrer et ajouter la bière. Couvrir et cuire 1 heure au four.

Retourner le rôti. Rectifier l'assaisonnement. Couvrir et continuer la cuisson 1 heure au four.

Servir avec des légumes.

1 portion	*569 calories*	*13 g glucides*
82 g protéines	*21 g lipides*	*1,7 g fibres*

Poitrine de bœuf au chou

pour 4 à 6 personnes

900 g	(*2 livres*) poitrine de bœuf salée
1	gros chou, coupé en quartiers
2	grosses carottes, pelées et coupées en deux
5 ml	(*1 c. à thé*) basilic
1 ml	(*¼ c. à thé*) thym
2	feuilles de laurier
2	branches de persil
	quelques grains de poivre noir
	sel et poivre du moulin

Mettre la pièce de viande dans une grande casserole. Ajouter assez d'eau pour qu'elle dépasse la viande de 5 cm (*2 po*). Couvrir et amener à ébullition 2 à 3 minutes.

Écumer la surface. Couvrir la casserole et continuer la cuisson 1 heure à feu moyen.

Ajouter légumes, basilic, thym, feuilles de laurier et grains de poivre. Saler, poivrer. Couvrir et continuer la cuisson 1 heure à feu moyen.

Mettre les légumes dans un bol.

Couvrir la casserole et continuer la cuisson 30 minutes ou selon la cuisson désirée.

Au moment de servir, trancher la viande et servir avec les légumes refroidis et de la moutarde.

1 portion   *614 calories*   *13 g glucides*
37 g protéines   *46 g lipides*   *6,8 g fibres*

227

Tarte au bœuf et au rognon

30 ml	(*2 c. à soupe*) beurre clarifié
5 ml	(*1 c. à thé*) huile d'olive
500 g	(*1 livre*) haut de surlonge de bœuf, dégraissée et coupée en cubes de grosseur moyenne
500 g	(*1 livre*) rognon de bœuf, dégraissé et coupé en cubes de grosseur moyenne
2	petits oignons, coupés en six
2 ml	(*½ c. à thé*) basilic
2 ml	(*½ c. à thé*) poudre de chili
1	grosse carotte, pelée et coupée en cubes
2	pommes de terre, pelées et coupées en cubes
45 ml	(*3 c. à soupe*) farine
750 ml	(*3 tasses*) bouillon de bœuf chaud sel et poivre une pincée de thym une pincée de paprika quelques piments rouges broyés abaisse de pâte à tarte lait

Préchauffer le four à 180°C (*350°F*).

Faire chauffer le beurre clarifié et l'huile dans une sauteuse. Ajouter le bœuf ; cuire 4 à 5 minutes à feu moyen. Saler, poivrer et saisir le bœuf de tous les côtés. Retirer de la sauteuse. Mettre de côté.

Placer le rognon de bœuf dans la sauteuse chaude. Saisir 4 à 5 minutes à feu moyen. Retourner fréquemment le rognon pour brunir tous les côtés. Saler, poivrer.

Remettre le bœuf dans la sauteuse. Ajouter oignons et épices ; bien mélanger.

Ajouter le reste des légumes. Saupoudrer de farine. Mélanger et cuire 3 à 4 minutes à feu doux.

Incorporer le bouillon de bœuf. Bien assaisonner et cuire 2 à 3 minutes à feu moyen.

Partager le mélange entre deux plats à gratin. Recouvrir d'une abaisse de pâte et sceller les côtés.

Faire quelques incisions sur la pâte pour permettre à la vapeur de s'échapper durant la cuisson. Badigeonner légèrement la pâte de lait.

Cuire 1 heure au four.

1 portion	*1 312 calories*	*65 g glucides*
128 g protéines	*60 g lipides*	*5,9 g fibres*

1. Préparer la viande et les légumes pour la recette.

2. Saisir le bœuf dans l'huile chaude. Brunir tous les côtés.

3. Mettre bœuf et rognon saisis dans la sauteuse. Ajouter oignons et épices. Bien mélanger.

4. Ajouter le reste des légumes. Saupoudrer de farine. Bien assaisonner.

Pâté au poulet

2	poitrines de poulet entières sans peau, désossées
2	pommes de terre, pelées et coupées en petits cubes
2	carottes, pelées et coupées en rondelles de 0,65 cm (*¼ po*) d'épaisseur
1	oignon, coupé en huit
1 ml	(*¼ c. à thé*) estragon
15 ml	(*1 c. à soupe*) persil frais haché
60 ml	(*4 c. à soupe*) beurre
750 ml	(*3 tasses*) eau froide
45 ml	(*3 c. à soupe*) farine
	une pincée de paprika
	sel et poivre
	quelques gouttes de sauce Worcestershire
	abaisse de pâte à tarte

Couper les poitrines de poulet en deux pour obtenir 4 demi-poitrines. Couper chaque demi-poitrine en 4 morceaux.

Mettre poulet, pommes de terre, carottes, oignon, estragon, persil, paprika et 15 ml (*1 c. à soupe*) de beurre dans une sauteuse. Saler, poivrer et ajouter l'eau froide. Arroser de sauce Worcestershire ; couvrir et amener à ébullition. Réduire la chaleur à feu moyen. Cuire poulet et légumes.

À l'aide d'une écumoire, retirer poulet et légumes cuits. Réserver le liquide de cuisson. Partager poulet et légumes entre 4 plats à gratin individuels. Mettre de côté.

Faire chauffer le reste du beurre dans une casserole. Ajouter la farine ; bien mélanger. Cuire 2 minutes en remuant fréquemment.

Incorporer le liquide de cuisson et mélanger au fouet. Cuire 4 à 5 minutes à feu moyen pour épaissir la sauce.

Préchauffer le four à 180°C (*350°F*).

Verser la sauce dans chaque plat à gratin. Couvrir d'une abaisse de pâte. Sceller les côtés. Faire quelques incisions sur la pâte pour permettre à la vapeur de s'échapper durant la cuisson.

Cuire 30 minutes au four. Servir.

1 portion	*441 calories*	*33 g glucides*
30 g protéines	*21 g lipides*	*3,3 g fibres*

Pâté chinois

pour 4 personnes

4	pommes de terre cuites avec la pelure et chaudes
30 ml	(*2 c. à soupe*) beurre
175 ml	(*¾ tasse*) lait chaud
15 ml	(*1 c. à soupe*) huile d'arachide
3	oignons, finement hachés
2	oignons verts, finement hachés
2	branches de céleri, finement hachées
1 ml	(*¼ c. à thé*) poudre de chili
2 ml	(*½ c. à thé*) basilic
500 g	(*1 livre*) bœuf haché maigre
341 ml	(*12 oz*) grains de maïs en conserve, égouttés
30 ml	(*2 c. à soupe*) beurre fondu
	une pincée de muscade
	sel et poivre
	une pincée de thym

Préchauffer le four à 180°C (*350°F*).

Beurrer un plat à gratin. Mettre de côté.

Peler et réduire les pommes de terre en purée. Ajouter 30 ml (*2 c. à soupe*) de beurre. Saler, poivrer et saupoudrer de muscade. Bien mélanger.

Incorporer le lait aux pommes de terre. Mettre de côté.

Faire chauffer l'huile dans une sauteuse. Ajouter oignons, oignons verts, céleri et épices. Cuire 3 à 4 minutes à feu vif.

Bien mélanger et ajouter la viande. Saler, poivrer et cuire 4 à 5 minutes.

Incorporer le maïs et continuer la cuisson 2 à 3 minutes.

Étendre la moitié des pommes de terre dans le plat à gratin. Couvrir du mélange de viande.

Mettre le reste des pommes de terre dans un sac à pâtisserie muni d'une douille étoilée. Recouvrir la viande de pommes de terre. Saler, poivrer et arroser de beurre fondu.

Cuire 20 minutes au four.

1 portion	713 calories	77 g glucides
36 g protéines	29 g lipides	6,3 g fibres

Foies de volaille et légumes variés

15 ml	(*1 c. à soupe*) huile végétale
625 g	(*1¼ livre*) foies de volaille, bien nettoyés
15 ml	(*1 c. à soupe*) beurre fondu
3	oignons verts, émincés
1	grosse courgette, coupée en rondelles épaisses
1	piment rouge, émincé
6	châtaignes d'eau, émincées
2 ml	(*½ c. à thé*) estragon
5 ml	(*1 c. à thé*) persil frais haché
375 ml	(*1½ tasse*) bouillon de bœuf chaud
15 ml	(*1 c. à soupe*) fécule de maïs
30 ml	(*2 c. à soupe*) eau froide
	sel et poivre
	une pincée de thym
	une pincée de paprika

Faire chauffer l'huile dans une poêle à frire à feu vif. Ajouter les foies de volaille et cuire 2 minutes.

Retourner les foies. Saler, poivrer et continuer la cuisson 3 minutes à feu vif.

Retourner de nouveau. Rectifier l'assaisonnement et continuer la cuisson 3 minutes.

Retirer les foies de la poêle. Mettre de côté.

Verser le beurre fondu dans la poêle. Ajouter légumes et châtaignes d'eau. Saler, poivrer et ajouter les épices. Remuer et cuire 4 à 5 minutes à feu vif.

Incorporer le bouillon de bœuf, remuer et amener à ébullition.

Délayer la fécule de maïs dans l'eau froide. Incorporer à la sauce et cuire 1 minute à feu moyen.

Remettre les foies dans la sauce. Rectifier l'assaisonnement. Réchauffer 1 minute et servir.

1 portion   *290 calories*   *9 g glucides*
32 g protéines   *14 g lipides*   *2,1 g fibres*

Ailerons de poulet Brière

pour 4 personnes

24	ailerons de poulet
30 ml	(*2 c. à soupe*) gingembre frais haché
1	gousse d'ail, écrasée et hachée
5 ml	(*1 c. à thé*) sauce Worcestershire
5 ml	(*1 c. à thé*) sauce Pickapeppa
30 ml	(*2 c. à soupe*) huile d'olive
50 ml	(*¼ tasse*) ketchup
	jus d'un citron
	sel et poivre

Couper et retirer la pointe des ailerons. Blanchir les ailerons 8 à 10 minutes dans l'eau bouillante.

Mélanger gingembre, ail, sauce Worcestershire et sauce Pickapeppa dans un bol. Ajouter jus de citron, huile et ketchup ; mélanger de nouveau. Poivrer généreusement.

Égoutter les ailerons blanchis et les placer dans la marinade. Laisser mariner 15 minutes. Préchauffer le four (broil).

Placer les ailerons dans un plat à rôtir. Faire griller au four 3 à 4 minutes de chaque côté en badigeonnant les ailerons durant la cuisson.

Assaisonner et servir.

1 portion	*329 calories*	*5 g glucides*
39 g protéines	*17 g lipides*	*0 g fibres*

Vol-au-vent au poulet

2	poitrines de poulet entières sans peau, coupées en gros dés
40 ml	(*2½ c. à soupe*) beurre
5 ml	(*1 c. à thé*) persil frais haché
500 ml	(*2 tasses*) bouillon de poulet chaud
1 ml	(*¼ c. à thé*) estragon
2	oignons, coupés en six
250 g	(*½ livre*) têtes de champignons frais, nettoyées et coupées en deux
250 ml	(*1 tasse*) pois verts congelés
30 ml	(*2 c. à soupe*) farine
4	gros vol-au-vent cuits
	jus d'un quart de citron
	sel et poivre
	une pincée de thym
	une pincée de muscade

Placer le poulet dans une sauteuse. Ajouter 15 ml (*1 c. à soupe*) de beurre. Mettre persil et jus de citron. Pocher 2 minutes à feu très doux.

Retourner le poulet. Saler, poivrer. Incorporer bouillon de poulet, épices et oignons. Bien mélanger et amener à ébullition.

Couvrir et cuire 10 minutes à feu doux.

Ajouter champignons et pois. Saler, poivrer ; couvrir et cuire 8 minutes à feu moyen.

Retirer la sauteuse du feu. À l'aide d'une écumoire, enlever poulet et légumes. Mettre de côté. Réserver le liquide de cuisson.

Faire chauffer le reste du beurre dans une casserole. Ajouter la farine ; bien mélanger. Cuire 2 minutes à feu moyen.

Incorporer le liquide de cuisson en mélangeant au fouet. Saler, poivrer et cuire 6 à 7 minutes à feu moyen en remuant une fois.

Remettre poulet et légumes dans la sauce sans ajouter le jus qui a pu s'accumuler dans le fond du plat. Cuire 3 à 4 minutes.

Remplir les vol-au-vent du mélange. Servir.

1 portion	627 calories	42 g glucides
36 g protéines	35 g lipides	7,9 g fibres

1. *Placer le poulet dans une sauteuse. Ajouter 15 ml (1 c. à soupe) de beurre. Mettre persil et jus de citron. Pocher 2 minutes à feu très doux.*

2. *Retourner le poulet, saler et poivrer. Incorporer bouillon de poulet, épices et oignons. Bien mélanger et amener à ébullition. Couvrir et cuire 10 minutes à feu doux.*

3. *Ajouter champignons et pois. Saler, poivrer ; couvrir et cuire 8 minutes à feu moyen.*

4. *Retirer poulet et légumes. Mettre de côté.*

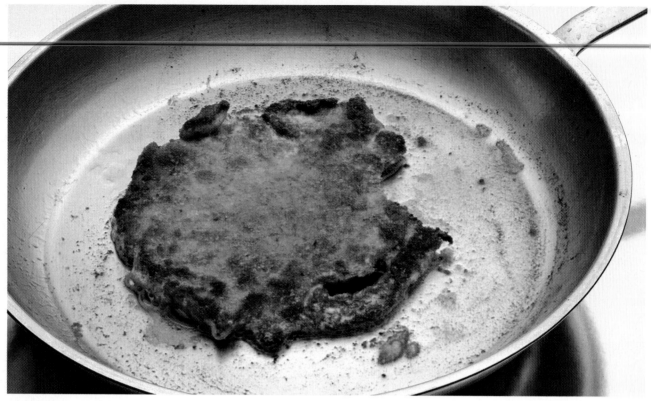

Poitrines de poulet à la chapelure

pour 4 personnes

2	poitrines de poulet entières avec la peau, désossées et coupées en deux
250 ml	(*1 tasse*) farine
2	œufs battus
250 ml	(*1 tasse*) chapelure
30 ml	(*2 c. à soupe*) huile végétale ou huile d'arachide
15 ml	(*1 c. à soupe*) beurre
	sel et poivre

Placer chaque poitrine de poulet entre deux feuilles de papier ciré. Aplatir à l'aide d'un maillet pour obtenir une poitrine assez mince.

Saler et poivrer le poulet. Bien enfariner et tremper dans les œufs battus. Enrober de chapelure. Mettre de côté.

Faire chauffer l'huile et le beurre dans une poêle à frire. Ajouter le poulet ; cuire 3 à 4 minutes de chaque côté à feu moyen.

Servir avec votre sauce préférée.

1 portion	465 calories	32 g glucides
37 g protéines	21 g lipides	2,1 g fibres

Croquettes de veau au cari

pour 4 personnes

30 ml	(*2 c. à soupe*) beurre
1	oignon, finement haché
500 g	(*1 livre*) veau haché maigre
15 ml	(*1 c. à soupe*) poudre de cari
375 ml	(*1½ tasse*) sauce blanche épaisse, chaude
2	jaunes d'œufs
250 ml	(*1 tasse*) farine tout usage
2	œufs battus
375 ml	(*1½ tasse*) chapelure assaisonnée
	sel et poivre
	huile d'arachide

Mettre beurre et oignon dans une sauteuse. Cuire 4 à 5 minutes à feu doux.

Ajouter la viande. Saler, poivrer. Saupoudrer de poudre de cari et bien mélanger à la cuillère de bois. Cuire 7 à 8 minutes à feu vif en remuant de temps à autre pour défaire la viande.

Dès que la viande est cuite, incorporer la sauce blanche. Cuire 2 minutes à feu moyen-vif.

Retirer la sauteuse du feu. Ajouter les jaunes d'œufs et mélanger. Faire cuire 2 minutes à feu moyen en remuant constamment.

Placer le mélange dans une grande assiette. Aplatir le mélange à la spatule et laisser refroidir 30 minutes. Couvrir d'une pellicule plastique et réfrigérer au moins 4 heures.

Préchauffer l'huile d'arachide dans une friteuse à 190°C (*375°F*).

Former des croquettes cylindriques avec le mélange de viande refroidi. Rouler les cylindres dans la farine, tremper dans les œufs battus et enrober de chapelure.

Plonger les croquettes dans la friture pour bien les dorer.

Servir avec une sauce de votre choix.

1 portion	717 calories	54 g glucides
42 g protéines	37 g lipides	1,8 g fibres

Hamburgers de veau

pour 4 personnes

750 g	(*1½ livre*) veau haché maigre
1	œuf battu
30 ml	(*2 c. à soupe*) huile végétale
1	gros piment vert, émincé
2	pommes avec la pelure, évidées et émincées
15 ml	(*1 c. à soupe*) beurre
1	gros oignon, coupé en deux et émincé
4	pommes de terre cuites, pelées et coupées en tranches de 0,65 cm (*¼ po*) d'épaisseur
	une pincée de paprika
	quelques gouttes de sauce Worcestershire
	sel et poivre

Mettre viande, œuf, paprika et sauce Worcestershire dans un robot culinaire. Saler, poivrer et mélanger jusqu'à ce que la viande forme une boule.

Façonner avec ce mélange, à la main, 4 hamburgers ronds et plats.

Faire chauffer l'huile dans une poêle à frire à feu moyen. Ajouter les hamburgers et cuire 3 à 4 minutes. Retourner les hamburgers. Saler, poivrer et continuer la cuisson 3 à 4 minutes ou selon la cuisson désirée.

Retirer les hamburgers de la poêle. Tenir au chaud.

Mettre piment vert et pommes dans la poêle. Saler, poivrer. Cuire 3 minutes à feu moyen.

Entre-temps, faire chauffer le beurre dans une seconde poêle à frire.

Ajouter oignon et pommes de terre. Saler, poivrer. Cuire 3 à 4 minutes à feu moyen.

Servir piment et pommes sur les hamburgers. Accompagner le tout de pommes de terre.

1 portion	*626 calories*	*45 g glucides*
44 g protéines	*30 g lipides*	*5,4 g fibres*

Ragoût d'épaule de veau

900 g	(*2 livres*) épaule de veau, dégraissée et coupée en cubes
1	branche de céleri, coupée en cubes
1	oignon, coupé en quartiers
1	grosse pomme de terre, pelée et coupée en cubes
3	branches de persil
2 ml	(*½ c. à thé*) estragon
1	feuille de laurier
30 ml	(*2 c. à soupe*) beurre
30 ml	(*2 c. à soupe*) farine
30 ml	(*2 c. à soupe*) crème à 35%
	une pincée de paprika

Mettre le veau dans une casserole et le couvrir d'eau froide. Amener à ébullition et continuer la cuisson 3 minutes.

Égoutter la viande, rinser à l'eau froide et remettre dans une casserole propre.

Ajouter céleri, oignon, pomme de terre, sel et poivre. Mettre les épices et couvrir d'eau.

Couvrir la casserole et amener à ébullition. Cuire 1 heure 15 minutes à feu moyen-doux.

Retirer les légumes de la casserole. Mettre de côté. Continuer la cuisson du veau jusqu'à ce qu'il soit tendre.

À l'aide d'une écumoire, retirer la viande de la casserole. Réserver le liquide.

Faire chauffer le beurre dans une autre casserole. Ajouter la farine ; bien mélanger. Cuire 2 minutes à feu doux en remuant constamment.

Ajouter le bouillon de cuisson et mélanger au fouet. Incorporer la crème et assaisonner au goût.

Remettre légumes et veau dans la sauce. Remuer et laisser chauffer 1 minute. Servir.

1 portion	1 049 calories	27 g glucides
98 g protéines	61 g lipides	2,8 g fibres

Crêpes farcies au veau

250 ml	(*1 tasse*) farine tout usage
3	gros œufs
250 ml	(*1 tasse*) lait
50 ml	(*¼ tasse*) eau tiède
45 ml	(*3 c. à soupe*) beurre fondu, tiède
15 ml	(*1 c. à soupe*) persil frais haché
30 ml	(*2 c. à soupe*) beurre
1	oignon, haché
1	branche de céleri, coupée en petits dés
250 g	(*½ livre*) champignons frais, nettoyés et émincés
2 ml	(*½ c. à thé*) estragon
1 ml	(*¼ c. à thé*) graines de céleri
375 g	(*¾ livre*) veau haché maigre
500 ml	(*2 tasses*) sauce blanche au fromage
175 ml	(*¾ tasse*) fromage mozzarella râpé
	sel et poivre
	une pincée de paprika

Mettre farine et sel dans un grand bol. Ajouter les œufs et bien mélanger au fouet. Incorporer lait et eau ; fouetter. Filtrer la pâte à travers une fine passoire tout en mélangeant au fouet.

Ajouter beurre fondu, persil et paprika. Saler, poivrer. Placer une pellicule de plastique directement sur la surface de la pâte. Réfrigérer 1 heure. Faire les crêpes avec cette pâte.

Préchauffer le four à 200°C (*400°F*).

Faire chauffer 30 ml (*2 c. à soupe*) de beurre dans une poêle à frire à feu moyen. Ajouter oignon et céleri ; cuire 4 minutes. Ajouter champignons et épices. Saler, poivrer et mélanger. Continuer la cuisson 3 à 4 minutes.

Bien incorporer la viande en la brisant pour qu'elle ne forme pas de gros morceaux. Rectifier l'assaisonnement et continuer la cuisson 3 minutes pour dorer la viande. Couvrir la poêle et continuer la cuisson 3 minutes. Ajouter la sauce et continuer la cuisson 2 minutes.

Retirer la poêle du feu. Farcir les crêpes et les plier en deux. Plier les crêpes une seconde fois pour former un triangle.

Placer les crêpes dans un plat à gratin et les recouvrir du reste de la sauce à la viande. Couronner de fromage. Dorer 7 à 8 minutes au four.

Congeler les crêpes non utilisées.

| 1 portion | 845 calories | 48 g glucides |
| 44 g protéines | 53 g lipides | 3,5 g fibres |

1. Utiliser de la farine tout usage pour la préparation des crêpes.

2. Mettre farine et sel dans un bol. Ajouter les œufs et bien mélanger au fouet.

3. Incorporer lait et eau. Filtrer la pâte à travers une fine passoire. Ajouter beurre fondu et épices.

4. Après 1 minute de cuisson, retourner la crêpe et continuer la cuisson 30 secondes.

Porc émincé *Chez pot d'étain*

pour 4 personnes

30 ml	(*2 c. à soupe*) huile d'arachide
3	côtelettes de porc, coupées en lanières de 1,2 cm (*½ po*) de largeur
1	carotte, pelée et émincée
6	gros champignons frais, nettoyés et émincés
15 ml	(*1 c. à soupe*) gingembre frais haché
2	feuilles de chou de Chine, émincées
15 ml	(*1 c. à soupe*) sauce soya sel et poivre

Faire chauffer l'huile dans une poêle à frire à feu vif. Ajouter viande et carotte ; cuire 3 minutes.

Retourner la viande. Saler, poivrer et continuer la cuisson 3 minutes.

Ajouter champignons et gingembre ; cuire 2 minutes.

Rectifier l'assaisonnement. Ajouter le chou de Chine. Arroser de sauce soya, mélanger et cuire 2 minutes.

Servir aussitôt.

1 portion	*282 calories*	*4 g glucides*
26 g protéines	*18 g lipides*	*1,9 g fibres*

Épaule de porc braisée

pour 4 personnes

15 ml	(*1 c. à soupe*) huile végétale
1,4 kg	(*3 livres*) soc de porc, désossé
2	gousses d'ail, pelées et coupées en deux
2	oignons, coupés en deux
250 ml	(*1 tasse*) vin blanc sec
796 ml	(*28 oz*) tomates en conserve
5 ml	(*1 c. à thé*) basilic
1 ml	(*¼ c. à thé*) thym
2 ml	(*½ c. à thé*) origan
1	feuille de laurier
½	navet, coupé en gros cubes
30 ml	(*2 c. à soupe*) fécule de maïs
60 ml	(*4 c. à soupe*) eau froide
	quelques gouttes de sauce Worcestershire
	quelques gouttes de sauce Pickapeppa
	sel et poivre

Faire chauffer l'huile dans une grande casserole. Faire de petites incisions dans le soc de porc et y insérer les morceaux d'ail.

Saisir la viande 8 minutes à feu moyen-vif. Retourner la viande pour bien saisir tous les côtés. Saler, poivrer dès que la viande est saisie.

Ajouter les oignons et continuer la cuisson 7 à 8 minutes à feu moyen.

Incorporer le vin et cuire 3 minutes.

Ajouter les tomates avec le jus. Mettre les épices ; couvrir et cuire 1 heure 15 minutes à feu doux. Remuer de temps à autre.

Ajouter le navet. Assaisonner et continuer la cuisson 1 heure 15 minutes ou selon la grosseur du soc.

Retirer la viande de la casserole. Mettre de côté.

Délayer la fécule de maïs dans l'eau froide. Incorporer à la sauce. Arroser de sauce Worcestershire et de sauce Pickapeppa. Amener à ébullition. Cuire 2 à 3 minutes.

Trancher la viande. Servir avec les légumes. Arroser de sauce. Si désiré, garnir de pois verts.

1 portion	*709 calories*	*22 g glucides*
72 g protéines	*37 g lipides*	*3,4 g fibres*

Aubergine farcie au fromage feta

pour 2 personne

1	grosse aubergine
15 ml	(*1 c. à soupe*) huile d'olive
15 ml	(*1 c. à soupe*) huile d'arachide
½	oignon, haché
250 g	(*½ livre*) bœuf haché maigre
½	piment rouge, haché
2 ml	(*½ c. à thé*) basilic
2 ml	(*½ c. à thé*) poudre de chili
90 g	(*3 oz*) fromage feta, en morceaux
4	tranches de fromage mozzarella, de 2,5 cm (*1 po*) de largeur
	sel et poivre

Préchauffer le four à 200°C (*400°F*).

Couper l'aubergine en deux dans le sens de la longueur. Faire de légères entailles entrecroisées sur la chair. Badigeonner d'huile d'olive. Mettre les demi aubergines dans un plat à gratin et cuire 30 minutes au four.

À l'aide d'une cuillère, retirer délicatement la chair sans abîmer la pelure. Laisser assez de chair pour que les aubergines évidées se tiennent bien. Mettre de côté.

Faire chauffer l'huile d'arachide dans une grande poêle à frire. Ajouter oignon, bœuf et piment rouge. Saler, poivrer.

Ajouter basilic et poudre de chili. Bien mélanger. Cuire 5 à 6 minutes à feu moyen.

Hacher la chair de l'aubergine. Mettre dans la poêle à frire. Continuer la cuisson 3 à 4 minutes.

Ajouter le fromage feta et cuire 2 minutes pour faire fondre le fromage.

Mettre la farce dans les demi-aubergines évidées. Ajouter le fromage mozzarella. Dorer au four (broil).

Servir aussitôt.

1 portion	*703 calories*	*14 g glucides*
47 g protéines	*51 g lipides*	*3,5 g fibres*

Côtelettes de porc, sauce à la moutarde

pour 4 personnes

30 ml	(*2 c. à soupe*) huile végétale
4	côtelettes de porc, dégraissées
500 g	(*1 livre*) champignons frais, nettoyés et émincés
1	pomme, évidée, pelée et coupée en tranches épaisses
375 ml	(*1½ tasse*) bouillon de poulet chaud
15 ml	(*1 c. à soupe*) fécule de maïs
30 ml	(*2 c. à soupe*) eau froide
15 ml	(*1 c. à soupe*) moutarde de Dijon sel et poivre

Faire chauffer 15 ml (*1 c. à soupe*) d'huile dans une poêle à frire. Ajouter la viande et cuire 3 à 4 minutes à feu moyen-vif.

Retourner la viande. Saler, poivrer et continuer la cuisson 3 à 4 minutes ou selon la grosseur des côtelettes.

Retirer les côtelettes de la poêle. Tenir au chaud.

Verser le reste de l'huile dans la poêle. Ajouter champignons et pomme. Saler, poivrer et cuire 3 minutes à feu vif.

Incorporer le bouillon de poulet et amener à ébullition. Délayer la fécule de maïs dans l'eau froide. Incorporer le mélange à la sauce ; cuire 3 à 4 minutes à feu doux.

Retirer du feu. Incorporer la moutarde. Remettre la viande dans la sauce. Servir.

1 portion	*394 calories*	*13 g glucides*
36 g protéines	*22 g lipides*	*3,8 g fibres*

245

Saucisses piquantes à l'aubergine

pour 4 personnes

45 ml	(*3 c. à soupe*) huile d'arachide
1	aubergine, pelée et coupée en dés
1	oignon, coupé en dés
2	gousses d'ail, écrasées et hachées
3	oignons verts, hachés
625 g	(*1¼ livre*) saucisses italiennes piquantes
	sel et poivre
	persil frais haché

Faire chauffer 30 ml (*2 c. à soupe*) d'huile dans une poêle à frire. Ajouter aubergine, oignon, ail et oignons verts. Saler, poivrer. Couvrir et cuire 20 minutes à feu moyen en remuant fréquemment.

Incorporer les saucisses. Ajouter le reste de l'huile. Couvrir partiellement et continuer la cuisson 15 minutes.

Réduire la chaleur à feu doux et continuer la cuisson 7 à 8 minutes. Parsemer de persil avant de servir.

1 portion	501 calories	8 g glucides
25 g protéines	41 g lipides	1,9 g fibres

Saucisses et pommes de terre à l'ail

0 ml	(*2 c. à soupe*) huile d'arachide pommes de terre, pelées, coupées en deux et émincées
25 g	(*1¼ livre*) saucisses italiennes gousses d'ail, écrasées et hachées oignon, émincé
75 ml	(*¾ tasse*) bouillon de poulet chaud sel et poivre

Faire chauffer 15 ml (*1 c. à soupe*) d'huile dans une poêle à frire à feu vif. Ajouter les pommes de terre. Saler, poivrer. Couvrir partiellement et cuire 15 minutes. Remuer fréquemment durant la cuisson.

Ajouter les saucisses et le reste d'huile. Saler, poivrer. Couvrir partiellement et continuer la cuisson 10 à 12 minutes à feu moyen. Retourner 2 fois les saucisses durant la cuisson.

Incorporer ail et oignon. Couvrir partiellement et cuire 10 minutes en remuant de temps à autre.

Incorporer le bouillon de poulet et amener à ébullition. Rectifier l'assaisonnement et cuire 5 minutes, sans couvrir, à feu doux. Servir.

1 portion	537 calories	25 g glucides
26 g protéines	37 g lipides	2,6 g fibres

Saucisses piquantes en sauce

15 ml	(*1 c. à soupe*) huile d'olive
1	oignon, haché
1	branche de céleri, coupée en dés
½	petit piment fort, haché
2	gousses d'ail, écrasées et hachées
796 ml	(*28 oz*) tomates en conserve, égouttées et hachées
2 ml	(*½ c. à thé*) origan
15 ml	(*1 c. à soupe*) persil frais haché
156 ml	(*5½ oz*) pâte de tomates
125 ml	(*½ tasse*) bouillon de bœuf chaud
15 ml	(*1 c. à soupe*) huile d'arachide
625 g	(*1¼ livre*) saucisses italiennes piquantes, blanchies 7 minutes
	sel et poivre
	une pincée de sucre

Faire chauffer l'huile dans une sauteuse. Ajouter oignon, céleri, piment fort et ail ; cuire 5 à 6 minutes à feu moyen.

Incorporer les tomates. Saler, poivrer. Ajouter sucre, origan, persil, pâte de tomates et bouillon de bœuf. Bien remuer et amener à ébullition. Cuire 20 minutes à feu moyen.

Faire chauffer l'huile d'arachide dans une poêle à frire. Ajouter les saucisses et cuire 15 minutes à feu moyen en les retournant fréquemment.

Servir avec la sauce aux tomates.

1 portion	*538 calories*	*22 g glucides*
27 g protéines	*38 g lipides*	*3,1 g fibres*

Saucisses et tomates à l'italienne

pour 4 personnes

30 ml	(*2 c. à soupe*) huile d'arachide
625 g	(*1¼ livre*) saucisses italiennes
2 ml	(*½ c. à thé*) basilic
1	oignon, coupé en deux et émincé
6	tomates italiennes, coupées en quartiers
1	petit piment jaune fort, haché
1	grosse pomme, évidée, pelée et émincée
375 ml	(*1½ tasse*) bouillon de bœuf chaud
15 ml	(*1 c. à soupe*) fécule de maïs
45 ml	(*3 c. à soupe*) eau froide
	quelques gouttes de sauce soya
	sel et poivre

Faire chauffer l'huile à feu vif dans une sauteuse. Ajouter les saucisses. Couvrir partiellement et cuire 10 minutes à feu moyen tout en retournant les morceaux 2 à 3 fois durant la cuisson.

Ajouter le basilic. Saler, poivrer. Ajouter légumes et pomme. Couvrir partiellement et continuer la cuisson 10 minutes.

Retirer les saucisses de la sauteuse. Mettre de côté.

Augmenter la chaleur à feu vif et continuer la cuisson des légumes 2 minutes.

Incorporer le bouillon de bœuf. Saler, poivrer et amener à ébullition.

Délayer la fécule de maïs dans l'eau froide. Incorporer à la sauce. Arroser de sauce soya et cuire 2 minutes.

Napper les saucisses de sauce.

1 portion   *526 calories*   *20 g glucides*
26 g protéines   *38 g lipides*   *4 g fibres*

Chili con carne

30 ml	(*2 c. à soupe*) huile végétale
2	oignons, hachés
2	gousses d'ail, écrasées et hachées
1	piment jaune, haché
750 g	(*1½ livre*) bœuf haché maigre
2 ml	(*½ c. à thé*) graines de carvi
2 ml	(*½ c. à thé*) graines de céleri
540 ml	(*19 oz*) haricots rouges en conserve, égouttés
375 ml	(*1½ tasse*) tomates à l'étuvée
300 ml	(*1¼ tasse*) bouillon de bœuf chaud
60 ml	(*4 c. à soupe*) pâte de tomates
	une pincée de poivre de Cayenne
	une pincée de paprika
	quelques piments rouges broyés
	une pincée de sucre
	sel et poivre

Préchauffer le four à 180°C (*350°F*).

Faire chauffer l'huile dans une sauteuse allant au four. Ajouter oignons, ail et piment jaune. Saler, poivrer et cuire 7 à 8 minutes à feu moyen.

Incorporer la viande. Ajouter les épices, et poivrer ; bien mélanger. Cuire 5 à 6 minutes à feu moyen.

Incorporer les haricots rouges et continuer la cuisson 4 à 5 minutes.

Ajouter tomates et sucre ; cuire 2 à 3 minutes. Incorporer bouillon de bœuf et pâte de tomates. Rectifier l'assaisonnement et amener à ébullition.

Couvrir la sauteuse et continuer la cuisson 45 minutes au four.

Servir le chili con carne avec du pain frais.

1 portion	547 calories	36 g glucides
49 g protéines	23 g lipides	10,8 g fibres

1. Mettre oignons, ail et piment dans l'huile chaude. Saler, poivrer et cuire 7 à 8 minutes à feu moyen.

2. Incorporer la viande. Ajouter les épices, saler et poivrer ; bien mélanger. Cuire 5 à 6 minutes à feu moyen.

3. Incorporer les haricots ; continuer la cuisson 4 à 5 minutes.

4. Ajouter tomates et sucre ; cuire 2 à 3 minutes.

Piments farcis au parmesan

15 ml	(*1 c. à soupe*) huile végétale
3	figues, finement hachées
1	oignon, finement haché
1	branche de céleri, finement hachée
250 ml	(*1 tasse*) riz à longs grains cuit
250 ml	(*1 tasse*) grains de maïs en conserve, égouttés
2 ml	(*½ c. à thé*) estragon
2	piments verts, coupés en deux dans le sens de la largeur, épépinés et blanchis 6 minutes
15 ml	(*1 c. à soupe*) huile d'olive
2	échalotes sèches, hachées
250 g	(*½ livre*) champignons frais, nettoyés et émincés
796 ml	(*28 oz*) tomates en conserve, égouttées et hachées
5 ml	(*1 c. à thé*) pâte de tomates
125 ml	(*½ tasse*) bouillon de poulet chaud
	sel et poivre
	une pincée de sucre
	parmesan râpé

Préchauffer le four à 180°C (*350°F*).

Faire chauffer l'huile végétale dans une poêle à frire. Ajouter figues, oignon et céleri ; saler, poivrer. Cuire 4 à 5 minutes à feu moyen.

Incorporer riz et maïs. Rectifier l'assaisonnement. Ajouter l'estragon et bien mélanger. Cuire 4 à 5 minutes.

Verser le mélange dans un robot culinaire et mélanger 2 minutes. Mettre de côté.

Placer les piments blanchis dans une sauteuse profonde et les remplir de farce. Mettre de côté.

Faire chauffer l'huile d'olive dans une poêle à frire. Ajouter échalotes et champignons ; cuire 3 à 4 minutes à feu vif.

Ajouter tomates, sucre, pâte de tomates et bouillon de poulet ; bien remuer. Amener à ébullition. Saler, poivrer et continuer la cuisson 2 à 3 minutes.

Verser la sauce sur les piments farcis. Cuire 45 minutes au four, sans couvrir.

Parsemer de parmesan avant de servir.

1 portion	*318 calories*	*48 g glucides*
9 g protéines	*10 g lipides*	*8,6 g fibres*

Feuilles de chou en sauce

8	feuilles de chou frisé, bien lavées et essorées
30 ml	(*2 c. à soupe*) huile d'arachide
1	piment vert, finement haché
2	oignons verts, finement hachés
250 g	(*½ livre*) champignons frais, nettoyés et hachés
½	oignon, finement haché
2	gousses d'ail, écrasées et hachées
1 ml	(*¼ c. à thé*) poudre de chili
2 ml	(*½ c. à thé*) basilic
1 ml	(*¼ c. à thé*) thym
15 ml	(*1 c. à soupe*) persil frais haché
500 g	(*1 livre*) bœuf haché maigre
30 ml	(*2 c. à soupe*) pâte de tomates
90 g	(*3 oz*) fromage feta, haché
50 ml	(*¼ tasse*) bouillon de poulet chaud
30 ml	(*2 c. à soupe*) beurre
398 ml	(*14 oz*) sauce tomate, chaude
	sel et poivre

Préchauffer le four à 180°C (*350°F*). Placer les feuilles de chou dans l'eau bouillante salée. Couvrir et cuire 4 à 5 minutes. Égoutter les feuilles de chou. Placer chaque feuille sur une feuille de papier essuie-tout. Assécher avec une seconde feuille de papier. Les placer dans un plat de service. Mettre de côté.

Faire chauffer l'huile dans une sauteuse. Ajouter piment, oignons verts, champignons, oignon et ail. Saler, poivrer. Ajouter les épices ; bien mélanger. Couvrir et cuire 8 minutes à feu moyen. Incorporer le bœuf et assaisonner. Couvrir et continuer la cuisson 7 à 8 minutes. Ajouter pâte de tomates et bouillon de poulet ; bien remuer. Cuire 4 à 5 minutes, sans couvrir. Incorporer le fromage et continuer la cuisson 2 minutes.

Partager le mélange entre chaque feuille de chou. Replier les côtés sur la viande et rouler.

Faire chauffer le beurre dans une poêle à frire. Ajouter les rouleaux et cuire, à feu vif, 6 à 7 minutes de chaque côté.

Placer le tout dans un plat à gratin et arroser de sauce tomate. Couvrir d'un papier d'aluminium. Faire quelques entailles dans le papier pour permettre à la vapeur de s'échapper durant la cuisson.

Cuire 1 heure au four.

1 portion	*499 calories*	*21 g glucides*
34 g protéines	*31 g lipides*	*6,4 g fibres*

Pain de viande au céleri

pour 4 à 6 personne

15 ml	(*1 c. à soupe*) beurre
1	oignon, haché
2	gousses d'ail, écrasées et hachées
15 ml	(*1 c. à soupe*) persil frais haché
2	oignons verts, émincés
750 g	(*1½ livre*) bœuf haché maigre
250 g	(*½ livre*) veau haché maigre
50 ml	(*¼ tasse*) crème à 35%
1	jaune d'œuf
3	tranches de pain, sans croûtes
125 ml	(*½ tasse*) lait
2 ml	(*½ c. à thé*) graines de carvi
1 ml	(*¼ c. à thé*) muscade
1 ml	(*¼ c. à thé*) thym
2 ml	(*½ c. à thé*) sarriette
1	blanc d'œuf, légèrement battu
3	longues branches de céleri, nettoyées
3	feuilles de laurier
	paprika
	quelques piments rouges broyés
	sel et poivre

Préchauffer le four à 180°C (*350°F*).

Faire chauffer le beurre dans une sauteuse. Ajouter oignon, ail, persil et oignons verts ; cuire 3 à 4 minutes à feu doux.

Mettre la viande dans un bol à mélanger. Saler poivrer. Ajouter les oignons cuits et mélanger.

Incorporer la crème. Ajouter le jaune d'œuf ; mélanger de nouveau.

Placer les tranches de pain dans un petit bol. Ajouter le lait et laisser tremper quelques minutes. Presser le pain pour en retirer l'excédent de lait.

Incorporer le pain au mélange de viande. Ajouter les épices et bien mélanger.

Ajouter le blanc d'œuf et remuer. Presser la moitié du mélange dans un moule de 14 cm × 24 cm (*5½ po × 9½ po*). Placer les branches de céleri sur la viande. Presser légèrement.

Recouvrir du reste de la viande. Presser fermement. Mettre les feuilles de laurier.

Recouvrir le pain de viande d'un papier d'aluminium perforé. Placer le moule dans une casserole contenant 2,5 cm (*1 po*) d'eau chaude. Cuire 1 heure 15 minutes au four. Retirer le papier à mi-cuisson.

Servir le pain de viande avec une sauce aux oignons ou des condiments.

1 portion	403 calories	11 g glucides
38 g protéines	23 g lipides	1,4 g fibres

1. *Mettre la viande dans un bol à mélanger. Saler, poivrer. Ajouter les oignons cuits; bien mélanger.*

2. *Incorporer la crème. Ajouter le jaune d'œuf; mélanger de nouveau.*

3. *Incorporer le pain trempé au mélange de viande. Ajouter les épices; mélanger. Ajouter le blanc d'œuf.*

4. *Presser la moitié du mélange de viande dans le moule. Ajouter les branches de céleri. Presser légèrement.*

Chou rouge de la brasserie

pour 4 personnes

1	chou rouge, coupé en six morceaux
30 ml	(*2 c. à soupe*) gras de bacon
1	gousse d'ail, écrasée et hachée
15 ml	(*1 c. à soupe*) vinaigre de vin
4	tranches épaisses de bacon de dos enrobées de chapelure de maïs, grillées
	sel et poivre

Préchauffer le four à 200°C (*400°F*).

Placer le chou rouge dans l'eau bouillante salée; couvrir et cuire 45 minutes.

Bien égoutter et mettre de côté.

Faire chauffer le gras de bacon à feu vif dans une sauteuse allant au four. Ajouter ail et chou. Saler, poivrer et cuire 6 à 7 minutes.

Couvrir la sauteuse et continuer la cuisson 45 minutes au four.

Arroser le chou de vinaigre. Laisser reposer quelques minutes. Servir avec le bacon grillé.

1 portion	*190 calories*	*14 g glucides*
11 g protéines	*10 g lipides*	*8,5 g fibres*

LES DÉLICES
DE LA TERRE

*Des plats de tous les jours
à servir en toutes occasions*

Cailles braisées au cognac

30 ml	(*2 c. à soupe*) beurre
8	cailles, nettoyées et ficelées
2	oignons, coupés en quartiers
1	gousse d'ail, écrasée et hachée
45 ml	(*3 c. à soupe*) cognac Courvoisier
250 ml	(*1 tasse*) vin rouge sec
2 ml	(*½ c. à thé*) basilic
1 ml	(*¼ c. à thé*) thym
1	feuille de laurier
375 ml	(*1½ tasse*) sauce brune légère, chaude
	sel et poivre

Préchauffer le four à 180°C (*350°F*).

Faire chauffer le beurre dans une sauteuse à feu moyen. Ajouter les cailles et saisir tous les côtés 6 à 8 minutes.

Ajouter oignons et ail ; cuire 2 minutes.

Incorporer le cognac et flamber ; faire chauffer 2 minutes à feu vif pour faire évaporer l'alcool.

Ajouter le vin, amener à ébullition et mettre les épices. Incorporer la sauce brune ; couvrir et cuire 30 minutes au four.

1 portion	373 calories	11 g glucides
44 g protéines	17 g lipides	1,1 g fibres

Demi-poulet grillé

pour 2 personnes

30 ml	(*2 c. à soupe*) huile de tournesol
15 ml	(*1 c. à soupe*) sauce teriyaki
15 ml	(*1 c. à soupe*) jus de citron
2	gousses d'ail, écrasées et hachées
1,4 kg	(*3 livres*) poulet, nettoyé et coupé en deux
	quelques gouttes de sauce Tabasco
	sel et poivre

Préchauffer le barbecue à feu moyen.

Mélanger huile, sauce teriyaki, jus de citron, ail et sauce Tabasco dans un petit bol. Badigeonner le poulet de marinade et bien assaisonner.

Placer le poulet sur la grille chaude et cuire 1 heure 15 minutes en retournant le poulet toutes les 10 minutes pour éviter qu'il noircisse. Badigeonner fréquemment et assaisonner au goût.

Servir avec des petits pains frais.

1 portion	685 calories	2 g glucides
86 g protéines	37 g lipides	0 g fibres

Coq au vin

pour 4 personnes

45 ml	(*3 c. à soupe*) beurre fondu
2,3 kg	(*5 livres*) chapon, nettoyé, coupé en huit morceaux et sans peau
2	oignons moyens, coupés en quartiers
3	gousses d'ail, écrasées et hachées
15 ml	(*1 c. à soupe*) ciboulette fraîche hachée
15 ml	(*1 c. à soupe*) persil frais haché
500 ml	(*2 tasses*) vin rouge sec
500 ml	(*2 tasses*) sauce brune légère, chaude
1	feuille de laurier
250 g	(*½ livre*) champignons frais, nettoyés et coupés en deux sel et poivre

Préchauffer le four à 180°C (*350°F*).

Faire chauffer 15 ml (*1 c. à soupe*) de beurre dans une sauteuse allant au four. Ajouter la moitié du chapon et dorer tous les côtés, 5 à 6 minutes, à feu moyen-vif.

Retirer le chapon de la sauteuse. Mettre de côté.

Faire fondre 15 ml (*1 c. à soupe*) de beurre dans la même sauteuse et dorer le reste du chapon. Retirer et mettre de côté.

Faire cuire oignons, ail, ciboulette et persil 2 minutes dans la sauteuse.

Remettre les morceaux de chapon dans la sauteuse. Incorporer le vin et amener à ébullition.

Incorporer la sauce brune. Saler, poivrer. Ajouter la feuille de laurier ; couvrir et cuire 45 minutes au four.

Dix minutes avant la fin de la cuisson, faire fondre le reste du beurre dans une poêle à frire. Ajouter les champignons et les faire sauter quelques minutes. Incorporer les champignons au coq au vin et finir la cuisson.

Servir avec du riz, des pommes de terre ou des légumes verts.

1 portion	*978 calories*	*15 g glucides*
90 g protéines	*62 g lipides*	*2,7 g fibres*

Poulet rapide aux légumes

pour 4 personnes

30 ml	(*2 c. à soupe*) beurre
2	poitrines de poulet entières sans peau, coupées en deux et désossées
½	branche de céleri, coupée en dés
2	grosses tomates, coupées en gros dés
½	concombre, pelé, épépiné et coupé en dés
1	échalote sèche, hachée
2 ml	(*½ c. à thé*) herbes de Provence sel et poivre

Préchauffer le four à 180°C (*350°F*).

Faire chauffer le beurre dans une sauteuse à feu moyen. Ajouter le poulet et cuire 3 minutes.

Retourner le poulet ; saler, poivrer et continuer la cuisson 3 minutes.

Ajouter le reste des ingrédients. Rectifier l'assaisonnement. Continuer la cuisson 2 minutes.

Couvrir la sauteuse et terminer la cuisson 10 à 12 minutes au four.

Servir avec des légumes frais.

1 portion	213 calories	5 g glucides
28 g protéines	9 g lipides	1,6 g fibres

Poulet à la Kiev

pour 4 personnes

2	poitrines de poulet entières sans peau, coupées en deux et désossées
60 ml	(*4 c. à soupe*) beurre à l'ail congelé
125 ml	(*½ tasse*) farine assaisonnée
2	œufs battus
250 ml	(*1 tasse*) chapelure
30 ml	(*2 c. à soupe*) huile d'arachide

Préchauffer le four à 180°C (*350°F*).

À l'aide d'un petit couteau, former de petites poches dans les poitrines. Attention ! le couteau ne doit pas traverser la chair. Insérer des morceaux de beurre à l'ail dans les pochettes. Frapper légèrement les poitrines pour leur redonner leur forme originale.

Bien enfariner les poitrines de poulet, les tremper dans les œufs battus et les enrober de chapelure. Presser la chapelure du bout des doigts pour qu'elle adhère bien au poulet.

Faire chauffer l'huile dans une sauteuse à feu moyen-vif. Ajouter le poulet et cuire 3 minutes de chaque côté.

Transvider le poulet dans un plat allant au four. Cuire 10 à 12 minutes au four.

Si désiré, accompagner de cantaloup tranché.

1 portion	478 calories	27 g glucides
34 g protéines	26 g lipides	0,8 g fibres

Poulet pané à la papaye

pour 4 personnes

1	papaye mûre, pelée et émincée
2	petites poitrines de poulet entières, sans peau, coupées en deux et désossées
125 ml	(*½ tasse*) farine assaisonnée
2	œufs battus
50 ml	(*¼ tasse*) lait assaisonné
250 ml	(*1 tasse*) chapelure assaisonnée
30 ml	(*2 c. à soupe*) huile de tournesol
	jus d'un quart de citron
	sel et poivre

Préchauffer le four à 190°C (*375°F*).

Mettre les tranches de papaye dans un petit bol. Arroser de jus de citron et laisser mariner.

Placer chaque poitrine de poulet entre deux feuilles de papier ciré. Aplatir au maillet pour obtenir une épaisseur de 1,2 cm (*½ po*).

Bien enfariner les poitrines et les secouer pour retirer l'excès de farine.

Mélanger œufs et lait. Tremper les poitrines dans le mélange et les enrober généreusement de chapelure.

Faire chauffer l'huile à feu vif dans une sauteuse allant au four. Ajouter le poulet et cuire 3 minutes de chaque côté.

Continuer la cuisson au four pendant 4 minutes ou selon la grosseur des poitrines.

Servir avec la papaye citronnée.

1 portion	*410 calories*	*36 g glucides*
35 g protéines	*14 g lipides*	*1,2 g fibres*

Poulet au vermouth et aux raisins

pour 4 personnes

30 ml	(*2 c. à soupe*) beurre
30 ml	(*2 c. à soupe*) oignon haché
2	poitrines de poulet entières sans peau, coupées en deux
2 ml	(*½ c. à thé*) estragon
250 ml	(*1 tasse*) raisins verts sans pépins
1	piment vert, émincé
30 ml	(*2 c. à soupe*) vermouth sec
300 ml	(*1¼ tasse*) bouillon de poulet chaud
15 ml	(*1 c. à soupe*) fécule de maïs
45 ml	(*3 c. à soupe*) eau froide
	quelques gouttes de sauce Tabasco
	sel et poivre

Faire chauffer le beurre dans une sauteuse. Ajouter oignon et sauce Tabasco ; couvrir et cuire 3 minutes à feu doux.

Ajouter les poitrines de poulet. Saler, poivrer. Saupoudrer d'estragon ; couvrir et cuire 16 à 18 minutes à feu moyen-doux. Retourner le poulet à mi-cuisson.

Ajouter raisins et piment ; continuer la cuisson 4 minutes.

Dès que le poulet est cuit, le retirer de la sauteuse. Mettre de côté.

Augmenter la chaleur à feu vif. Verser le vermouth dans la sauteuse ; cuire 2 minutes.

Incorporer le bouillon de poulet et continuer la cuisson 2 minutes. Rectifier l'assaisonnement. Délayer la fécule de maïs dans l'eau froide. Incorporer à la sauce.

Remettre le poulet dans la sauce et laisser mijoter 2 à 3 minutes pour réchauffer.

Servir avec des petits légumes.

1 portion	229 calories	10 g glucides
27 g protéines	9 g lipides	0,7 g fibres

Poitrines de poulet et sauce déglacée au citron

pour 4 personnes

30 ml	(*2 c. à soupe*) beurre
2	poitrines de poulet entières sans peau, coupées en deux et désossées
50 ml	(*¼ tasse*) bouillon de poulet chaud
15 ml	(*1 c. à soupe*) persil frais haché
	sel et poivre
	jus d'un citron

Préchauffer le four à 180°C (*350°F*).

Faire chauffer le beurre dans une sauteuse à feu moyen. Ajouter le poulet et cuire 3 minutes. Retourner les poitrines, saler, poivrer et continuer la cuisson 3 minutes.

Mettre au four et continuer la cuisson 10 à 12 minutes.

Dès que le poulet est cuit, le retirer de la sauteuse. Mettre de côté.

Faire chauffer la sauteuse à feu vif ; ajouter le jus de citron et chauffer 1 minute.

Incorporer bouillon de poulet et persil ; remuer et cuire 2 minutes. Assaisonner.

Verser la sauce sur le poulet. Accompagner d'asperges vertes.

1 portion	*166 calories*	*1 g glucides*
27 g protéines	*6 g lipides*	*0,1 g fibres*

Cuisses de poulet suprême

pour 4 personnes

30 ml	(*2 c. à soupe*) beurre fondu
4	cuisses de poulet de grosseur moyenne, sans peau, coupées en deux
2	échalotes sèches, hachées
½	aubergine, pelée et coupée en dés
45 ml	(*3 c. à soupe*) farine
250 ml	(*1 tasse*) vin rouge sec
300 ml	(*1¼ tasse*) bouillon de bœuf chaud
1 ml	(*¼ c. à thé*) thym
2 ml	(*½ c. à thé*) marjolaine
15 ml	(*1 c. à soupe*) zeste d'orange râpé
	quelques gouttes de sauce Tabasco
	sel et poivre

Préchauffer le four à 180°C (*350°F*).

Mettre le beurre fondu dans une sauteuse à feu moyen. Ajouter morceaux de poulet et échalotes. Saler, poivrer ; cuire 3 minutes. Retourner les morceaux de poulet et continuer la cuisson 3 minutes.

Ajouter l'aubergine. Bien mélanger ; couvrir et cuire 10 minutes.

Incorporer la farine et cuire 2 minutes, sans couvrir, à feu moyen.

Incorporer vin et bouillon de bœuf et remuer. Saler, poivrer. Ajouter épices, zeste d'orange et sauce Tabasco. Amener à ébullition.

Couvrir la sauteuse. Continuer la cuisson 30 minutes au four.

Rectifier l'assaisonnement. Servir.

1 portion	258 calories	6 g glucides
27 g protéines	14 g lipides	0,6 g fibres

Poitrines de poulet Florence

pour 4 personnes

30 ml	(*2 c. à soupe*) beurre
2	poitrines de poulet entières sans peau, coupées en deux et désossées
1	piment vert, émincé
250 g	(*½ livre*) champignons frais, nettoyés et émincés
1	branche de céleri, coupée en gros morceaux
375 ml	(*1½ tasse*) bouillon de poulet chaud
30 ml	(*2 c. à soupe*) sauce teriyaki
15 ml	(*1 c. à soupe*) fécule de maïs
45 ml	(*3 c. à soupe*) eau froide
	sel et poivre
	rondelles de citron

Faire chauffer le beurre dans une sauteuse à feu moyen. Ajouter le poulet et cuire 4 minutes. Retourner les poitrines, saler, poivrer et continuer la cuisson 4 minutes.

Retourner les poitrines et continuer la cuisson 3 minutes de chaque côté ou selon leur grosseur. Saler, poivrer durant la cuisson.

Dès que le poulet est cuit, le mettre dans un plat et le tenir chaud au four.

Mettre piment, champignons et céleri dans la sauteuse chaude. Cuire 3 à 4 minutes à feu moyen.

Saler, poivrer et incorporer bouillon de poulet et sauce teriyaki. Amener à ébullution et cuire 4 à 5 minutes à feu moyen.

Délayer la fécule de maïs dans l'eau froide. Incorporer à la sauce et cuire 1 minute.

Mettre le poulet dans la sauce et laisser mijoter 2 minutes pour réchauffer.

Servir sur un lit de riz blanc. Garnir de rondelles de citron.

1 portion	229 calories	8 g glucides
29 g protéines	9 g lipides	1,9 g fibres

Côtelettes de veau et sauce aux champignons sauvages

pour 4 personnes

4	côtelettes de veau de 0,65 cm (¼ po) d'épaisseur, dégraissées
250 ml	(*1 tasse*) farine légèrement assaisonnée
25 ml	(*1½ c. à soupe*) beurre
375 ml	(*1½ tasse*) pleurotes frais, nettoyés et coupés en deux
3	oignons verts, hachés
15 ml	(*1 c. à soupe*) persil frais haché
125 ml	(*½ tasse*) consommé de bœuf chaud jus d'un demi-citron sel et poivre

Enfariner les côtelettes et les secouer pour retirer l'excès de farine. Faire chauffer le beurre dans une poêle à frire à feu moyen-vif. Ajouter la viande et cuire 3 minutes.

Retourner les côtelettes. Saler, poivrer et cuire 2 minutes ou selon la cuisson désirée. Tenir chaud au four.

Mettre pleurotes, oignons verts et persil dans la poêle ; cuire 3 à 4 minutes à feu vif.

Incorporer le consommé de bœuf et amener à ébullition. Arroser de jus de citron. Rectifier l'assaisonnement. Verser immédiatement sur le veau. Servir avec des tomates grillées.

1 portion	325 calories	16 g glucides
27 g protéines	17 g lipides	1,9 g fibres

Escalopes de veau du printemps

900 g	(*2 livres*) escalopes de veau, coupées en cubes de 5 cm (*2 po*)
30 ml	(*2 c. à soupe*) beurre
2	piments rouges, coupés en quartiers
125 g	(*¼ livre*) champignons frais, nettoyés et émincés
2	échalotes sèches, hachées
	sel et poivre
	quelques gouttes de jus de citron

Faire fondre le beurre dans une sauteuse. Ajouter le veau* et cuire 1 minute à feu vif. Retourner les morceaux de veau, assaisonner légèrement et cuire 1 minute. Retirer de la sauteuse. Mettre de côté.

Faire cuire 3 à 4 minutes, à feu moyen-vif, piments, champignons et échalotes dans la sauteuse chaude.

Saler, poivrer et arroser de jus de citron. Servir aussitôt sur le veau.

Accompagner de nouilles au beurre.

* *Faire cuire le veau en deux étapes pour éviter de surcharger la sauteuse.*

1 portion	*470 calories*	*3 g glucides*
47 g protéines	*30 g lipides*	*1,1 g fibres*

Escalopes de veau farcies à la saucisse

pour 4 personnes

30 ml	(*2 c. à soupe*) beurre
12	champignons frais, nettoyés et hachés
2	échalotes sèches, hachées
15 ml	(*1 c. à soupe*) persil frais haché
250 ml	(*1 tasse*) chair à saucisse hachée
50 ml	(*¼ tasse*) crème à 35%
4	grandes escalopes de veau sel et poivre

Préchauffer le four à 180°C (*350°F*).

Faire chauffer 15 ml (*1 c. à soupe*) de beurre dans une sauteuse à feu moyen. Ajouter champignons, échalotes et persil ; cuire 3 minutes.

Incorporer la chair à saucisse. Réduire la chaleur à feu doux et continuer la cuisson 4 à 5 minutes.

Ajouter la crème, remuer et cuire 3 à 4 minutes à feu vif afin de la réduire. Bien assaisonner.

Verser le mélange dans un robot culinaire et réduire en purée. Mettre de côté et laisser refroidir.

Étendre la farce refroidie sur chaque escalope de veau. Rouler l'escalope dans le sens de la longueur, plier les extrémités et ficeler le tout.

Faire chauffer le reste du beurre dans une poêle à frire. Ajouter le veau et saisir tous les côtés 2 à 3 minutes, à feu moyen-vif. Bien assaisonner.

Mettre les escalopes dans une casserole allant au four ; couvrir et cuire 10 à 12 minutes au four.

Au moment de servir, accompagner les escalopes de pommes de terre à la parisienne et d'une sauce au choix.

1 portion	454 calories	3 g glucides
34 g protéines	34 g lipides	1,6 g fibres

1. Cuire champignons, échalotes et persil 3 minutes dans le beurre chaud.

2. Incorporer la chair à saucisse et cuire 4 à 5 minutes à feu doux.

3. Ajouter la crème et cuire 3 à 4 minutes à feu vif afin de la réduire.

4. Étendre la farce sur chaque escalope de veau.

Filet de veau royal

15 ml	(*1 c. à soupe*) huile végétale
2	filets de veau de 500 g (*1 livre*) chacun, dégraissés
½	branche de céleri, coupée en dés
1	oignon moyen, coupé en petits dés
1	carotte, pelée et coupée en dés
1	échalote sèche, hachée
15 ml	(*1 c. à soupe*) ciboulette fraîche hachée
2 ml	(*½ c. à thé*) origan
2 ml	(*½ c. à thé*) basilic
125 ml	(*½ tasse*) vin blanc sec
300 ml	(*1¼ tasse*) consommé de bœuf chaud
15 ml	(*1 c. à soupe*) fécule de maïs
45 ml	(*3 c. à soupe*) eau froide
	sel et poivre

Préchauffer le four à 190°C (*375°F*).

Faire chauffer l'huile à feu moyen-vif dans une sauteuse allant au four. Ajouter les filets et saisir de tous les côtés.

Réduire la chaleur à feu moyen. Ajouter légumes, échalote, ciboulette et épices ; cuire 2 minutes.

Saler, poivrer et ajouter le vin. Remuer et cuire 2 minutes.

Incorporer le consommé et placer la sauteuse dans le four ; cuire 16 minutes, sans couvrir.

Retirer la viande de la sauteuse et mettre de côté.

Faire chauffer la sauteuse à feu doux. Délayer la fécule de maïs dans l'eau froide. Incorporer à la sauce et cuire 30 secondes ou jusqu'à ce que la sauce épaississe légèrement.

Trancher les filets. Napper de sauce et servir avec des carottes et des petits pois frais.

1 portion	*423 calories*	*7 g glucides*
47 g protéines	*23 g lipides*	*1,2 g fibres*

Côtes de veau et mangues sautées

30 ml	(*2 c. à soupe*) beurre
4	côtes de veau de 2 cm (¾ *po*) d'épaisseur
1	mangue mûre
	jus d'un demi-citron
	sel et poivre

Faire chauffer le beurre dans une grande poêle à frire à feu moyen-vif. Ajouter le veau ; cuire 3 minutes.

Retourner les côtes de veau. Saler, poivrer et cuire 3 minutes à feu moyen. Ajuster le temps de cuisson selon l'épaisseur des côtes de veau.

Entre-temps, peler et couper la mangue en minces quartiers. Glisser la pointe du couteau entre la pulpe et le noyau pour mieux détacher les quartiers.

Dès que les côtes de veau sont cuites, les mettre dans un plat de service.

Mettre la mangue dans la poêle chaude et faire sauter 1 minute. Arroser de jus de citron. Servir avec les côtes de veau.

1 portion	*298 calories*	*10 g glucides*
24 g protéines	*18 g lipides*	*0,8 g fibres*

Rôti de veau du dimanche

1,4 kg	(*3 livres*) rôti d'intérieur de veau, ficelé
250 ml	(*1 tasse*) farine assaisonnée
30 ml	(*2 c. à soupe*) huile
2	oignons, coupés en quartiers
2	carottes, pelées et coupées en dés de grosseur moyenne
2	petites branches de céleri, coupées en gros dés
15 ml	(*1 c. à soupe*) persil frais haché
2 ml	(*½ c. à thé*) origan
1 ml	(*¼ c. à thé*) sel de céleri
250 ml	(*1 tasse*) vin blanc sec
250 ml	(*1 tasse*) bouillon de poulet chaud
15 ml	(*1 c. à soupe*) fécule de maïs
45 ml	(*3 c. à soupe*) eau froide
	une pincée de thym
	une pincée de piments rouges broyés
	sel et poivre

Préchauffer le four à 180°C (*350°F*).

Bien enfariner le rôti de veau.

Faire chauffer l'huile dans une grande casserole allant au four. Ajouter le rôti et le saisir, à feu moyen-vif, pour bien brunir tous les côtés.

Ajouter les légumes. Saler, poivrer et cuire 2 minutes à feu moyen-vif.

Ajouter les épices et bien mêler.

Incorporer le vin et cuire 3 à 4 minutes à feu vif.

Ajouter le bouillon de poulet et amener à ébullition. Couvrir et cuire 1 heure au four.

Placer le rôti cuit dans un plat de service. Mettre de côté.

Délayer la fécule de maïs dans l'eau froide. Incorporer à la sauce ; bien remuer et cuire 1 à 2 minutes pour épaissir.

Accompagner le rôti de légumes et de sauce.

1 portion	*743 calories*	*25 g glucides*
73 g protéines	*39 g lipides*	*3,2 g fibres*

Épaule de veau farcie aux légumes

pour 4 personnes

1,4 kg	(*3 livres*) rôti d'épaule de veau *
30 ml	(*2 c. à soupe*) beurre
1	oignon, finement haché
2	gousses d'ail, écrasées et hachées
2 ml	(*½ c. à thé*) thym
1 ml	(*¼ c. à thé*) sauge
2 ml	(*½ c. à thé*) estragon
17 ml	(*3½ c. à thé*) persil frais haché
3	tranches de pain blanc, sans croûtes
50 ml	(*¼ tasse*) crème légère
12	gros champignons frais, nettoyés et hachés
30 ml	(*2 c. à soupe*) huile d'olive
2	oignons, coupés en quartiers
2 ml	(*½ c. à thé*) romarin
1	piment rouge, coupé en gros dés
2	courgettes, coupées en tranches épaisses, en biais
250 ml	(*1 tasse*) vin blanc sec
250 ml	(*1 tasse*) bouillon de poulet chaud sel et poivre

Faire chauffer le beurre dans une petite casserole. Ajouter l'oignon haché, l'ail, la moitié du thym, la sauge, l'estragon et 2 ml (*½ c. à thé*) de persil. Cuire 2 minutes.

Entre-temps, mettre le pain dans un petit bol. Ajouter la crème et laisser tremper.

Mettre les champignons dans la casserole. Saler, poivrer ; couvrir et cuire le mélange d'oignons et de champignons 6 minutes à feu doux. Retirer le couvercle et continuer la cuisson 4 à 6 minutes.

Écraser le pain et retirer l'excès de crème. Incorporer le pain à la farce. Mettre de côté et laisser refroidir légèrement. Préchauffer le four à 180°C (*350°F*).

Étendre la farce sur la pièce de viande, fermer et ficeler. Faire chauffer l'huile dans une sauteuse allant au four. Dès que l'huile fume, ajouter la viande et saisir de tous les côtés pour brunir. Ajouter les oignons, le reste du persil et du thym, et le romarin. Continuer la cuisson 2 à 3 minutes. Ajouter piment et courgettes. Saler, poivrer ; cuire 2 minutes. Incorporer le vin et cuire 4 à 5 minutes à feu vif. Ajouter le bouillon de poulet, remuer et amener à ébullition. Couvrir et cuire 1 heure au four.

Trancher la viande. Servir avec les légumes. Accompagner de maïs.

* *Demander au boucher de désosser l'épaule de veau tout en la laissant en une seule pièce pour pouvoir la farcir.*

1 portion	865 calories	29 g glucides
77 g protéines	49 g lipides	6,8 g fibres

Rôti de surlonge de veau

1,2 kg	(*2½ livres*) rôti de pointe de surlonge de veau, ficelé
15 ml	(*1 c. à soupe*) beurre
2	oignons, coupés en quartiers
	sel et poivre
	persil frais haché

Préchauffer le four à 220°C (*425°F*).

Poivrer généreusement le rôti.

Faire chauffer le beurre dans une sauteuse allant au four. Ajouter le rôti et le saisir, à feu moyen-vif, 4 à 5 minutes de chaque côté. Saler, poivrer dès que le rôti est bien saisi.

Ajouter les oignons et mélanger. Cuire 2 minutes.

Placer au four et cuire 40 minutes, sans couvrir.

Servir le rôti avec les oignons et le jus de cuisson. Accompagner de choux de Bruxelles. Parsemer de persil.

1 portion	561 calories	6 g glucides
60 g protéines	33 g lipides	1,3 g fibres

Filet de porc farci et sauce aux légumes

pour 4 personnes

15 ml	(*1 c. à soupe*) beurre
½	branche de céleri, hachée
2	oignons verts, hachés
125 g	(*¼ livre*) champignons frais, nettoyés et hachés
2 ml	(*½ c. à thé*) origan
2 ml	(*½ c. à thé*) basilic
125 ml	(*½ tasse*) riz cuit
2	filets de porc, dégraissés
15 ml	(*1 c. à soupe*) huile
2	poireaux, nettoyés et émincés
2	oignons verts, émincés
1	gousse d'ail, écrasée et hachée
2 ml	(*½ c. à thé*) herbes de Provence
125 ml	(*½ tasse*) vin rouge sec
375 ml	(*1½ tasse*) sauce bruhe légère, chaude
5 ml	(*1 c. à thé*) persil frais haché
	sel et poivre

Faire chauffer le beurre dans une poêle. Ajouter céleri, oignons verts hachés, champignons, origan et basilic ; cuire 5 à 6 minutes à feu moyen. Incorporer le riz et continuer la cuisson 2 minutes. Rectifier l'assaisonnement. Verser le tout dans un robot culinaire et bien mélanger. Mettre de côté et laisser refroidir. Préchauffer le four à 180°C (*350°F*).

Trancher chaque filet en deux, dans le sens de la longueur, aux trois quarts de son épaisseur pour obtenir une pièce de viande d'un seul morceau. Ouvrir et placer chaque filet entre deux feuilles de papier ciré. Aplatir avec un maillet pour que le filet double en largeur. Étendre la farce sur les filets, rouler et ficeler.

Faire chauffer l'huile dans une sauteuse. Ajouter les filets farcis et saisir, à feu moyen-vif, 6 à 8 minutes pour brunir tous les côtés. Ajouter poireaux, oignons verts émincés, ail et herbes de Provence. Bien assaisonner et cuire 2 à 3 minutes. Incorporer vin et sauce brune ; remuer, couvrir et cuire 35 minutes au four ou selon la grosseur des filets. Au moment de servir, retirer la ficelle, trancher les filets farcis et arroser de sauce. Parsemer de persil frais.

1 portion	*616 calories*	*18 g glucides*
64 g protéines	*32 g lipides*	*2,3 g fibres*

Filet de porc braisé au vin blanc

pour 4 personnes

15 ml	(*1 c. à soupe*) huile végétale
2	filets de porc de 500 g (*1 livre*) chacun, dégraissés
1	branche de céleri, coupée en dés
2	carottes, pelées et coupées en dés
1	courgette, coupée en rondelles de 1,2 cm (*½ po*) d'épaisseur
1	gousse d'ail, écrasée et hachée
15 ml	(*1 c. à soupe*) origan
50 ml	(*¼ tasse*) vin blanc sec
375 ml	(*1½ tasse*) bouillon de poulet chaud
15 ml	(*1 c. à soupe*) fécule de maïs
45 ml	(*3 c. à soupe*) eau froide
	sel et poivre

Préchauffer le four à 180°C (*350°F*).

Faire chauffer l'huile dans une sauteuse à feu moyen-vif. Ajouter les filets et saisir tous les côtés.

Mettre légumes, ail et origan. Augmenter la chaleur à feu vif. Cuire 2 minutes.

Incorporer le vin et continuer la cuisson 2 minutes.

Ajouter le bouillon de poulet. Bien assaisonner. Remuer, couvrir et cuire 30 à 35 minutes au four.

Dès que les filets sont cuits, les retirer de la sauce. Mettre de côté.

Délayer la fécule de maïs dans l'eau froide. Incorporer à la sauce et cuire 1 minute.

Trancher les filets, napper de sauce et servir.

1 portion	*510 calories*	*9 g glucides*
60 g protéines	*26 g lipides*	*2,5 g fibres*

Côtelettes de porc, sauce aux cornichons

pour 4 personnes

15 ml	(*1 c. à soupe*) beurre
1	échalote sèche, hachée
2	oignons verts, coupés en morceaux de 2,5 cm (*1 po*)
1	piment rouge, coupé en julienne
2	gros cornichons marinés à l'aneth, coupés en julienne
45 ml	(*3 c. à soupe*) vinaigre de vin rouge
50 ml	(*¼ tasse*) vin blanc sec
375 ml	(*1½ tasse*) sauce brune légère, chaude
15 ml	(*1 c. à soupe*) huile végétale
4	côtelettes de porc de 2 cm (*¾ po*) d'épaisseur chacune, sans os
	sel et poivre

Faire chauffer le beurre dans une casserole à feu moyen. Ajouter échalote, légumes et cornichons ; faire sauter 2 minutes.

Incorporer vinaigre et vin ; cuire 2 minutes à feu vif.

Incorporer la sauce brune et bien assaisonner. Réduire la chaleur à feu doux et laisser mijoter 4 à 6 minutes.

Entre-temps, faire chauffer l'huile dans une grande poêle à frire. Ajouter les côtelettes et saisir 3 minutes, à feu vif, sans les remuer.

Retourner les côtelettes. Saler, poivrer et réduire la chaleur à feu moyen. Continuer la cuisson 3 minutes. Retourner de nouveau les côtelettes et continuer la cuisson 2 minutes ou selon l'épaisseur.

Napper les côtelettes de sauce aux cornichons. Accompagner de pommes de terre au four.

1 portion	383 calories	7 g glucides
37 g protéines	23 g lipides	1,4 g fibres

Ragoût de porc de ma grand-mère

pour 4 personnes

30 ml	(*2 c. à soupe*) gras de bacon
1,4 kg	(*3 livres*) épaule de porc, dégraissée et coupée en cubes de 2,5 cm (*1 po*)
1	gousse d'ail, écrasée et hachée
1	oignon, haché
15 ml	(*1 c. à soupe*) sauce soya
45 ml	(*3 c. à soupe*) farine
625 ml	(*2½ tasses*) bouillon de bœuf chaud
15 ml	(*1 c. à soupe*) pâte de tomates
1	feuille de laurier
2 ml	(*½ c. à thé*) romarin
15 ml	(*1 c. à soupe*) beurre
2	carottes, pelées et coupées en gros dés
2	oignons, coupés en quartiers
2	pommes de terre, pelées et coupées en gros dés
5 ml	(*1 c. à thé*) cassonade
	sel et poivre

Préchauffer le four à 180°C (*350°F*).

Faire chauffer 15 ml (*1 c. à soupe*) de gras de bacon dans une casserole allant au four. Ajouter la moitié du porc et saisir, à feu vif, 8 à 10 minutes de tous les côtés. Retirer le porc et le mettre de côté.

Faire chauffer le reste du gras de bacon dans la casserole. Ajouter et saisir les autres cubes de porc.

Remettre tout le porc saisi dans la casserole. Ajouter ail et oignon haché. Bien mélanger et saler, poivrer ; cuire 3 minutes à feu moyen-vif.

Arroser de sauce soya et mélanger. Ajouter la farine et remuer à la cuillère de bois ; cuire 3 minutes à feu doux.

Incorporer le bouillon de bœuf. Ajouter pâte de tomates, feuille de laurier et romarin ; amener à ébullition.

Couvrir la casserole et continuer la cuisson 1 heure au four.

Vers la fin de la cuisson, faire chauffer le beurre dans une poêle à frire à feu moyen. Ajouter légumes et cassonade ; faire sauter 5 minutes.

Ajouter les légumes au ragoût de porc. Bien mélanger et continuer la cuisson jusqu'à ce que la viande soit tendre.

1 portion	845 calories	34 g glucides
85 g protéines	41 g lipides	4,3 g fibres

Rôti de longe de porc au romarin

pour 4 personnes

1,8 kg	(*4 livres*) longe de porc, désossée *
1	échalote, pelée et coupée en quatre
45 ml	(*3 c. à soupe*) beurre fondu
15 ml	(*1 c. à soupe*) romarin
2	oignons, coupés en quartiers
1	branche de céleri, coupée en dés
2	carottes, pelées et coupées en deux
45 ml	(*3 c. à soupe*) farine
425 ml	(*1¾ tasse*) bouillon de bœuf chaud
2	longues aubergines, tranchées
2	courgettes, tranchées
½	piment rouge, coupé en lanières
	sel et poivre
	quelques gouttes de sauce Tabasco

Préchauffer le four à 180°C (*350°F*). Placer le rôti dans un plat à rôtir. Piquer la viande de morceaux d'échalote. Badigeonner de 15 ml (*1 c. à soupe*) de beurre fondu. Frotter le romarin sur la viande. Placer au four et cuire 30 minutes par 500 g (*1 livre*). Dès que le rôti est saisi, bien l'assaisonner de sel et de poivre.

À mi-cuisson, entourer le rôti d'oignons, de céleri et de carottes.

Dès que le rôti est cuit, le retirer du plat. Tenir chaud au four.

Faire chauffer le plat 3 minutes à feu moyen sur un élément de la cuisinière. Ajouter la farine et bien mélanger à la cuillère de bois. Continuer la cuisson 5 minutes à feu doux pour brunir la farine. Incorporer le bouillon de bœuf et remuer au fouet. Amener à ébullition et continuer la cuisson 5 minutes à feu moyen. Rectifier l'assaisonnement. Ajouter la sauce Tabasco.

Passer la sauce au tamis et servir avec le rôti de porc. Faire chauffer le reste du beurre dans une poêle à frire. Ajouter piment, aubergines et courgettes. Faire sauter 4 à 5 minutes dans le beurre chaud, à feu moyen-vif. Bien assaisonner. Servir avec le rôti. Si désiré, accompagner de petits pois verts.

* *Retirer la plupart du gras. Attacher les os au rôti avec une ficelle de cuisine.*

1 portion	862 calories	25 g glucides
87 g protéines	46 g lipides	6,5 g fibres

Rognons de veau au vin rouge

pour 4 personne

2	rognons de veau, bien nettoyés
45 ml	(*3 c. à soupe*) beurre
250 g	(*½ livre*) champignons frais, nettoyés et coupés en quartiers
2	échalotes sèches, hachées
50 ml	(*¼ tasse*) vin rouge sec
250 ml	(*1 tasse*) bouillon de bœuf chaud
15 ml	(*1 c. à soupe*) fécule de maïs
30 ml	(*2 c. à soupe*) eau froide
45 ml	(*3 c. à soupe*) crème à 35%
	sel et poivre

Retirer et jeter le gras des rognons. Couper les rognons en tranches de 0,65 cm (*¼ po*) d'épaisseur.

Faire chauffer 15 ml (*1 c. à soupe*) de beurre dans une grande poêle à frire. Dès que le beurre est fondu, augmenter la chaleur à feu vif et ajouter la moitié des rognons ; cuire 2 minutes.

Retourner les rognons, saler, poivrer et continuer la cuisson 2 minutes. Retirer de la poêle et mettre de côté.

Répéter le même procédé pour cuire le reste des rognons. Mettre de côté.

Faire chauffer 15 ml (*1 c. à soupe*) de beurre dans la poêle à frire. Ajouter champignons et échalotes ; cuire 4 minutes à feu vif.

Incorporer le vin et cuire 3 minutes.

Incorporer le bouillon de bœuf. Saler, poivrer.

Délayer la fécule de maïs dans l'eau froide. Incorporer à la sauce et cuire 3 à 4 minutes à feu moyen.

Incorporer la crème et cuire 2 minutes.

Remettre les rognons dans la sauce et laisser mijoter 2 minutes pour réchauffer. Si désiré, servir avec des croûtons.

1 portion	*212 calories*	*5 g glucides*
12 g protéines	*16 g lipides*	*1,6 g fibres*

1. Choisir des rognons de veau frais et les nettoyer avec soin.

2. Retirer et jeter tout le gras qui se trouve dans les rognons. Couper les rognons en tranches de 0,65 cm (¼ po) d'épaisseur.

3. Faire cuire les rognons en deux étapes pour éviter de surcharger la poêle et ainsi de faire bouillir les rognons au lieu de les faire sauter.

4. Retirer tous les rognons sautés de la poêle. Mettre de côté. Faire fondre le beurre dans la poêle. Ajouter champignons et échalotes ; cuire 4 minutes à feu vif.

Gigot d'agneau au basilic

1,6 kg	(*3½ livres*) gigot d'agneau désossé
2	gousses d'ail, pelées et coupées en trois
30 ml	(*2 c. à soupe*) beurre fondu
5 ml	(*1 c. à thé*) basilic
2 ml	(*½ c. à thé*) origan
3	petits oignons, coupés en quartiers
2	branches de céleri, coupées en dés
45 ml	(*3 c. à soupe*) farine
500 ml	(*2 tasses*) bouillon de bœuf chaud
15 ml	(*1 c. à soupe*) pâte de tomates
	une pincée de thym
	sel et poivre

Préchauffer le four à 220°C (*425°F*). Temps de cuisson : 16 minutes par 500 g (*1 livre*).

Retirer et jeter la fine membrane qui recouvre l'agneau. Piquer la viande de morceaux de gousses d'ail. Badigeonner de beurre fondu.

Placer le gigot dans un plat à rôtir. Mélanger les épices et frotter le gigot pour que le mélange pénètre bien dans la viande. Placer le tout au four et cuire 16 minutes par 500 g (*1 livre*). (Ce temps de cuisson est calculé pour obtenir une viande rosée. Si désiré, ajuster la cuisson au goût.) Dès que le rôti est saisi, l'assaisonner de sel et de poivre.

À mi-cuisson, entourer le gigot d'oignons et de céleri.

Dès que l'agneau est cuit, le retirer du plat à rôtir. Tenir chaud au four. Faire chauffer le plat à rôtir 4 minutes à feu moyen sur un élément de la cuisinière. Ajouter la farine et bien mélanger à la cuillère de bois. Cuire 5 à 6 minutes à feu doux pour brunir la farine.

Incorporer le bouillon de bœuf. Ajouter la pâte de tomates et bien remuer au fouet. Poivrer et amener à ébullition. Continuer la cuisson 5 à 6 minutes à feu moyen.

Passer la sauce au tamis. Servir avec l'agneau. Accompagner de légumes frais.

1 portion	*794 calories*	*12 g glucides*
65 g protéines	*54 g lipides*	*1,7 g fibres*

Longe d'agneau au vin blanc

pour 4 personnes

1,4 kg	(*3 livres*) double longe d'agneau *
2 ml	(*½ c. à thé*) origan
1 ml	(*¼ c. à thé*) thym
1 ml	(*¼ c. à thé*) sarriette
30 ml	(*2 c. à soupe*) beurre fondu
125 ml	(*½ tasse*) vin blanc sec
½	oignon, finement haché
15 ml	(*1 c. à soupe*) persil frais haché
250 ml	(*1 tasse*) bouillon de bœuf chaud
	sel et poivre

Préchauffer le four à 240°C (*450°F*).

Étendre les deux longes sur une planche en bois. Parsemer la viande d'origan, de thym et de sarriette. Poivrer généreusement. Rouler et ficeler les longes.

Placer viande et os dans un grand plat à rôtir. Badigeonner de beurre fondu. Verser le vin sur la viande et saisir 12 minutes au four.

Réduire la chaleur du four à 180°C (*350°F*). Continuer la cuisson 25 minutes pour obtenir une viande rosée. Ajuster le temps de cuisson selon la cuisson désirée.

Retirer l'agneau du plat. Mettre de côté.

Laisser les os dans le plat. Ajouter oignon et persil ; cuire 3 minutes à feu vif.

Incorporer le bouillon de bœuf et amener à ébullition. Continuer la cuisson 3 à 4 minutes à feu moyen-vif.

Servir la sauce aux oignons sur les tranches d'agneau. Si désiré, accompagner d'asperges fraîches.

---

* *Demander au boucher de désosser et de couper la double longe en deux. Retirer la plupart du gras et conserver les os.*

1 portion	741 calories	2 g glucides
64 g protéines	53 g lipides	0,4 g fibres

Côtelettes d'agneau à l'aubergine

pour 4 personnes

45 ml	(*3 c. à soupe*) huile d'olive
45 ml	(*3 c. à soupe*) sauce teriyaki
1	gousse d'ail, écrasée et hachée
2 ml	(*½ c. à thé*) romarin
1	aubergine, coupée en rondelles de 1,2 cm (*½ po*) d'épaisseur
8	côtelettes d'agneau, dégraissées
	jus d'un demi-citron
	sel et poivre du moulin

Préchauffer le four à 200°C (*400°F*).

Mélanger huile, sauce teriyaki, ail, romarin, jus de citron et poivre dans un petit bol. Badigeonner aubergine et agneau avec le mélange.

Régler le four à broil et mettre les rondelles d'aubergine dans un plat à rôtir. Placer le plat à 15 cm (*6 po*) de l'élément supérieur. Tout en laissant la porte légèrement entrouverte, faire dorer les rondelles d'aubergine 5 à 6 minutes de chaque côté.

Entre-temps, faire chauffer une poêle à frire à feu vif. Ajouter les côtelettes badigeonnées de marinade. Cuire 3 à 4 minutes de chaque côté à feu vif ou selon la cuisson désirée. Saler, poivrer dès que les côtelettes sont bien saisies. Servir avec les aubergines grillées.

1 portion	*317 calories*	*4 g glucides*
28 g protéines	*21 g lipides*	*0,7 g fibres*

Ragoût d'épaule d'agneau

pour 4 personnes

30 ml	(*2 c. à soupe*) huile
1,6 kg	(*3½ livres*) épaule d'agneau, dégraissée et coupée en cubes
2	oignons, hachés
1	gousse d'ail, écrasée et hachée
15 ml	(*1 c. à soupe*) gingembre frais haché
45 ml	(*3 c. à soupe*) farine
750 ml	(*3 tasses*) bouillon de poulet, chaud
1	feuille de laurier
1	petit chou-fleur, en fleurettes
1	petite courgette, coupée en dés
	sel et poivre

Faire chauffer l'huile dans une sauteuse. Ajouter la viande et la saisir 5 à 6 minutes de tous les côtés.

Ajouter oignons, ail et gingembre ; bien mélanger et continuer la cuisson 5 minutes.

Incorporer la farine et cuire 1 minute à feu moyen-doux.

Incorporer bouillon de poulet et feuille de laurier. Assaisonner et amener à ébullition. Couvrir partiellement et cuire 1 heure à feu doux.

Ajouter les légumes et continuer la cuisson 30 minutes.

1 portion	*831 calories*	*17 g glucides*
67 g protéines	*55 g lipides*	*3,9 g fibres*

Bœuf bourguignon campagnard

pour 4 personnes

30 ml	(*2 c. à soupe*) huile végétale
1,8 kg	(*4 livres*) rôti de palette de bœuf, désossé et dégraissé
4	gousses d'ail, blanchies
1	feuille de laurier
1 ml	(*¼ c. à thé*) thym
2 ml	(*½ c. à thé*) basilic
15 ml	(*1 c. à soupe*) persil frais haché
3	oignons, coupés en quartiers
75 ml	(*⅓ tasse*) farine
500 ml	(*2 tasses*) vin rouge sec
250 ml	(*1 tasse*) bouillon de bœuf chaud
15 ml	(*1 c. à soupe*) fécule de maïs
45 ml	(*3 c. à soupe*) eau froide
	sel et poivre

Préchauffer le four à 180°C (*350°F*).

Faire chauffer l'huile dans une sauteuse à feu vif. Ajouter la pièce de viande ; saisir 8 à 10 minutes de tous les côtés.

Ajouter ail, feuille de laurier, thym, basilic et persil ; saler, poivrer. Ajouter les oignons et continuer la cuisson 4 à 5 minutes à feu vif.

Saupoudrer la viande de farine tout en retournant le bœuf pour bien faire pénétrer la farine. Continuer la cuisson 4 à 5 minutes à feu moyen.

Saler, poivrer la viande. Incorporer vin et bouillon de bœuf. Amener à ébullition ; couvrir et cuire 3 heures au four. Retourner la viande plusieurs fois durant la cuisson.

Mettre la viande cuite dans un plat de service.

Délayer la fécule de maïs dans l'eau froide. Incorporer à la sauce. Bien remuer et cuire 1 minute.

Trancher la viande en gros morceaux. Arroser de sauce. Accompagner de petites pommes de terre à la parisienne.

1 portion	720 calories	19 g glucides
98 g protéines	28 g lipides	2,1 g fibres

1. Saisir la viande dans l'huile chaude pour brunir tous les côtés.

2. Ajouter ail, feuille de laurier, thym, basilic et persil; saler, poivrer. Ajouter les oignons et continuer la cuisson 4 à 5 minutes à feu vif.

3. Saupoudrer la viande de farine tout en retournant le bœuf pour bien faire pénétrer la farine. Continuer la cuisson 4 à 5 minutes à feu moyen.

4. Saler, poivrer la viande. Incorporer vin et bouillon de bœuf; amener à ébullition et finir la cuisson au four.

Ragoût de bœuf au cari

pour 4 personnes

30 ml	(*2 c. à soupe*) gras de bacon
1,6 kg	(*3½ livres*) palette de bœuf, désossée, dégraissée et coupée en cubes de 2,5 cm (*1 po*)
2	oignons, finement hachés
45 ml	(*3 c. à soupe*) poudre de cari
15 ml	(*1 c. à soupe*) poudre de cumin
45 ml	(*3 c. à soupe*) farine
750 ml	(*3 tasses*) bouillon de bœuf chaud
30 ml	(*2 c. à soupe*) pâte de tomates
1	feuille de laurier
5 ml	(*1 c. à thé*) romarin moulu
	sel et poivre

Préchauffer le four à 180°C (*350°F*).

Faire chauffer 15 ml (*1 c. à soupe*) de gras de bacon dans une poêle à frire. Ajouter la moitié de la viande et saisir, à feu vif, de tous les côtés. Retirer la viande et la mettre de côté.

Faire chauffer le reste du gras de bacon dans la même poêle et saisir les autres cubes de viande.

Transvider toute la viande saisie dans une casserole allant au four. Saler, poivrer généreusement.

Mettre les oignons dans la même poêle à frire. Cuire 3 à 4 minutes à feu vif. Transvider les oignons dans la casserole contenant la viande.

Saupoudrer de cari et de cumin. Bien incorporer la farine.

Faire chauffer la casserole à feu moyen pendant quelques minutes jusqu'à ce que la farine adhère légèrement au fond de la casserole. Mélanger 1 à 2 fois.

Incorporer le bouillon de bœuf. Ajouter pâte de tomates et épices. Bien mélanger. Couvrir et cuire 2 heures 30 minutes au four.

Servir le ragoût de bœuf sur des nouilles au beurre.

1 portion	*621 calories*	*12 g glucides*
87 g protéines	*25 g lipides*	*1,4 g fibres*

Rôti de côtes croisées à l'américaine

30 ml	(*2 c. à soupe*)	gras de bacon
2,2 kg	(*5 livres*)	rôti de côtes croisées, ficelé
2		branches de céleri, coupées en quatre
2		carottes, pelées et coupées en quatre
4		oignons, coupés en quartiers
1		gousse d'ail, écrasée et hachée
3		branches de persil
2		feuilles de laurier
2 ml	(*½ c. à thé*)	thym
5 ml	(*1 c. à thé*)	cerfeuil
2 ml	(*½ c. à thé*)	basilic
250 ml	(*1 tasse*)	vin blanc sec
750 ml	(*3 tasses*)	sauce brune légère, chaude
15 ml	(*1 c. à soupe*)	persil frais haché
		sel et poivre

Préchauffer le four à 160°C (*325°F*).

Faire chauffer le gras de bacon dans une grande casserole allant au four. Ajouter la viande et la saisir de tous les côtés à feu vif.

Saler, poivrer la viande. Ajouter légumes, ail, branches de persil, feuilles de laurier et épices. Cuire 2 minutes à feu moyen-vif.

Incorporer le vin et cuire 2 minutes à feu vif.

Ajouter la sauce brune et mélanger. Bien assaisonner et amener à ébullition.

Couvrir et cuire 3 heures au four. À mi-cuisson, retourner le rôti.

Dès que le rôti est cuit, le retirer de la casserole. Trancher la viande et arroser d'un peu de sauce avant de servir. Si désiré, accompagner de carottes glacées. Parsemer de persil haché.

1 portion	*962 calories*	*9 g glucides*
119 g protéines	*50 g lipides*	*0 g fibres*

Tournedos et sauce au piment

pour 4 personnes

15 ml	(*1 c. à soupe*) huile
1	piment vert, coupé en dés
250 g	(*½ livre*) champignons frais, nettoyés et coupés en dés
2 ml	(*½ c. à thé*) origan
2 ml	(*½ c. à thé*) ciboulette fraîche hachée
1	gousse d'ail, écrasée et hachée
1	tomate, coupée en gros dés
125 ml	(*½ tasse*) bouillon de poulet chaud
15 ml	(*1 c. à soupe*) pâte de tomates
4	tournedos de 170 g (*6 oz*) chacun sel et poivre

Faire chauffer la moitié de l'huile dans une sauteuse à feu vif. Mettre le piment vert et cuire 1 minute.

Ajouter champignons, origan, ciboulette et ail ; cuire 2 minutes.

Incorporer tomate, bouillon de poulet et pâte de tomates ; saler, poivrer. Mélanger et cuire 6 à 8 minutes à feu moyen-doux.

Entre-temps, badigeonner les deux côtés des tournedos avec le reste de l'huile. Faire chauffer une poêle à frire à feu vif. Ajouter les tournedos et cuire 3 minutes à feu vif.

Retourner les tournedos. Saler, poivrer et continuer la cuisson 2 minutes.

Napper les tournedos de sauce. Servir avec des pommes de terre sautées.

1 portion	305 calories	6 g glucides
41 g protéines	13 g lipides	2,2 g fibres

1. Faire chauffer la moitié de l'huile à feu vif. Ajouter le piment vert et cuire 1 minute.

2. Ajouter champignons, origan, ciboulette et ail ; cuire 2 minutes.

3. Ajouter la tomate.

4. Ajouter bouillon de poulet et pâte de tomates. Saler, poivrer ; mélanger et cuire 6 à 8 minutes à feu moyen-doux.

Tournedos au vin rouge

pour 4 personnes

5 ml	(*1 c. à thé*) beurre
2	oignons, émincés
1 ml	(*¼ c. à thé*) basilic
15 ml	(*1 c. à soupe*) persil frais haché
125 ml	(*½ tasse*) vin rouge sec
300 ml	(*1¼ tasse*) consommé de bœuf chaud
5 ml	(*1 c. à thé*) fécule de maïs
30 ml	(*2 c. à soupe*) eau froide
4	tournedos de bœuf de 170 g (*6 oz*) chacun
15 ml	(*1 c. à soupe*) huile
	sel et poivre

Faire chauffer le beurre dans une casserole à feu moyen. Ajouter oignons, basilic et persil ; cuire 15 minutes à feu doux en remuant fréquemment.

Incorporer le vin. Cuire 2 à 3 minutes à feu vif. Rectifier l'assaisonnement.

Incorporer le consommé de bœuf et amener à ébullition. Délayer la fécule de maïs dans l'eau froide. Incorporer à la sauce et laisser mijoter 6 à 7 minutes à feu doux.

Entre-temps, badigeonner les tournedos d'huile. Faire chauffer une poêle à frire à feu vif. Ajouter les tournedos et cuire 3 minutes à feu vif.

Retourner les tournedos. Saler, poivrer et continuer la cuisson 2 minutes.

Napper les tournedos de sauce. Si désiré, garnir de croûtons frits.

1 portion	*314 calories*	*7 g glucides*
40 g protéines	*14 g lipides*	*1,1 g fibres*

1. Faire chauffer le beurre à feu moyen. Ajouter oignons, basilic et persil ; cuire 15 minutes à feu doux en remuant fréquemment.

2. Incorporer le vin. Cuire 2 à 3 minutes à feu vif. Rectifier l'assaisonnement.

3. Incorporer le consommé de bœuf et amener à ébullition.

4. Incorporer la fécule de maïs délayée à la sauce. Laisser mijoter 6 à 7 minutes à feu doux pour épaissir la sauce.

Entrecôtes et sauce à la purée d'ail

pour 4 personnes

7	gousses d'ail
1	jaune d'œuf
125 ml	(½ *tasse*) huile d'olive
15 ml	(*1 c. à soupe*) huile végétale
4	entrecôtes de 250 g (*8 oz*) chacune, dégraissées
	sel et poivre

Peler l'ail et le mettre dans une petite casserole. Ajouter 250 ml (*1 tasse*) d'eau et amener à ébullition. Continuer la cuisson 4 à 5 minutes.

Bien égoutter l'ail. Placer les gousses d'ail dans un mortier et les réduire en purée à l'aide d'un pilon. Ajouter le jaune d'œuf et bien mélanger avec le pilon.

Incorporer l'huile d'olive, goutte à goutte, tout en mélangeant constamment au fouet. Continuer de mélanger jusqu'à ce que la sauce épaississe.

Filtrer la sauce dans une fine passoire. Mettre de côté.

Faire chauffer l'huile végétale à feu vif dans une sauteuse épaisse. Dès que l'huile commence à fumer, ajouter les entrecôtes* et saisir 3 minutes, sans les remuer.

Retourner les entrecôtes. Saler, poivrer. Réduire la chaleur à feu moyen-vif et continuer la cuisson 3 à 4 minutes pour obtenir une entrecôte saignante.

Pour une cuisson moyenne, retourner les entrecôtes et continuer la cuisson 3 à 4 minutes à feu moyen.

Au moment de servir, napper une partie de l'entrecôte de sauce à l'ail. Accompagner de pois mange-tout.

* *Si désiré, faire cuire 2 entrecôtes à la fois pour ne pas surcharger la sauteuse.*

1 portion	653 calories	2 g glucides
51 g protéines	49 g lipides	0 g fibres

Entrecôtes Louise

pour 4 personnes

30 ml	*(2 c. à soupe)* huile végétale
4	entrecôtes de 250 g *(8 oz)* chacune, dégraissées
15 ml	*(1 c. à soupe)* beurre
250 g	*(½ livre)* pleurotes frais, nettoyés et coupés en deux
2	oignons verts, tranchés en biais
1	piment vert, coupé en deux et émincé
175 ml	*(¾ tasse)* sauce à rôti demi-glace préparée
	quelques gouttes de sauce Worcestershire
	sel et poivre

Mélanger 15 ml (*1 c. à soupe*) d'huile et la sauce Worcestershire. Badigeonner les entrecôtes. Poivrer généreusement.

Faire chauffer le reste de l'huile dans une sauteuse épaisse à feu vif. Dès que l'huile commence à fumer, ajouter les entrecôtes* et saisir 3 minutes sans les remuer.

Retourner les entrecôtes. Saler, poivrer. Réduire la chaleur à feu moyen-vif et continuer la cuisson 3 à 4 minutes pour obtenir une entrecôte saignante.

Pour une cuisson moyenne, retourner les entrecôtes et continuer la cuisson 3 à 4 minutes à feu moyen.

Dès que les entrecôtes sont cuites au goût, les retirer de la sauteuse. Tenir chaud au four.

Entre-temps, faire chauffer le beurre dans une poêle à frire à feu moyen-vif. Ajouter les légumes et cuire 4 à 5 minutes.

Saler, poivrer et incorporer la sauce demi-glace. Bien remuer et amener rapidement à ébullition.

Napper les entrecôtes de sauce aux légumes. Servir.

---

* Si désiré, faire cuire 2 entrecôtes à la fois pour ne pas surcharger la sauteuse.

1 portion	475 calories	6 g glucides
52 g protéines	27 g lipides	2,1 g fibres

Entrecôte de bœuf double au poivre

pour 4 personnes

900 g	(*2 livres*) entrecôte de bœuf d'une seule pièce
30 ml	(*2 c. à soupe*) huile
15 ml	(*1 c. à soupe*) sauce teriyaki
2 ml	(*½ c. à thé*) herbes de Provence
30 ml	(*2 c. à soupe*) grains de poivre vert, écrasés
	sel et poivre

Placer la pièce de viande dans un plat. Mélanger huile et sauce teriyaki. Verser le mélange sur la viande. Étendre herbes de Provence et poivre vert sur la viande.

À l'aide d'une pince, retourner la pièce de viande pour bien enrober de marinade les deux côtés de la viande. Laisser mariner 30 minutes.

Préchauffer le four à 220°C (*425°F*).

Placer la viande dans une sauteuse très chaude et saisir 3 minutes de chaque côté à feu vif. Saler, poivrer dès que la viande est bien saisie. Augmenter légèrement le temps de cuisson pour obtenir une viande de cuisson moyenne.

Continuer la cuisson au four pendant 10 à 12 minutes.

Trancher l'entrecôte. Servir avec des légumes.

1 portion	*411 calories*	*1 g glucides*
50 g protéines	*23 g lipides*	*0 g fibres*

1. *Demander au boucher de couper l'entrecôte en un seul morceau de 900 g (2 livres).*

2. *Recouvrir la viande avec les ingrédients de la marinade.*

3. *Retourner la pièce de viande pour bien enrober les deux côtés. Laisser mariner 30 minutes.*

4. *Trancher l'entrecôte et servir.*

Entrecôtes, sauce Choron

pour 4 personnes

375 g	(¾ *livre*) beurre non salé
15 ml	(*1 c. à soupe*) persil frais haché
15 ml	(*1 c. à soupe*) échalote sèche hachée
15 ml	(*1 c. à soupe*) poivre noir grossièrement moulu
45 ml	(*3 c. à soupe*) vinaigre de vin rouge
30 ml	(*2 c. à soupe*) vin rouge sec
2	jaunes d'œufs
15 ml	(*1 c. à soupe*) pâte de tomates
15 ml	(*1 c. à soupe*) huile végétale
4	entrecôtes de 250 g (*8 oz*), dégraissées sel et poivre

Mettre le beurre dans un bol en acier inoxydable. Placer le bol sur une casserole à moitié remplie d'eau chaude. Faire chauffer la casserole à feu doux afin de faire fondre le beurre, sans toucher au bol.

Enlever les dépôts qui remontent à la surface du beurre. Retirer le bol de la casserole. Mettre de côté.

Mélanger persil, échalote, poivre moulu, vinaigre de vin et vin dans une casserole propre. Cuire à feu moyen jusqu'à l'évaporation complète du liquide. Transvider le mélange de persil dans un bol propre en acier inoxydable. Ajouter les jaunes d'œufs et bien mélanger au fouet. Placer le bol sur la casserole à moitié remplie d'eau chaude. Faire chauffer le tout à feu doux. Incorporer très lentement le quart du beurre clarifié tout en remuant constamment au fouet. Incorporer immédiatement la pâte de tomates avec le fouet. Continuer d'incorporer le reste du beurre selon la technique indiquée ci-dessus. Filtrer la sauce à travers une fine passoire. Assaisonner, puis mettre de côté.

Faire chauffer la moitié de l'huile dans une sauteuse à feu vif. Ajouter 2 entrecôtes * et les saisir, 3 minutes, sans les remuer. Retourner les entrecôtes. Saler, poivrer et continuer la cuisson 3 à 4 minutes à feu moyen-vif pour obtenir une viande saignante. Servir avec la sauce.

* *Suivre ensuite le même procédé pour la cuisson des 2 autres entrecôtes.*

1 portion	1 058 calories	1 g glucides
52 g protéines	94 g lipides	0,1 g fibres

1. *Dès que le beurre est complètement fondu, retirer les impuretés qui remontent à la surface.*

2. *Mettre persil, échalote, poivre moulu, vinaigre de vin et vin dans une casserole propre. Cuire à feu moyen jusqu'à l'évaporation complète du liquide.*

3. *Transvider le mélange de persil dans un bol propre en acier inoxydable.*

4. *Il est très important d'incorporer le beurre lentement, en un mince filet, tout en remuant constamment au fouet. Incorporer le quart du beurre, puis la pâte de tomates et finir en incorporant le reste du beurre.*

Rôti de pointe de surlonge au jus

pour 4 personnes

60 ml	(*4 c. à soupe*) moutarde sèche
1,4 kg	(*3 livres*) rôti de pointe de surlonge, ficelé
2	gousses d'ail, pelées et coupées en deux
30 ml	(*2 c. à soupe*) beurre fondu
3	oignons, coupés en six
250 ml	(*1 tasse*) bouillon de bœuf chaud
5 ml	(*1 c. à thé*) persil frais haché
	sel et poivre

Préchauffer le four à 180°C (*350°F*).

Temps de cuisson : 30 minutes par 500 g (*1 livre*) pour une cuisson moyenne.

Délayer la moutarde dans suffisamment d'eau pour former une pâte. Bien mélanger avec le dos d'une cuillère pour obtenir une pâte homogène.

Faire quelques incisions sur le rôti et y insérer les morceaux d'ail. Frotter légèrement le rôti avec le sel et couvrir du mélange de moutarde.

Faire chauffer le beurre dans un plat à rôtir à feu moyen. Placer le rôti dans le plat et cuire 1 heure 30 minutes au four ou selon la cuisson désirée.

Dès que le rôti est cuit, le retirer du plat. Mettre de côté.

Placer les oignons dans le plat à rôtir et cuire 4 minutes à feu moyen-vif. Incorporer bouillon de bœuf et persil. Saler, poivrer ; cuire 3 minutes.

Trancher le rôti. Napper de jus. Servir.

1 portion	554 calories	9 g glucides
80 g protéines	22 g lipides	1,7 g fibres

Rôti d'intérieur de ronde

pour 4 personnes

1,4 kg	(*3 livres*) rôti d'intérieur de ronde
2	gousses d'ail, pelées et coupées en trois
5 ml	(*1 c. à thé*) romarin
1	oignon, coupé en quartiers
15 ml	(*1 c. à soupe*) persil frais haché
	fines tranches de gras de porc
	sel et poivre du moulin

Préchauffer le four à 180°C (*350°F*).

Temps de cuisson : 30 minutes par 500 g (*1 livre*) pour une cuisson moyenne.

Faire quelques incisions sur le rôti et y insérer l'ail. Recouvrir le rôti de tranches de gras de porc et ficeler.

Placer le rôti dans un petit plat à rôtir. Cuire 1 heure au four.

Bien assaisonner. Saupoudrer de romarin et continuer la cuisson 30 minutes ou jusqu'à ce que le rôti soit cuit.

Retirer le rôti du plat et enlever les tranches de gras. Remettre le rôti dans le jus de cuisson et laisser reposer 15 minutes.

Placer le rôti sur une planche à découper.

Faire chauffer le plat à rôtir à feu vif. Ajouter l'oignon et cuire 2 minutes.

Poivrer généreusement et continuer la cuisson 3 à 4 minutes.

Passer la sauce au tamis.

Trancher le rôti. Servir avec la sauce. Accompagner de légumes variés sautés au beurre.

Parsemer le tout de persil frais.

1 portion	508 calories	3 g glucides
79 g protéines	20 g lipides	0,6 g fibres

303

Rôti de côtes croisées aux légumes

30 ml	(*2 c. à soupe*) gras de bacon
1,4 kg	(*3 livres*) rôti de côtes croisées, ficelé
3	oignons, coupés en quartiers
2	gousses d'ail, écrasées et hachées
796 ml	(*28 oz*) tomates en conserve, égouttées
1 ml	(*¼ c. à thé*) thym
2 ml	(*½ c. à thé*) marjolaine
1	feuille de laurier
250 ml	(*1 tasse*) jus de légumes V-8
	une pincée de sucre
	sel et poivre

Préchauffer le four à 180°C (*350°F*).

Faire chauffer le gras de bacon, à feu vif, dans une casserole allant au four. Ajouter la viande et la saisir 8 à 10 minutes de tous les côtés.

Ajouter oignons et ail ; continuer la cuisson 6 à 7 minutes.

Saler, poivrer généreusement. Ajouter tomates, épices, jus de légumes V-8 et sucre. Bien mélanger ; couvrir et cuire entre 2 heures et 2 heures 30 minutes au four.

Trancher la viande. Servir avec la sauce aux tomates. Si désiré, accompagner d'une purée de pommes de terre.

1 portion	693 calories	21 g glucides
78 g protéines	33 g lipides	2,4 g fibres

Rôti de croupe Montparnasse

pour 4 personnes

1,4 kg	(*3 livres*) rôti d'extérieur de croupe
250 ml	(*1 tasse*) farine assaisonnée
30 ml	(*2 c. à soupe*) gras de bacon
1	carotte, pelée et coupée en dés
1	oignon, coupé en dés
1	branche de céleri, coupée en dés
375 ml	(*1½ tasse*) tomates fraîches hachées
1	feuille de laurier
1 ml	(*¼ c. à thé*) marjolaine
500 ml	(*2 tasses*) bouillon de bœuf chaud
15 ml	(*1 c. à soupe*) pâte de tomates
	une pincée de sucre
	sel et poivre

Préchauffer le four à 180°C (*350°F*).

Bien enfariner le rôti de bœuf.

Faire chauffer le gras de bacon à feu moyen dans une grande sauteuse allant au four. Ajouter le rôti et le saisir de tous les côtés.

Ajouter légumes et épices ; continuer la cuisson 5 minutes.

Ajouter le reste des ingrédients et mélanger. Amener à ébullition ; couvrir et cuire 2 heures au four.

1 portion	633 calories	24 g glucides
78 g protéines	25 g lipides	3,3 g fibres

Filets mignons, sauce chasseur

15 ml	(*1 c. à soupe*) beurre
3	oignons verts, coupés en dés
250 g	(*½ livre*) champignons frais, nettoyés et hachés
1	gousse d'ail, écrasée et hachée
1	échalote sèche, hachée
2	tomates, coupées en gros dés
2 ml	(*½ c. à thé*) origan
125 ml	(*½ tasse*) vin blanc sec
250 ml	(*1 tasse*) sauce brune légère, chaude
4	filets mignons de 200 g (*7 oz*) chacun
5 ml	(*1 c. à thé*) huile
	sel et poivre

Faire chauffer le beurre dans une sauteuse à feu moyen-vif. Ajouter oignons verts, champignons, ail et échalote ; cuire 3 à 4 minutes.

Ajouter tomates et origan ; saler, poivrer. Mélanger et cuire 3 à 4 minutes à feu vif.

Incorporer le vin et continuer la cuisson 2 à 3 minutes.

Rectifier l'assaisonnement. Incorporer la sauce brune. Laisser mijoter à feu doux jusqu'au moment de servir.

Badigeonner d'huile les deux côtés des filets mignons. Faire chauffer une poêle à frire à feu vif. Ajouter les filets et cuire 3 minutes à feu vif. Retourner les filets. Saler, poivrer et continuer la cuisson 3 à 4 minutes.

Servir avec la sauce chasseur.

1 portion	*359 calories*	*7 g glucides*
49 g protéines	*15 g lipides*	*1,5 g fibres*

1. Faire chauffer le beurre à feu moyen-vif. Ajouter oignons verts, champignons, ail et échalote ; cuire 3 à 4 minutes.

2. Ajouter tomates et origan ; saler, poivrer. Mélanger et cuire 3 à 4 minutes à feu vif.

3. Incorporer le vin et continuer la cuisson 2 à 3 minutes.

4. Rectifier l'assaisonnement. Incorporer la sauce brune ; laisser mijoter à feu doux.

Flanc de bœuf à la provençale

pour 4 personnes

1	grand flanc de bœuf, dégraissé
30 ml	(*2 c. à soupe*) huile végétale
60 ml	(*4 c. à soupe*) sauce teriyaki
3	gousses d'ail, blanchies et écrasées
15 ml	(*1 c. à soupe*) huile d'olive
3	oignons, coupés en quartiers
3	tomates, pelées et coupées en quartiers
30 ml	(*2 c. à soupe*) pâte de tomates
2 ml	(*½ c. à thé*) origan
	une pincée de thym
	sel et poivre

Entailler légèrement les deux côtés du flanc de bœuf. Placer le flanc dans un plat à gratin peu profond.

Dans un petit bol, mélanger l'huile végétale, la sauce teriyaki et la moitié de la purée d'ail. Verser sur la viande et laisser mariner 1 heure 30 minutes au réfrigérateur. Retourner la viande de temps à autre pour bien mariner les deux côtés.

Faire chauffer l'huile d'olive dans une sauteuse. Ajouter les oignons et le reste d'ail ; cuire 3 à 4 minutes à feu moyen.

Bien mélanger, couvrir et continuer la cuisson 6 à 7 minutes à feu doux.

Ajouter tomates, pâte de tomates et épices. Cuire 8 à 10 minutes, sans couvrir.

Entre-temps, enduire une poêle à frire épaisse, en fonte de préférence, d'une fine couche d'huile. Faire chauffer à feu vif. Ajouter le flanc et saisir 6 minutes à feu vif.

Retourner le flanc, Saler, poivrer et cuire 6 minutes ou selon l'épaisseur. Le flanc de bœuf doit être servi saignant. Une cuisson trop prolongée durcira la viande.

Couper la viande en biais pour obtenir de fines tranches. Servir avec les tomates.

1 portion	*634 calories*	*18 g glucides*
82 g protéines	*26 g lipides*	*3,1 g fibres*

LES DÉLICES
DE LA MER

*Des plats
de fruits de mer
irrésistibles*

Savoureuse salade de poisson

pour 4 personnes

125 ml	(*½ tasse*) olives vertes farcies
398 ml	(*14 oz*) épis de maïs miniatures, en conserve, coupés en deux
2	œufs durs, tranchés
250 ml	(*1 tasse*) haricots verts cuits
250 ml	(*1 tasse*) cosses de pois cuites
½	piment rouge, émincé
1	pomme de terre cuite, pelée et émincée
500 ml	(*2 tasses*) poisson cuit, en morceaux
15 ml	(*1 c. à soupe*) moutarde de Dijon
30 ml	(*2 c. à soupe*) vinaigre de vin
15 ml	(*1 c. à soupe*) jus de citron
90 ml	(*6 c. à soupe*) huile d'olive
	sel et poivre
	feuilles de laitue

Mettre olives, maïs, œufs, haricots, cosses de pois, piment rouge et pomme de terre dans un bol à mélanger. Saler, poivrer.

Ajouter le poisson. Mêler délicatement et assaisonner. Mettre de côté.

Mettre la moutarde dans un petit bol. Assaisonner et ajouter vinaigre, jus de citron et huile. Bien mélanger au fouet. Rectifier l'assaisonnement.

Verser la vinaigrette sur la salade ; bien incorporer les ingrédients. Servir sur des feuilles de laitue. Accompagner de fruits.

1 portion	469 calories	25 g glucides
27 g protéines	32 g lipides	6,6 g fibres

Flétan au cari

pour 2 personnes

1	steak de flétan, coupé en deux
30 ml	(*2 c. à soupe*) poudre de cari
1	carotte, pelée et émincée
1	branche d'aneth
5 ml	(*1 c. à thé*) beurre
½	oignon, émincé
125 g	(*¼ livre*) champignons frais, nettoyés et émincés
30 ml	(*2 c. à soupe*) farine
30 ml	(*2 c. à soupe*) crème à 35%
	sel et poivre

Placer le poisson dans un plat à gratin beurré. Saupoudrer 15 ml (*1 c. à soupe*) de poudre de cari. Ajouter carotte et aneth. Couvrir le poisson d'eau froide. Saler, poivrer. Amener à ébullition à feu moyen.

Retourner le poisson et laisser mijoter 5 à 6 minutes ou jusqu'à ce que l'arête centrale se détache facilement.

Retirer le poisson du plat et mettre de côté. Réserver 375 ml (*1½ tasse*) du liquide de cuisson.

Faire chauffer le beurre dans une casserole. Ajouter l'oignon ; couvrir et cuire 3 à 4 minutes à feu moyen.

Ajouter les champignons et continuer la cuisson 3 à 4 minutes.

Saupoudrer du reste de cari et bien mêler. Cuire 1 minute, sans couvrir.

Incorporer la farine et cuire 1 minute.

Verser le liquide de cuisson réservé et bien mélanger. Ajouter la crème et continuer la cuisson 7 à 8 minutes en remuant de temps à autre.

Placer le poisson dans un plat de service. Napper de sauce. Servir. Garnir de raisins, si désiré.

1 portion	390 calories	16 g glucides
41 g protéines	18 g lipides	3,4 g fibres

Flétan poché au Pernod

pour 2 personnes

1	grand steak de flétan, coupé en deux dans le sens de la largeur
15 ml	(*1 c. à soupe*) persil frais haché
15 ml	(*1 c. à soupe*) Pernod
1	échalote sèche, hachée
	sel et poivre
	jus d'un demi-citron

Beurrer une poêle à frire et y mettre le poisson. Saler, poivrer. Parsemer de persil, de jus de citron, de Pernod et d'échalote.

Couvrir d'une feuille de papier ciré placée directement sur le poisson ; cuire 4 à 5 minutes à feu moyen.

Retourner le poisson ; couvrir de nouveau et continuer la cuisson 4 à 5 minutes. Le poisson est cuit lorsque l'arête centrale se détache facilement.

Servir avec des légumes.

1 portion	262 calories	5 g glucides
38 g protéines	10 g lipides	0,1 g fibres

Steak de flétan à l'ail

250 g	(½ *livre*) beurre doux non salé
15 ml	(*1 c. à soupe*) persil frais haché
1	échalote, hachée
2	gousses d'ail, écrasées et hachées
1	grand steak de flétan, coupé en deux
	poivre
	jus de citron
	sauce Tabasco

Mélanger beurre et persil. Ajouter échalote et ail. Bien mêler à la cuillère de bois. Poivrer et arroser de jus de citron et de sauce Tabasco. Mélanger de nouveau pour bien incorporer tous les ingrédients.

Beurrer un plat à gratin d'un peu de beurre à l'ail. Placer le poisson dans le plat et le badigeonner de beurre à l'ail. Poivrer généreusement.

Faire griller 7 minutes au four préchauffé (broil).

Retourner le poisson. Badigeonner encore une fois de beurre et continuer la cuisson 7 à 8 minutes ou selon la grosseur.

Servir avec des pommes de terre et des oignons.

1 portion	*413 calories*	*0 g glucides*
38 g protéines	*29 g lipides*	*0 g fibres*

313

Flétan sauté amandine

30 ml	(*2 c. à soupe*) beurre
5 ml	(*1 c. à thé*) huile
2	gros steaks de flétan, coupés en deux dans le sens de la largeur
30 ml	(*2 c. à soupe*) amandes effilées
	farine
	sel et poivre

Mettre 15 ml (*1 c. à soupe*) de beurre dans une poêle à frire. Ajouter l'huile et faire chauffer à feu moyen.

Entre-temps, enfariner le poisson. Saler, poivrer. Placer le poisson dans la poêle chaude ; cuire 3 minutes.

Retourner le poisson. Saler, poivrer et cuire 4 minutes à feu moyen-vif ou selon la grosseur des steaks. Le poisson est cuit lorsque l'arête centrale se détache facilement.

Placer le poisson dans un plat de service chaud. Mettre de côté.

Faire fondre le reste du beurre dans la poêle encore chaude. Ajouter les amandes et faire sauter 2 minutes à feu moyen-vif.

Verser le tout sur les steaks de flétan. Servir aussitôt.

1 portion	368 calories	7 g glucides
40 g protéines	20 g lipides	0,4 g fibres

Filets de sole aux courgettes

pour 4 personnes

4	grands filets de sole
30 ml	(*2 c. à soupe*) beurre
15 ml	(*1 c. à soupe*) huile
1	échalote sèche, hachée
2	courgettes d'été ou jaunes, émincées
	farine
	jus d'un citron
	sel et poivre

Enfariner les filets. Saler, poivrer.

Faire chauffer le beurre et l'huile dans une poêle à frire à feu moyen-vif. Ajouter le poisson et cuire 3 minutes.

Retourner les filets et continuer la cuisson 3 minutes. Retirer le poisson de la poêle. Mettre de côté.

Placer échalote et courgettes dans la poêle chaude. Arroser de jus de citron. Faire sauter 2 minutes à feu vif.

Servir les filets de sole avec les courgettes sautées.

1 portion	*231 calories*	*14 g glucides*
19 g protéines	*11 g lipides*	*2,8 g fibres*

Filets de sole panés au sésame

pour 4 personnes

4	filets de sole
30 ml	(*2 c. à soupe*) graines de sésame
250 ml	(*1 tasse*) chapelure
2	œufs battus
15 ml	(*1 c. à soupe*) huile végétale
15 ml	(*1 c. à soupe*) beurre
	farine assaisonnée
	sel et poivre
	rondelles de citron

Enfariner le poisson.

Mélanger graines de sésame et chapelure et étendre le mélange dans une assiette.

Tremper le poisson enfariné dans les œufs battus et bien enduire de chapelure en pressant légèrement du bout des doigts.

Faire chauffer l'huile et le beurre dans une grande poêle à frire. Ajouter les filets et cuire 2 minutes à feu moyen-vif.

Retourner le poisson. Saler, poivrer et continuer la cuisson 2 à 3 minutes ou selon la grosseur des filets.

Accompagner de rondelles de citron.

1 portion	317 calories	26 g glucides
24 g protéines	13 g lipides	0,8 g fibres

Roulade de sole en sauce crémeuse

pour 4 personnes

4	grands filets de sole
1	carotte, pelée et coupée en rondelles, en biais
12	gros champignons frais, nettoyés et émincés
1	branche de céleri, émincée
1	échalote sèche, émincée
2	feuilles de livèche fraîche
250 ml	(*1 tasse*) vin blanc sec
125 ml	(*½ tasse*) eau
15 ml	(*1 c. à soupe*) persil frais haché
30 ml	(*2 c. à soupe*) beurre
40 ml	(*2½ c. à soupe*) farine
30 ml	(*2 c. à soupe*) crème à 35%
	sel et poivre

Rouler chaque filet et retenir avec un cure-dents. Placer les filets roulés dans une sauteuse.

Ajouter carotte, champignons, céleri, échalote, livèche, vin, eau et persil ; saler, poivrer. Couvrir d'une feuille de papier ciré placée directement sur les ingrédients et amener à ébullition à feu moyen.

Dès que le liquide commence à bouillir, retourner les filets. Réduire la chaleur à feu doux ; couvrir de nouveau et cuire 2 à 3 minutes.

Retirer les filets de la sauteuse. Mettre de côté.

Faire chauffer la sauteuse à feu vif et cuire le liquide 5 minutes.

Entre-temps, faire fondre le beurre dans une casserole à feu doux. Incorporer la farine et cuire 1 minute.

Verser lentement le liquide de cuisson avec les légumes tout en remuant constamment au fouet. Cuire 2 à 3 minutes à feu doux.

Incorporer la crème. Retirer les cure-dents des filets et remettre le poisson dans la sauce. Laisser mijoter 2 minutes. Servir.

1 portion	202 calories	10 g glucides
18 g protéines	10 g lipides	2,8 g fibres

Filets de sole à l'ail et aux champignons

pour 2 personnes

2	filets de sole
15 ml	(*1 c. à soupe*) beurre doux
125 g	(*¼ livre*) champignons frais, nettoyés et émincés
15 ml	(*1 c. à soupe*) beurre à l'ail
15 ml	(*1 c. à soupe*) persil frais haché
	farine assaisonnée
	sel et poivre

Enfariner les filets de sole.

Faire chauffer le beurre doux dans une poêle à frire. Ajouter le poisson ; cuire 2 minutes à feu moyen-vif.

Retourner les filets. Saler, poivrer et continuer la cuisson 1 à 2 minutes ou selon la grosseur des filets.

Placer le poisson dans un plat de service chaud.

Faire chauffer la poêle à frire à feu moyen-vif. Ajouter champignons et beurre à l'ail. Parsemer de persil et cuire 3 à 4 minutes.

Servir avec le poisson.

1 portion	225 calories	9 g glucides
18 g protéines	13 g lipides	2 g fibres

Filets de doré forestière

pour 4 personnes

15 ml	(*1 c. à soupe*) beurre
15 ml	(*1 c. à soupe*) huile végétale
4	filets de doré
1	échalote, hachée
125 g	(*¼ livre*) champignons frais, nettoyés et coupés en dés
2	pommes de terre cuites, pelées et coupées en dés
1	citron, pelé et coupé en dés sel et poivre

Faire chauffer le beurre et l'huile dans une grande poêle à frire à feu moyen-vif. Ajouter le poisson, en plaçant le côté recouvert de peau dans le fond de la poêle, et cuire 2 minutes.

Retourner les filets. Saler, poivrer et continuer la cuisson 2 minutes ou selon la grosseur des filets.

Placer le poisson dans un plat de service chaud. Mettre de côté.

Faire chauffer la poêle à feu moyen-vif. Ajouter échalote et légumes. Saler, poivrer ; cuire 3 à 4 minutes.

Incorporer les dés de citron et cuire 1 minute.

Servir la garniture de légumes sur les filets de poisson. Accompagner de jeunes carottes.

1 portion	*244 calories*	*17 g glucides*
26 g protéines	*8 g lipides*	*3,2 g fibres*

Turbot aux câpres et aux champignons

pour 2 personnes

2	filets de turbot
30 ml	(*2 c. à soupe*) beurre
5 ml	(*1 c. à thé*) huile
15 ml	(*1 c. à soupe*) câpres
1	pomme, évidée, pelée et émincée
12	gros champignons frais, nettoyés et émincés
5 ml	(*1 c. à thé*) persil frais haché
	farine assaisonnée
	sel et poivre

Enfariner le poisson.

Faire chauffer le beurre et l'huile dans une poêle à frire à feu moyen-vif. Ajouter le poisson et cuire 2 minutes.

Retourner les filets. Saler, poivrer et continuer la cuisson 2 minutes ou selon la grosseur des filets.

Placer le poisson dans un plat de service chaud. Mettre de côté.

Ajouter câpres, pomme et champignons à la poêle à frire. Faire sauter 3 minutes à feu moyen-vif.

Parsemer de persil. Servir sur le poisson.

1 portion	*340 calories*	*23 g glucides*
26 g protéines	*16 g lipides*	*5,5 g fibres*

Aiglefin aux tomates

280 g (*10 oz*) filet d'aiglefin, en morceaux
de 2,5 cm (*1 po*)

15 ml (*1 c. à soupe*) huile végétale

30 ml (*2 c. à soupe*) oignons hachés

75 ml (*⅓ tasse*) céleri émincé
gousse d'ail, écrasée et hachée

250 ml (*1 tasse*) tomates hachées

 ml (*1 c. à thé*) origan
sel et poivre
farine assaisonnée

Enfariner le poisson.

Faire chauffer l'huile dans une poêle à frire à feu
moyen-vif. Ajouter poisson, oignons, céleri et ail ;
cuire 3 minutes.

Retourner le poisson. Saler, poivrer et continuer la
cuisson 3 à 4 minutes.

Incorporer tomates et origan. Saler, poivrer ; cuire 3 à
4 minutes à feu moyen-doux.

Servir sur des pâtes.

1 portion	216 calories	13 g glucides
23 g protéines	8 g lipides	2,6 g fibres

Filets de perche à la fondue de tomates

pour 2 personnes

45 ml	(*3 c. à soupe*) huile d'olive
15 ml	(*1 c. à soupe*) échalote sèche hachée
50 ml	(*¼ tasse*) oignon rouge haché
3	gousses d'ail, blanchies et hachées
15 ml	(*1 c. à soupe*) livèche fraîche hachée
15 ml	(*1 c. à soupe*) persil frais haché
796 ml	(*28 oz*) tomates en conserve, égouttées et hachées
30 ml	(*2 c. à soupe*) pâte de tomates
30 ml	(*2 c. à soupe*) sauce teriyaki
15 ml	(*1 c. à soupe*) gingembre frais haché
2	filets de perche
	jus d'un demi-citron
	sel et poivre

Préparation de la fondue de tomates :

Mettre 15 ml (*1 c. à soupe*) d'huile dans une sauteuse Ajouter échalote, oignon rouge, 1 gousse d'ail hachée livèche et persil ; cuire 4 à 5 minutes à feu moyen.

Incorporer les tomates. Saler, poivrer. Amener à ébullition et continuer la cuisson 10 minutes à feu moyen.

Incorporer la pâte de tomates. Rectifier l'assaisonnement et mélanger de nouveau. Cuire 3 à 4 minutes

Entre-temps, mettre sauce teriyaki, jus de citron, ai et gingembre dans un petit bol. Ajouter l'huile et bien mélanger.

Badigeonner du mélange les deux côtés des filets Placer les filets dans une grille métallique à poisson Cuire 7 minutes tout en retournant la grille 2 à 3 fois durant la cuisson.

Choisir votre méthode de cuisson préférée : sur la grille d'un barbecue préchauffé à feu moyen-vif, au four préchauffé (broil) ou sur l'élément préchauffé d'une cuisinière.

Dès que le poisson est cuit, le retirer du feu et le servir avec la fondue de tomates.

1 portion	*435 calories*	*25 g glucides*
23 g protéines	*27 g lipides*	*4 g fibres*

1. Badigeonner les filets du mélange d'huile. Placer les filets dans la grille à poisson.

2. Faire chauffer 15 ml (1 c. à soupe) d'huile dans une sauteuse. Ajouter échalote, oignon rouge, ail, livèche et persil ; cuire 4 à 5 minutes à feu moyen.

3. Incorporer les tomates. Saler, poivrer. Amener à ébullition et continuer la cuisson 10 minutes à feu moyen.

4. Incorporer la pâte de tomates. Rectifier l'assaisonnement et mélanger de nouveau. Cuire 3 à 4 minutes.

Morue pochée au lait

2	filets de morue, de 340 g (*12 oz*) chacun, coupés en deux
2	échalotes, hachées
15 ml	(*1 c. à soupe*) persil frais haché
1 L	(*4 tasses*) lait chaud
	sel et poivre

Placer le poisson dans un plat à gratin beurré ou une poêle à frire. Ajouter échalotes et persil ; bien assaisonner.

Verser le lait ; cuire 4 à 5 minutes à feu doux Attention ! le liquide ne doit pas bouillir.

Retourner le poisson et laisser mijoter 4 à 5 minutes ou selon la grosseur des filets.

Accompagner d'un légume.

1 portion	*207 calories*	*0 g glucides*
36 g protéines	*7 g lipides*	*0 g fibres*

Morue au concombre

1	filet de morue, de 340 g (*12 oz*), coupé en deux
15 ml	(*1 c. à soupe*) beurre
5 ml	(*1 c. à thé*) huile végétale
½	concombre, pelé, épépiné et émincé
1	gousse d'ail, écrasée et hachée
1	branche d'aneth, hachée
	farine assaisonnée
	sel et poivre
	jus d'un demi-citron

Enfariner le poisson.

Faire chauffer le beurre et l'huile dans une grande poêle à frire à feu moyen-vif. Ajouter le poisson et cuire 3 minutes à feu moyen.

Retourner le poisson. Saler, poivrer. Ajouter concombre, ail et aneth. Continuer la cuisson 3 minutes ou selon la grosseur du filet.

Placer le poisson dans un plat de service chaud. Continuer la cuisson du concombre 2 minutes à feu vif.

Arroser de jus de citron.

Servir avec le poisson.

1 portion	355 calories	17 g glucides
38 g protéines	15 g lipides	0,9 g fibres

Vivaneau aux herbes de Provence

pour 2 personnes

1	vivaneau de grosseur moyenne, nettoyé
3	branches de persil
1	oignon vert, coupé en trois
1	branche d'estragon
5 ml	(*1 c. à thé*) herbes de Provence
	sel et poivre
	huile

Préchauffer le four à 220°C (*425°F*).

Faire quelques incisions sur la peau du poisson. Bien assaisonner la cavité.

Mettre persil, oignon vert, estragon et herbes de Provence dans la cavité du poisson. Placer le poisson non ficelé dans un plat à rôtir huilé.

Saler, poivrer et badigeonner le poisson d'huile. Cuire 15 minutes au four ou selon la grosseur. Le poisson est cuit lorsque l'arête centrale est blanche.

Retirer le poisson du plat. Servir avec des pommes de terre nouvelles.

1 portion	*196 calories*	*1 g glucides*
30 g protéines	*8 g lipides*	*0,8 g fibres*

Vivaneau aux légumes verts

pour 4 personnes

30 ml	(*2 c. à soupe*) huile
1	gousse d'ail, écrasée et hachée
5 ml	(*1 c. à thé*) sauce teriyaki
4	filets de sébaste (peau entaillée)
1	piment vert, coupé en quartiers
	jus d'un demi-citron
	sel et poivre

Verser l'huile dans un bol. Ajouter jus de citron, ail, sauce teriyaki et poivre. Bien mélanger.

Badigeonner les deux côtés du poisson de ce mélange. Laisser mariner 1 heure.

Placer les filets de poisson dans un plat à gratin. Ajouter le piment vert. Badigeonner le piment du reste de la marinade. Cuire 10 à 12 minutes au four préchauffé (broil) ou selon la grosseur des filets.

Servir aussitôt.

1 portion	232 calories	2 g glucides
29 g protéines	12 g lipides	0,2 g fibres

Filets de sébaste sautés

pour 2 personnes

1	grand filet de sébaste, coupé en deux
15 ml	(*1 c. à soupe*) beurre
125 g	(*¼ livre*) champignons frais, nettoyés et émincés
1	courgette, émincée
1	petit oignon, émincé
1	carotte, pelée et émincée
1	branche d'aneth, hachée
	farine assaisonnée
	sel et poivre
	jus d'un demi-citron

Faire quelques entailles peu profondes sur la peau des filets. Enfariner les filets.

Faire chauffer le beurre dans une grande poêle à frire à feu moyen. Ajouter le poisson, en plaçant le côté recouvert de peau dans le fond de la poêle. Saler, poivrer ; couvrir partiellement et cuire 3 à 4 minutes.

Retourner les filets. Ajouter légumes et aneth. Saler, poivrer et continuer la cuisson 3 à 4 minutes.

Retourner de nouveau le poisson et cuire 2 minutes.

Placer le poisson dans un plat de service chaud.

Couvrir la poêle contenant les légumes et continuer la cuisson 5 minutes. Arroser de jus de citron. Servir avec les filets.

1 portion	380 calories	33 g glucides
35 g protéines	12 g lipides	6,8 g fibres

Goberge au four

800 g	(*1¾ livre*) goberge en un seul morceau, désossée et ouverte en papillon
5	grosses branches de persil frais
1	oignon vert, coupé en deux dans le sens de la longueur
2 ml	(*½ c. à thé*) herbes de Provence
1	petite branche de céleri
15 ml	(*1 c. à soupe*) huile d'olive
	jus d'un citron
	sel et poivre

Préchauffer le four à 220°C (*425°F*).

Huiler un plat à rôtir et mettre de côté.

Ouvrir le poisson et y mettre persil, oignon vert, herbes de Provence et céleri. Saler, poivrer généreusement. Refermer le poisson. Ne pas ficeler.

Placer le poisson dans le plat à rôtir huilé et arroser d'huile et de jus de citron. Cuire 14 minutes au four.

1 portion	*234 calories*	*3 g glucides*
33 g protéines	*10 g lipides*	*0,7 g fibres*

329

Saumon en casserole au vin blanc

15 ml	(*1 c. à soupe*) beurre
4	petits oignons, coupés en quartiers
15 ml	(*1 c. à soupe*) aneth frais haché
250 g	(*½ livre*) champignons frais, nettoyés et coupés en quartiers
50 ml	(*¼ tasse*) vin blanc sec
375 ml	(*1½ tasse*) sauce blanche, chaude
750 ml	(*3 tasses*) saumon cuit, en morceaux
125 ml	(*½ tasse*) fromage râpé au choix
	sel et poivre

Mettre beurre, oignons et aneth dans une casserole. Couvrir partiellement et cuire 3 à 4 minutes à feu doux.

Ajouter les champignons ; couvrir partiellement et continuer la cuisson 3 à 4 minutes à feu moyen.

Incorporer le vin ; cuire 2 à 3 minutes, sans couvrir, à feu vif.

Incorporer la sauce blanche ; cuire 3 à 4 minutes à feu doux. Saler, poivrer.

Ajouter le saumon, mélanger et verser le tout dans un plat à gratin. Parsemer de fromage râpé. Dorer au four préchauffé (broil) 4 à 5 minutes. Servir.

1 portion	*449 calories*	*17 g glucides*
39 g protéines	*25 g lipides*	*2,8 g fibres*

1. Mettre beurre, oignons et aneth dans une casserole. Couvrir partiellement et cuire 3 à 4 minutes à feu doux.

2. Ajouter les champignons ; couvrir partiellement et continuer la cuisson 3 à 4 minutes à feu moyen.

3. Incorporer le vin ; cuire 2 à 3 minutes, sans couvrir, à feu vif.

4. Incorporer la sauce blanche ; cuire 3 à 4 minutes à feu doux. Assaisonner.

Darnes de saumon à l'aneth

pour 4 personnes

15 ml	(*1 c. à soupe*) huile
4	darnes de saumon, de 2 cm (*¾ po*) d'épaisseur
15 ml	(*1 c. à soupe*) beurre
2	échalotes, finement hachées
1	grosse branche d'aneth ou de fenouil, finement hachée
	jus d'un demi-citron
	sel et poivre

Préchauffer le four à 200°C (*400°F*).

Faire chauffer l'huile dans une grande poêle à frire à feu moyen-vif. Ajouter le saumon et cuire 2 minutes.

Retourner le poisson. Saler, poivrer et cuire 2 minutes. Continuer la cuisson au four 12 à 14 minutes. Retourner le poisson à mi-cuisson.

Retirer le poisson de la poêle. Mettre de côté. Tenir au chaud.

Jeter l'huile et mettre le beurre dans la poêle. Faire chauffer à feu moyen et ajouter échalotes et aneth ; cuire 2 minutes.

Arroser de jus de citron. Verser la sauce sur le poisson. Servir avec des pommes de terre et un légume vert.

1 portion	330 calories	1 g glucides
41 g protéines	18 g lipides	0 g fibres

Saumon au four à l'italienne

15 ml	(*1 c. à soupe*) huile d'olive
4	steaks de saumon, de 2 cm (¾ *po*) d'épaisseur
1	échalote, hachée
1	gousse d'ail, écrasée et hachée
796 ml	(*28 oz*) tomates en conserve, égouttées et hachées
5 ml	(*1 c. à thé*) origan sel et poivre jus de citron

Préchauffer le four à 200°C (*400°F*).

Faire chauffer l'huile dans une grande poêle à frire à feu moyen-vif. Ajouter le saumon et cuire 2 minutes. Retourner le poisson, saler, poivrer et cuire 2 minutes.

Ajouter échalote et ail ; cuire 1 minute.

Ajouter tomates et origan. Rectifier l'assaisonnement. Continuer la cuisson au four 12 à 14 minutes. Retourner le poisson à mi-cuisson.

Placer le poisson dans un plat de service chaud. Mettre de côté.

Faire chauffer la poêle à feu vif. Arroser les tomates de jus de citron et cuire 1 minute. Verser sur le saumon. Servir.

1 portion	*339 calories*	*9 g glucides*
42 g protéines	*15 g lipides*	*1,7 g fibres*

Truite saumonée au teriyaki

pour 2 personnes

2	filets de truite saumonée
2	oignons verts, coupés en rondelles, en biais
15 ml	(*1 c. à soupe*) beurre
15 ml	(*1 c. à soupe*) sauce teriyaki
2 ml	(*½ c. à thé*) herbes de Provence
	jus d'une limette
	sel et poivre

Beurrer un plat à rôtir et y mettre le poisson. Ajouter oignons verts, beurre, sauce teriyaki et herbes de Provence. Arroser de jus de limette. Saler, poivrer.

Cuire 6 minutes au four préchauffé (broil).

Si désiré, accompagner les filets d'une fondue de tomates *.

* Pour la recette de la fondue de tomates, voir page 322.

1 portion	432 calories	5 g glucides
22 g protéines	36 g lipides	0,8 g fibres

Truite aux légumes

pour 2 personnes

1	grand filet de truite saumonée
15 ml	(*1 c. à soupe*) huile d'olive
1	gousse d'ail, blanchie et hachée
5 ml	(*1 c. à thé*) graines de fenouil
5 ml	(*1 c. à thé*) sauce teriyaki
15 ml	(*1 c. à soupe*) huile d'arachide
1	oignon vert, coupé en rondelles, en biais
½	courgette jaune, coupée en bâtonnets
½	piment vert, coupé en bâtonnets
½	courgette, coupée en bâtonnets
8	champignons frais, nettoyés et émincés
	jus d'une demi-limette
	quelques gouttes de sauce Tabasco
	sel et poivre
	jus d'un citron

Retirer la peau du poisson en passant la lame d'un couteau entre la peau et la chair. Couper le poisson en morceaux de 1,2 cm (½ po).

Mettre le poisson dans un bol. Ajouter huile d'olive, ail, graines de fenouil, sauce teriyaki, jus de limette et sauce Tabasco ; saler, poivrer. Laisser mariner 15 minutes.

Faire chauffer l'huile d'arachide à feu vif dans une poêle à frire. Ajouter le poisson et le faire sauter 3 minutes.

Retirer le poisson et mettre de côté.

Placer les légumes dans la poêle à frire. Saler, poivrer et cuire 4 à 5 minutes à feu vif.

Remettre le poisson dans la poêle. Arroser le tout de jus de citron. Laisser mijoter 1 minute. Servir.

1 portion	569 calories	16 g glucides
25 g protéines	45 g lipides	5,1 g fibres

Saumon aux légumes

4	filets de saumon, de 130 g (*4½ oz*) chacun
15 ml	(*1 c. à soupe*) huile
250 g	(*½ livre*) cosses de pois, nettoyées
500 ml	(*2 tasses*) fèves germées, lavées
1	courgette, coupée en bâtonnets
30 ml	(*2 c. à soupe*) gingembre frais haché
	jus de citron
	sauce soya
	sel et poivre

Préchauffer le four à 200°C (*400°F*).

Placer le poisson dans une assiette. Arroser de jus de citron et de sauce soya ; laisser mariner 10 minutes.

Faire chauffer l'huile dans une grande poêle à frire à feu moyen. Ajouter le poisson et cuire 3 minutes. Retourner le poisson. Saler, poivrer et continuer la cuisson 6 à 7 minutes au four.

Placer le poisson dans un plat de service chaud.

Mettre les légumes dans la poêle à frire. Ajouter le gingembre. Arroser de quelques gouttes de sauce soya ; cuire 3 à 4 minutes à feu vif.

Poivrer les légumes. Servir avec le poisson.

1 portion	359 calories	11 g glucides
45 g protéines	15 g lipides	5,2 g fibres

Darnes de saumon aux amandes

pour 2 personnes

2	darnes de saumon, de 1,2 cm (½ *po*) d'épaisseur
15 ml	(*1 c. à soupe*) huile
15 ml	(*1 c. à soupe*) beurre
15 ml	(*1 c. à soupe*) persil frais haché
15 ml	(*1 c. à soupe*) amandes effilées
	farine
	sel et poivre
	jus d'un demi-citron

Préchauffer le four à 200°C (*400°F*).

Enfariner, saler et poivrer le saumon. Mettre de côté.

Faire chauffer l'huile dans une poêle à frire à feu moyen. Ajouter le poisson ; cuire 3 minutes. Retourner le poisson et continuer la cuisson 3 minutes.

Continuer la cuisson du poisson au four pendant 4 à 5 minutes.

Retirer le poisson et le placer dans un plat de service. Mettre de côté.

Mettre beurre, persil et amandes dans la poêle à frire ; cuire 2 minutes à feu moyen.

Arroser de jus de citron, mélanger et verser immédiatement sur le poisson. Servir avec des épinards.

1 portion	446 calories	12 g glucides
41 g protéines	26 g lipides	0,7 g fibres

Saumon et sauce aux œufs durs

pour 4 personnes

SAUCE BLANCHE * :

45 ml	(*3 c. à soupe*) beurre
45 ml	(*3 c. à soupe*) farine
500 ml	(*2 tasses*) lait
	une pincée de muscade
	une pincée de clou de girofle
	poivre blanc

Faire chauffer le beurre dans une casserole. Ajouter la farine et bien mélanger à la cuillère de bois. Cuire 2 minutes à feu doux.

Incorporer le lait, très lentement, tout en remuant constamment à la cuillère. Saupoudrer de muscade, de clou de girofle et de poivre blanc. Remuer et cuire 12 minutes à feu doux en remuant de temps à autre.

SAUMON POCHÉ :

4	steaks de saumon, de 2 cm (*¾ po*) d'épaisseur
2	échalotes, émincées
2	branches d'aneth
2	petites carottes, pelées et émincées
2	œufs durs, hachés
	jus d'un citron
	sel et poivre

Placer le saumon dans un grand plat à gratin beurré ou une poêle à frire beurrée. Ajouter échalotes, aneth, carottes et jus de citron. Saler, poivrer.

Couvrir le poisson d'eau froide. Amener à ébullition, sans couvrir, à feu moyen-vif.

Réduire la chaleur à feu doux et retourner le poisson. Laisser mijoter 3 à 4 minutes. Le poisson est cuit lorsque l'arête centrale se détache facilement.

Retirer délicatement le poisson du liquide de cuisson et mettre dans un plat de service.

Incorporer les œufs hachés à la sauce blanche. Napper le poisson de sauce. Servir.

---

* *Cette sauce blanche peut être utilisée dans plusieurs recettes. Pour une sauce blanche légère, augmenter la quantité de lait de 250 ml (1 tasse).*

1 portion	481 calories	15 g glucides
49 g protéines	25 g lipides	0,8 g fibres

1. Faire chauffer le beurre dans une casserole.

2. Ajouter la farine.

3. Bien mélanger et cuire 2 minutes à feu doux.

4. Incorporer très lentement le lait tout en remuant. Saupoudrer de muscade, de clou de girofle
et de poivre. Cuire 12 minutes à feu doux en
remuant de temps à autre.

Darnes de saumon grillées

2	darnes de saumon, de 1,2 cm (½ po) d'épaisseur
2	échalotes sèches, hachées
2	rondelles de citron
2	branches de persil
5 ml	(1 c. à thé) huile d'olive
	quelques gouttes de jus de citron
	sel et poivre

Préchauffer le four à 200°C (400°F).

Beurrer un petit plat à rôtir et y mettre les darnes de saumon. Parsemer d'échalotes.

Placer une rondelle de citron sur chaque darne. Ajouter le persil et arroser d'huile et de jus de citron. Saler, poivrer.

Cuire les darnes 7 minutes au four (broil) ou selon leur grosseur.

Servir.

1 portion	*273 calories*	*0 g glucides*
39 g protéines	*13 g lipides*	*0,3 g fibres*

Nets de saumon panés

	filets de saumon sans peau, de 130 g (*4½ oz*) chacun
	œufs battus
ml	(*1 c. à soupe*) huile
ml	(*1 c. à soupe*) beurre
	concombre pelé, épépiné et émincé
	piment rouge, coupé en julienne
	piment jaune, coupé en julienne
	farine assaisonnée
	chapelure fine assaisonnée
	zeste d'un citron râpé
	sel et poivre

Préchauffer le four à 200°C (*400°F*).

Enfariner les filets, les tremper dans les œufs battus et les enrober complètement de chapelure.

Faire chauffer l'huile dans une grande poêle à frire. Ajouter le poisson ; cuire 2 minutes à feu moyen. Retourner le poisson, saler, poivrer et continuer la cuisson 2 minutes.

Poursuivre la cuisson au four 10 à 12 minutes.

Faire chauffer le beurre dans une casserole. Ajouter les légumes. Parsemer de zeste de citron ; couvrir et cuire 5 minutes.

Saler, poivrer. Servir avec le poisson.

1 portion	424 calories	20 g glucides
41 g protéines	20 g lipides	1,2 g fibres

341

Ma coquille Saint-Jacques

60 ml	(*4 c. à soupe*) beurre
250 g	(*½ livre*) champignons frais, nettoyés et coupés en gros dés
2	échalotes sèches, hachées
15 ml	(*1 c. à soupe*) persil frais haché
750 g	(*1½ livre*) pétoncles
175 ml	(*¾ tasse*) vin blanc sec
375 ml	(*1½ tasse*) eau froide
1 ml	(*¼ c. à thé*) graines de fenouil
2 ml	(*½ c. à thé*) herbes de Provence
45 ml	(*3 c. à soupe*) farine
50 ml	(*¼ tasse*) crème à 35%
250 ml	(*1 tasse*) fromage gruyère râpé
	sel et poivre
	quelques gouttes de sauce Tabasco
	une pincée de muscade

Mettre 15 ml (*1 c. à soupe*) de beurre dans une sauteuse. Ajouter champignons, échalotes, persil et pétoncles. Incorporer le vin et saler, poivrer ; couvrir d'une feuille de papier ciré placée directement sur les ingrédients. Amener à ébullition à feu moyen. Remuer et laisser mijoter 2 minutes.

À l'aide d'une écumoire, retirer les pétoncles et les mettre dans un bol. Verser l'eau froide dans le liquide de cuisson. Faire chauffer la sauteuse à feu vif et ajouter graines de fenouil, herbes de Provence et sauce Tabasco. Assaisonner au goût. Cuire 5 à 6 minutes à feu vif.

Entre-temps, faire chauffer le reste de beurre dans une petite casserole à feu doux. Ajouter la farine et bien mélanger ; cuire 2 minutes.

Verser la moitié du liquide de cuisson dans la casserole et bien remuer. Ajouter le reste du liquide de cuisson et mélanger. Incorporer crème et muscade ; remuer et cuire 5 à 6 minutes à feu doux.

Partager les pétoncles entre 4 plats en forme de coquille. S'il reste du liquide dans le fond du bol, l'incorporer à la sauce. Napper les pétoncles de sauce. Placer les plats sur une plaque à biscuits. Couronner le tout de fromage râpé. Dorer au four préchauffé (broil). Servir aussitôt.

1 portion	615 calories	13 g glucides
53 g protéines	39 g lipides	1,8 g fibres

1. *Mettre 15 ml (1 c. à soupe) de beurre dans une sauteuse. Ajouter champignons, échalotes, persil et pétoncles.*

2. *Incorporer le vin et saler, poivrer.*

3. *Couvrir d'une feuille de papier ciré placée directement sur les ingrédients. Amener à ébullition à feu moyen.*

4. *Faire fondre le beurre dans une petite casserole. Ajouter la farine, mélanger et cuire. Incorporer le liquide de cuisson et cuire à feu doux.*

Coquille Saint-Jacques à la bretonne

pour 4 personnes

45 ml	(*3 c. à soupe*) beurre
2	échalotes sèches, hachées
250 ml	(*1 tasse*) oignon rouge haché
45 ml	(*3 c. à soupe*) persil frais haché
3	gousses d'ail, blanchies et hachées
45 ml	(*3 c. à soupe*) vin blanc sec
750 g	(*1½ livre*) pétoncles, hachés
250 ml	(*1 tasse*) dés de pain italien sec
2 ml	(*½ c. à thé*) estragon
	sel et poivre

Mettre 30 ml (*2 c. à soupe*) de beurre dans une sauteuse. Ajouter échalotes, oignon, persil et ail ; couvrir et cuire 10 minutes à feu doux.

Incorporer le vin et cuire 3 minutes à feu vif.

Ajouter pétoncles et dés de pain ; mélanger et ajouter le reste du beurre. Saler, poivrer et mettre l'estragon. Cuire 5 à 6 minutes à feu moyen.

Partager le mélange entre 4 plats en forme de coquille. Placer les coquilles sur une plaque à biscuits. Presser légèrement le mélange avec le dos d'une cuillère.

Mettre les coquilles au milieu du four et dorer au gril (broil) 8 minutes. Servir.

1 portion	308 calories	16 g glucides
34 g protéines	12 g lipides	0,8 g fibres

1. Mettre 30 ml (2 c. à soupe) de beurre dans une sauteuse. Ajouter échalotes, oignon, persil et ail; couvrir et cuire 10 minutes à feu doux.

2. Incorporer le vin et cuire 3 minutes à feu vif. Ajouter pétoncles, dés de pain et beurre. Saler, poivrer et ajouter l'estragon.

3. Cuire 5 à 6 minutes à feu moyen pour faire évaporer le liquide et pour assécher le mélange.

4. Partager le mélange entre 4 plats en forme de coquille. Dorer au four.

Coquille de moules à l'italienne

30 ml	(*2 c. à soupe*) beurre
2	gousses d'ail, blanchies et hachées
250 g	(*½ livre*) champignons frais, nettoyés et hachés
1	échalote sèche, hachée
15 ml	(*1 c. à soupe*) persil frais haché
375 ml	(*1½ tasse*) moules cuites hachées
250 ml	(*1 tasse*) petits dés de pain italien sec
250 ml	(*1 tasse*) fondue de tomates*
	chapelure fine
	sel et poivre
	beurre fondu

Faire chauffer le beurre dans une sauteuse. Ajouter ail, champignons, échalote et persil. Saler, poivrer et cuire 5 minutes à feu moyen.

Incorporer les moules. Ajouter les dés de pain et continuer la cuisson 2 à 3 minutes.

Incorporer la fondue de tomates, remuer et cuire 2 minutes. Rectifier l'assaisonnement.

Partager le mélange entre 4 plats en forme de coquille. Saupoudrer de chapelure fine et arroser légèrement de beurre fondu.

Dorer au four (broil) 2 minutes. Servir avec du pain frais.

* Pour la recette de la fondue de tomates, voir page 322.

1 portion	302 calories	21 g glucides
14 g protéines	18 g lipides	2,5 g fibres

Moules au vin blanc

pour 4 personnes

4 kg	(*8½ livres*) moules fraîches, soigneusement nettoyées
2	échalotes, finement hachées
30 ml	(*2 c. à soupe*) persil frais haché
50 ml	(*¼ tasse*) vin blanc sec
1	rondelle de citron
250 ml	(*1 tasse*) crème légère, chaude sel et poivre

Mettre les moules dans une grande casserole. Il est important de jeter les moules qui sont déjà ouvertes. Ajouter échalotes, persil, vin et rondelle de citron. Poivrer. Ne pas saler.

Couvrir et cuire à feu moyen-vif jusqu'à ce que les moules s'ouvrent. Remuer une fois durant la cuisson.

Retirer les moules de la casserole et les transvider dans un grand bol de service.

Jeter la rondelle de citron qui se trouve dans le liquide de cuisson. Faire chauffer la casserole à feu vif 3 à 4 minutes afin de réduire le liquide.

Incorporer la crème, remuer et cuire 3 à 4 minutes. Rectifier l'assaisonnement. Verser la sauce sur les moules. Servir.

1 portion	385 calories	18 g glucides
49 g protéines	13 g lipides	0,2 g fibres

Moules aux tomates sur pâtes

15 ml	(*1 c. à soupe*) huile
45 ml	(*3 c. à soupe*) oignon rouge haché
3	gousses d'ail, blanchies et hachées
30 ml	(*2 c. à soupe*) persil frais haché
2 ml	(*½ c. à thé*) estragon
1½	boîte de conserve de tomates à l'étuvée de 796 ml (*28 oz*), égouttées et hachées
1	branche d'origan frais, hachée
45 ml	(*3 c. à soupe*) pâte de tomates
500 ml	(*2 tasses*) moules cuites écaillées
4	portions de pâtes cuites, chaudes
	une pincée de sucre
	sel et poivre

Mettre huile, oignon, ail, persil et estragon dans une sauteuse. Cuire 3 minutes à feu moyen.

Ajouter tomates et origan. Saler, poivrer ; mélanger et cuire 10 minutes.

Incorporer la pâte de tomates. Ajouter le sucre ; remuer et cuire 4 à 5 minutes à feu doux.

Incorporer les moules et laisser mijoter 1 minute à feu doux. Verser sur les pâtes chaudes. Servir.

1 portion	387 calories	58 g glucides
23 g protéines	7 g lipides	3,1 g fibres

1. Mettre huile, oignon, ail, persil et estragon dans une sauteuse. Cuire 3 minutes à feu moyen.

2. Ajouter tomates et origan. Saler, poivrer ; mélanger et cuire 10 minutes.

3. Incorporer pâte de tomates et sucre ; cuire 4 à 5 minutes à feu doux.

4. Ajouter les moules et laisser mijoter 1 minute à feu doux.

Crevettes à la tomate

pour 4 personnes

24	grosses crevettes
15 ml	(*1 c. à soupe*) huile végétale
15 ml	(*1 c. à soupe*) persil frais haché
5 ml	(*1 c. à thé*) herbes de Provence
2	gousses d'ail, écrasées et hachées
2	oignons verts, hachés
50 ml	(*¼ tasse*) vin blanc sec
1½	boîte de conserve de tomates de 796 ml (*28 oz*), égouttées et hachées
	sel et poivre
	quelques gouttes de sauce Tabasco

Décortiquer les crevettes en laissant la queue. Couper le long du dos et retirer la veine noire. Laver et mettre de côté.

Faire chauffer l'huile dans une sauteuse à feu vif. Ajouter les crevettes ; cuire 2 minutes.

Retourner les crevettes. Saler, poivrer et cuire 1 minute.

Ajouter épices, ail et oignons verts ; cuire 2 minutes. Retirer les crevettes de la sauteuse. Mettre de côté.

Faire chauffer la sauteuse à feu vif, ajouter le vin et cuire 3 minutes.

Incorporer les tomates. Saler, poivrer et arroser de sauce Tabasco. Cuire 8 à 10 minutes à feu vif en remuant de temps à autre.

Remettre les crevettes dans les tomates et réchauffer 1 minute. Servir.

1 portion	266 calories	14 g glucides
39 g protéines	6 g lipides	3,1 g fibres

1. Décortiquer les crevettes en laissant la queue. Couper le long du dos pour retirer la veine noire. Laver les crevettes à l'eau froide.

2. Faire sauter les crevettes 2 minutes dans l'huile chaude. Retourner, assaisonner et continuer la cuisson 1 minute.

3. Ajouter épices, ail et oignons verts ; cuire 2 minutes.

4. Retirer les crevettes de la sauteuse. Mettre de côté.

Crevettes sous le pont

32	grosses crevettes
5 ml	(*1 c. à thé*) herbes de Provence
15 ml	(*1 c. à soupe*) poivre noir moulu
5 ml	(*1 c. à thé*) paprika
15 ml	(*1 c. à soupe*) sauce teriyaki
50 ml	(*¼ tasse*) vin blanc sec
	jus d'un citron

Placer les crevettes, sans les décortiquer, dans une casserole. Ajouter herbes de Provence, poivre moulu, paprika et jus de citron.

Arroser de sauce teriyaki et bien mélanger. Ajouter le vin ; couvrir et amener à ébullition à feu vif.

Dès que le vin commence à bouillir, retirer la casserole du feu. Égoutter et servir immédiatement. Si désiré, accompagner d'une sauce pour fruits de mer.

1 portion	*230 calories*	*4 g glucides*
49 g protéines	*2 g lipides*	*0 g fibres*

Crevettes papillon grillées

pour 4 personnes

24	grosses crevettes
250 ml	(*1 tasse*) oignon cuit finement haché
15 ml	(*1 c. à soupe*) persil frais haché
2	gousses d'ail, blanchies et hachées
45 ml	(*3 c. à soupe*) beurre mou
	quelques gouttes de sauce
	Worcestershire
	sel et poivre

Ne pas décortiquer les crevettes. Couper, le long du dos, les crevettes aux trois quarts. Retirer la veine noire. Ouvrir les crevettes en papillon.

Placer les crevettes dans un plat allant au four.

Mélanger le reste des ingrédients dans un robot culinaire.

Étendre le mélange sur les crevettes ouvertes. Griller 4 à 5 minutes au four préchauffé (broil).

Servir avec des légumes.

1 portion	263 calories	4 g glucides
37 g protéines	11 g lipides	0,6 g fibres

Crevettes à la purée d'ail

16 à 18	gousses d'ail, pelées
30 ml	(*2 c. à soupe*) huile d'olive
24	grosses crevettes
3	rondelles de citron
125 ml	(*½ tasse*) vin blanc sec
5 ml	(*1 c. à thé*) beurre
2 ml	(*½ c. à thé*) herbes de Provence
5 ml	(*1 c. à thé*) fécule de maïs
30 ml	(*2 c. à soupe*) eau froide
125 ml	(*½ tasse*) crème légère, chaude

quelques gouttes de jus de citron
quelques gouttes de sauce Tabasco
sel et poivre

Mettre les gousses d'ail dans une petite casserole et recouvrir d'eau. Amener à ébullition à feu vif et continuer la cuisson 8 à 10 minutes à feu moyen.

Égoutter les gousses d'ail et les mettre dans un mortier ; réduire en purée avec un pilon. Placer la purée dans une fine passoire et la forcer à l'aide du pilon *. Incorporer l'huile à la purée tout en mélangeant constamment au fouet. Arroser de jus de citron. Assaisonner, mélanger et mettre de côté.

Placer les crevettes non décortiquées dans une casserole. Ajouter rondelles de citron, vin, beurre, herbes de Provence et sauce Tabasco. Amener à ébullition à feu vif. Remuer les crevettes et continuer la cuisson 1 minute. Retirer la casserole du feu et laisser reposer quelques minutes. Enlever les crevettes de la casserole. Mettre de côté. Faire chauffer de nouveau la casserole à feu vif pendant 2 minutes afin de réduire le liquide de cuisson.

Délayer la fécule de maïs dans l'eau froide. Incorporer à la sauce. Ajouter la crème ; assaisonner et amener à ébullition. Continuer la cuisson 2 minutes à feu moyen.

Décortiquer les crevettes en laissant la queue. Placer dans une assiette et napper de sauce. Accompagner de la purée d'ail.

* On peut utiliser également un robot culinaire.

1 portion	293 calories	7 g glucides
37 g protéines	13 g lipides	0 g fibres

1. Mettre les gousses d'ail dans une petite casserole et recouvrir d'eau. Amener à ébullition à feu vif et continuer la cuisson 8 à 10 minutes à feu moyen.

2. Égoutter les gousses d'ail et les mettre dans un mortier. Réduire en purée avec un pilon.

3. Passer la purée en la forçant à l'aide du pilon.

4. Mettre les crevettes dans une petite casserole. Ajouter rondelles de citron, vin, beurre, herbes de Provence et sauce Tabasco. Amener à ébullition à feu vif.

Pattes de crabe Alaska

pour 4 personnes

4	grosses pattes de crabe
125 ml	(½ *tasse*) beurre à l'ail
	chapelure
	poivre

Préchauffer le four à 200 °C (*400 °F*).

Couper les pattes de crabe en deux dans le sens de la largeur et couper une autre fois en deux dans le sens de la longueur.

Badigeonner la chair de beurre à l'ail et saupoudrer de chapelure. Placer le tout dans un grand plat allant au four. Poivrer généreusement.

Faire griller les pattes de crabe 5 à 6 minutes au four préchauffé (broil).

1 portion	*408 calories*	*9 g glucides*
30 g protéines	*28 g lipides*	*0,2 g fibres*

LES LÉGUMES À L'HONNEUR

Les bonnes choses de la terre présentées en une explosion de couleurs

Salade de piments doux

30 ml	(*2 c. à soupe*) huile d'olive
3	tranches de bacon de dos, coupées en lanières
1	petite aubergine, pelée et coupée en julienne
1	piment vert, coupé en julienne
2	piments rouges, coupés en julienne
2	échalotes sèches, hachées
1	gousse d'ail, écrasée et hachée
	sel et poivre
	vinaigrette préférée
	persil frais haché ou jaune d'œuf râpé

Faire chauffer 15 ml (*1 c. à soupe*) d'huile dans une poêle à frire. Ajouter le bacon et cuire 2 à 3 minutes tout en remuant une fois durant la cuisson.

Ajouter l'aubergine et cuire 4 à 5 minutes à feu moyen.

Mettre le reste des légumes, les échalotes et l'ail. Arroser du reste d'huile. Saler, poivrer ; couvrir et cuire 7 à 8 minutes à feu moyen. Remuer 1 à 2 fois durant la cuisson.

Transvider le mélange dans un bol de service. Arroser de vinaigrette au goût. Parsemer de persil frais ou de jaune d'œuf râpé. Servir.

1 portion	*229 calories*	*5 g glucides*
5 g protéines	*21 g lipides*	*1,3 g fibres*

L'assiette végétarienne

pour 4 personnes

4	pommes de terre au four
2	carottes, pelées et coupées en fines rondelles, en biais
1	courgette, coupée en bâtonnets
250 g	(½ *livre*) haricots verts, nettoyés
4	oignons, coupés en quartiers
1	piment vert, coupé en quartiers sel et poivre

Piquer les pommes de terre à quelques reprises et les envelopper dans du papier d'aluminium perforé. Cuire 1 heure ou selon la grosseur des pommes de terre, dans un four préchauffé à 220°C (*425°F*).

Entre-temps, placer les carottes dans une marmite à étuver. Ajouter courgette, haricots, oignons et piment. Couvrir et cuire à la vapeur. Retirer les légumes au fur et à mesure qu'ils sont cuits. Placer immédiatement les légumes cuits dans l'eau froide pour arrêter la cuisson.

Dès que tous les légumes sont cuits, les remettre dans la marmite, saler, poivrer et réchauffer quelques minutes.

Placer légumes et pommes de terre au four dans un grand plat de service. Garnir au goût ou utiliser crème sure, sauce au fromage, beurre fondu, etc.

1 portion	345 calories	75 g glucides
9 g protéines	1 g lipides	9,4 g fibres

Salade César masquée

pour 4 personnes

2 à 3	gousses d'ail, écrasées et hachées
15 ml	(*1 c. à soupe*) moutarde de Dijon
1	jaune d'œuf
4 à 5	filets d'anchois, égouttés et finement hachés
45 ml	(*3 c. à soupe*) vinaigre de vin
125 ml	(*½ tasse*) huile d'olive
2	laitues romaines, lavées et essorées
	sel et poivre
	jus d'un citron
	bacon croustillant émietté
	croûtons à l'ail
	fromage parmesan frais, râpé

Mettre ail, moutarde et jaune d'œuf dans un bol. Saler, poivrer. Ajouter jus de citron, anchois et vinaigre ; bien mélanger au fouet.

Incorporer l'huile, en un mince filet, tout en mélangeant constamment au fouet. Rectifier l'assaisonnement.

Briser la laitue en morceaux et la mettre dans un bol à salade. Parsemer de bacon et de croûtons à l'ail. Arroser de vinaigrette et bien mêler.

Saupoudrer de fromage. Servir.

1 portion	*408 calories*	*12 g glucides*
9 g protéines	*36 g lipides*	*1,5 g fibres*

1. Mettre ail, moutarde et jaune d'œuf dans un bol. Saler, poivrer.

2. Ajouter jus de citron, anchois et vinaigre; bien mélanger au fouet.

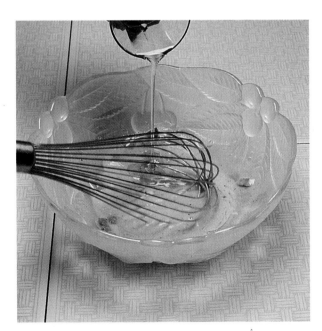

3. Incorporer l'huile, en un mince filet, tout en mélangeant constamment au fouet.

4. La vinaigrette doit être assez épaisse.

Salade de juliennes de légumes

1	branche de céleri, coupée en julienne
1	grosse carotte, pelée et coupée en julienne
1	piment vert, coupé en julienne
1	piment rouge, coupé en julienne
½	courgette, coupée en julienne
1	aubergine avec la pelure, coupée en julienne
1	pomme évidée, pelée et coupée en julienne
15 ml	(*1 c. à soupe*) persil frais haché
15 ml	(*1 c. à soupe*) moutarde de Dijon
1	jaune d'œuf
5 ml	(*1 c. à thé*) poudre de cari
45 ml	(*3 c. à soupe*) vinaigre de vin
90 ml	(*6 c. à soupe*) huile d'olive
	sel et poivre
	une pincée de paprika
	feuilles de laitue, lavées et essorées

Mettre céleri et carotte dans une casserole remplie d'eau bouillante salée ; couvrir et cuire 3 minutes à feu moyen.

Ajouter le reste des légumes. Saler ; couvrir et cuire 2 minutes à feu moyen.

Bien égoutter les légumes et les passer à l'eau froide. Égoutter de nouveau et mettre dans un bol. Ajouter la pomme. Mettre de côté.

Mélanger persil, moutarde, jaune d'œuf, poudre de cari, paprika et vinaigre dans un petit bol. Saler, poivrer.

Incorporer l'huile, en un mince filet, tout en mélangeant constamment au fouet. Rectifier l'assaisonnement. Verser la vinaigrette sur les légumes. Bien mêler le tout.

Servir sur des feuilles de laitue. Si désiré, décorer d'un jaune d'œuf à la coque forcé à travers une fine passoire.

1 portion	*275 calories*	*15 g glucides*
2 g protéines	*23 g lipides*	*3,2 g fibres*

Salade de betteraves

pour 4 personnes

6	petites betteraves, nettoyées
15 ml	(*1 c. à soupe*) persil frais haché
2	échalotes sèches, hachées
2	petits cornichons sucrés, hachés
15 ml	(*1 c. à soupe*) moutarde de Dijon
30 ml	(*2 c. à soupe*) vinaigre de vin
45 ml	(*3 c. à soupe*) huile d'olive
	sel et poivre

Faire cuire les betteraves dans l'eau bouillante salée. Bien égoutter, peler et couper les betteraves en rondelles de 0,65 cm (*¼ po*) d'épaisseur.

Mettre les rondelles dans un bol. Saler, poivrer et ajouter persil, échalotes et cornichons ; mettre de côté.

Dans un petit bol, mélanger moutarde et vinaigre. Bien incorporer l'huile d'olive au fouet.

Verser la vinaigrette sur les betteraves, mêler et rectifier l'assaisonnement.

Servir sur des feuilles de laitue, d'épinards ou de chou.

1 portion	*139 calories*	*9 g glucides*
1 g protéines	*11 g lipides*	*2,5 g fibres*

Salade Mathilda

6 à 8	betteraves cuites, pelées et émincées
2	oignons verts, émincés
15 ml	(*1 c. à soupe*) persil frais haché
4	tranches de bœuf salé, coupées en lanières
15 ml	(*1 c. à soupe*) moutarde forte
30 ml	(*2 c. à soupe*) vinaigre de vin
45 ml	(*3 c. à soupe*) huile d'olive
	sel et poivre
	feuilles de laitue, lavées et essorées

Mettre betteraves, oignons, persil et bœuf dans un bol. Saler, poivrer et bien mêler. Mettre de côté.

Bien mélanger moutarde, vinaigre, sel et poivre dans un petit bol.

Incorporer l'huile au fouet. Rectifier l'assaisonnement. Verser sur la salade de betteraves. Bien mêler.

Servir sur des feuilles de laitue.

1 portion	*193 calories*	*9 g glucides*
10 g protéines	*13 g lipides*	*3,5 g fibres*

364

Salade du vendredi

pour 4 personnes

250 g	(*½ livre*) haricots verts, nettoyés et cuits
4	betteraves cuites, pelées et émincées
2	tomates italiennes, émincées
3	filets d'anchois, hachés
12	olives vertes farcies
2	pommes de terre cuites, pelées et émincées
30 ml	(*2 c. à soupe*) câpres
15 ml	(*1 c. à soupe*) moutarde de Dijon
5 ml	(*1 c. à thé*) estragon
1	gousse d'ail, écrasée et hachée
45 ml	(*3 c. à soupe*) vinaigre de vin à l'estragon
125 ml	(*½ tasse*) huile d'olive
15 ml	(*1 c. à soupe*) jus de citron
2	œufs durs, tranchés sel et poivre

Mettre haricots, betteraves, tomates, anchois, olives, pommes de terre et câpres dans un grand bol. Bien mêler et saler, poivrer.

Mettre moutarde, estragon et ail dans un petit bol. Saler, poivrer. Ajouter le vinaigre et mélanger au fouet.

Incorporer l'huile, en un mince filet, tout en mélangeant constamment au fouet. Arroser de jus de citron. Rectifier l'assaisonnement.

Verser la vinaigrette sur la salade et mêler. Ajouter les œufs, mélanger et servir.

1 portion	*418 calories*	*21 g glucides*
7 g protéines	*34 g lipides*	*5,6 g fibres*

Salade d'Alsace

2	tranches de jambon de 0,65 cm (*¼ po*) d'épaisseur, coupées en julienne
2	betteraves cuites, pelées et coupées en julienne
2	pommes de terre cuites, pelées et émincées
15 ml	(*1 c. à soupe*) persil frais haché
½	piment rouge, coupé en julienne
30 ml	(*2 c. à soupe*) mayonnaise
5 ml	(*1 c. à thé*) huile d'olive
1	poitrine de poulet entière, cuite et coupée en julienne
	sel et poivre
	jus d'un demi-citron

Mettre jambon, betteraves, pommes de terre, persil et piment dans un grand bol. Saler, poivrer et mêler.

Ajouter la mayonnaise. Arroser de jus de citron. Bien mélanger.

Arroser d'huile d'olive. Rectifier l'assaisonnement. Mélanger de nouveau.

Couronner de poulet. Servir.

1 portion   *234 calories*   *14 g glucides*
22 g protéines   *10 g lipides*   *2,1 g fibres*

Pommes de terre à la crème sure

pour 4 personnes

30 ml	(*2 c. à soupe*) beurre fondu
1	oignon moyen, finement haché
4	pommmes de terre cuites, chaudes, pelées et coupées en cubes
300 ml	(*1¼ tasse*) crème sure
	une pincée de paprika
	sel et poivre

Faire chauffer le beurre dans une grande poêle à frire. Ajouter l'oignon ; couvrir et cuire 3 minutes à feu doux.

Ajouter les pommes de terre. Saler, poivrer. Cuire 8 à 10 minutes, sans couvrir, à feu moyen. Mélanger 1 à 2 fois.

Incorporer la crème sure et remuer délicatement. Cuire 3 minutes à feu doux.

Saupoudrer de paprika. Servir.

1 portion	*277 calories*	*26 g glucides*
5 g protéines	*17 g lipides*	*3 g fibres*

Salade de concombre au raifort

pour 4 personnes

1	concombre anglais, pelé
½	piment rouge, émincé
1	petite branche de céleri, émincée
1	pomme, évidée, pelée et émincée
125 ml	(½ *tasse*) petits pois verts cuits
5 ml	(*1 c. à thé*) raifort
45 ml	(*3 c. à soupe*) crème sure
	jus d'un citron
	sel et poivre

Couper le concombre en deux dans le sens de la longueur et l'émincer. Mettre dans un bol et saler généreusement ; laisser reposer 15 minutes.

Bien égoutter et transvider dans un autre bol. Ajouter piment, céleri, pomme et petits pois.

Arroser de jus de citron. Assaisonner au goût. Incorporer le raifort. Ajouter la crème sure et bien mélanger tous les ingrédients.

Rectifier l'assaisonnement. Si désiré, servir sur du chou râpé et garnir de radis.

1 portion	*86 calories*	*15 g glucides*
2 g protéines	*2 g lipides*	*3,9 g fibres*

Salade de tomates fraîches

pour 4 personnes

4	tomates fraîches, lavées
2	échalotes sèches, hachées
15 ml	(*1 c. à soupe*) persil frais haché
2	œufs durs
30 ml	(*2 c. à soupe*) vinaigre de vin
45 ml	(*3 c. à soupe*) huile d'olive
	jus d'un demi-citron
	sel et poivre

Retirer le pédoncule des tomates. Couper les tomates en deux verticalement. Placer le côté coupé sur une planche et trancher.

Mettre les tranches de tomates dans un bol. Ajouter échalotes, persil et œufs.

Arroser de vinaigre, d'huile et de jus de citron. Saler, poivrer ; mélanger et rectifier l'assaisonnement. Servir.

1 portion   166 calories   6 g glucides
4 g protéines   14 g lipides   1,2 g fibres

Rondelles de tomates à la poêle

4	grosses tomates, évidées et coupées en rondelles de 2 cm (¾ po) d'épaisseur
30 ml	(*2 c. à soupe*) huile d'olive
45 ml	(*3 c. à soupe*) sauce soya
2	gousses d'ail, écrasées et hachées
250 ml	(*1 tasse*) farine
45 ml	(*3 c. à soupe*) beurre fondu
	persil frais haché
	sel et poivre

Placer les tomates dans une grande assiette et saler, poivrer.

Mélanger huile, sauce soya et ail. Verser le mélange sur les tomates et laisser mariner 15 minutes.

Retourner les tomates et laisser mariner 15 minutes.

Enfariner légèrement les tomates.

Faire chauffer le beurre dans une grande poêle à frire. Ajouter les tomates et cuire 3 minutes à feu moyen.

Retourner les tomates et continuer la cuisson 3 à 4 minutes.

Parsemer de persil avant de servir.

1 portion	253 calories	21 g glucides
4 g protéines	17 g lipides	2,9 g fibres

Salade de concombre aux noix

pour 4 personnes

1	concombre sans pépins, émincé
12	gros champignons, nettoyés et pelés
½	piment rouge, émincé
15 ml	(*1 c. à soupe*) persil frais haché
125 ml	(*½ tasse*) fromage jalsberg coupé en dés
50 ml	(*¼ tasse*) pousses de bambou émincées
30 ml	(*2 c. à soupe*) crème sure
15 ml	(*1 c. à soupe*) huile d'olive
60 ml	(*4 c. à soupe*) noix hachées
	jus d'un citron
	paprika au goût
	sel et poivre

Mettre le concombre dans un bol. Émincer les champignons et les mettre dans le bol. Arroser de jus de citron.

Ajouter piment, persil et paprika. Saler, poivrer.

Ajouter fromage et pousses de bambou ; bien mêler.

Incorporer la crème sure et l'huile ; bien mélanger et assaisonner au goût.

Parsemer de noix hachées. Servir.

1 portion   *203 calories*   *10 g glucides*
7 g protéines   *15 g lipides*   *2,5 g fibres*

Salade de riz aux tomates

pour 4 personnes

3	petites tomates italiennes, coupées en cubes
1	piment banane jaune, épépiné et haché
50 ml	(*¼ tasse*) pousses de bambou émincées
5 ml	(*1 c. à thé*) persil frais haché
500 ml	(*2 tasses*) riz cuit
2	œufs durs, hachés
15 ml	(*1 c. à soupe*) moutarde de Dijon
1	gousse d'ail, écrasée et hachée
45 ml	(*3 c. à soupe*) vinaigre de vin à l'estragon
125 ml	(*½ tasse*) huile d'olive
15 ml	(*1 c. à soupe*) jus de citron sel et poivre

Mettre tomates, piment, pousses de bambou, persil et riz dans un bol ; bien mélanger.

Saler, poivrer et ajouter les œufs hachés ; remuer et mettre de côté.

Placer moutarde et ail dans un second bol. Saler, poivrer. Incorporer le vinaigre au fouet.

Verser l'huile, en un mince filet, tout en mélangeant constamment au fouet. Arroser de jus de citron. Rectifier l'assaisonnement et mélanger de nouveau.

Verser la vinaigrette sur la salade de riz et bien mêler. Servir.

1 portion	*428 calories*	*29 g glucides*
6 g protéines	*32 g lipides*	*1,8 g fibres*

Salade de pâtes au cumin

pour 4 personnes

1 L	(*4 tasses*) pâtes plumes cuites
3	oignons verts, émincés
1	échalote sèche, hachée
1	carotte, pelée et râpée
30 ml	(*2 c. à soupe*) mayonnaise
45 ml	(*3 c. à soupe*) fromage cottage
5 ml	(*1 c. à thé*) cumin
6	tranches de bacon cuit croustillant, hachées
5 ml	(*1 c. à thé*) vinaigre de vin
	jus d'un demi-citron
	sel et poivre

Mettre pâtes, oignons verts, échalote et carotte dans un grand bol. Saler, poivrer et mélanger.

Dans un petit bol, mêler mayonnaise, fromage et cumin. Arroser de jus de citron ; mélanger de nouveau.

Verser le mélange sur les pâtes, rectifier l'assaisonnement et bien incorporer les ingrédients.

Parsemer de bacon. Arroser de vinaigre, mêler et servir.

1 portion	*291 calories*	*38 g glucides*
10 g protéines	*11 g lipides*	*1,2 g fibres*

373

Salade de pois chiches et de chou-fleur

pour 4 personnes

540 ml	(*19 oz*) pois chiches en conserve, égouttés
375 ml	(*1½ tasse*) chou-fleur cuit, en fleurettes
15 ml	(*1 c. à soupe*) persil frais haché
30 ml	(*2 c. à soupe*) moutarde de Dijon
1	échalote, finement hachée
1	gousse d'ail, écrasée et hachée
30 ml	(*2 c. à soupe*) vinaigre de vin à l'estragon
30 ml	(*2 c. à soupe*) huile d'olive
	sel et poivre
	feuilles de laitue, lavées et essorées

Mettre pois chiches, chou-fleur, persil et moutarde dans un bol. Saler, poivrer.

Ajouter échalote et ail ; bien mêler. Arroser de vinaigre ; mélanger de nouveau.

Ajouter l'huile, remuer et rectifier l'assaisonnement. Servir sur des feuilles de laitue.

1 portion	*148 calories*	*14 g glucides*
5 g protéines	*8 g lipides*	*4,2 g fibres*

Champignons, oignons et petits pois à l'estragon

pour 4 personnes

5 ml	(*1 c. à soupe*) beurre
25 g	(*¼ livre*) champignons frais, nettoyés et coupés en deux
	oignon, coupé en six
ml	(*¼ c. à thé*) estragon
50 ml	(*¼ tasse*) bouillon de poulet chaud
375 ml	(*1½ tasse*) petits pois verts cuits
ml	(*1 c. à thé*) fécule de maïs
30 ml	(*2 c. à soupe*) eau froide
	sel et poivre

Faire chauffer le beurre dans une sauteuse. Ajouter champignons et oignon. Saler, poivrer et cuire 3 à 4 minutes à feu vif.

Ajouter estragon et bouillon de poulet. Saler, poivrer et amener à ébullition. Continuer la cuisson 1 minute.

Ajouter les pois verts ; cuire 1 minute.

Délayer la fécule de maïs dans l'eau froide. Incorporer à la sauce et cuire 1 minute. Servir.

1 portion	99 calories	14 g glucides
4 g protéines	3 g lipides	9 g fibres

Champignons à la nage

30 ml	(*2 c. à soupe*) beurre
500 g	(*1 livre*) champignons frais, nettoyés et émincés
1	échalote sèche, finement hachée
300 ml	(*1¼ tasse*) sauce blanche chaude
15 ml	(*1 c. à soupe*) persil frais haché
	sel et poivre
	quelques gouttes de jus de citron
	une pincée de paprika

Faire chauffer le beurre à feu moyen dans une poêle à frire. Ajouter champignons et échalote. Saler, poivrer ; couvrir partiellement et cuire 8 à 10 minutes.

Incorporer la sauce blanche et bien mélanger. Cuire 2 à 3 minutes à feu doux.

Saupoudrer de persil et de paprika. Arroser de jus de citron. Mélanger et servir.

1 portion	*185 calories*	*12 g glucides*
5 g protéines	*13 g lipides*	*3,3 g fibres*

Champignons à l'orange

30 ml	(*2 c. à soupe*) beurre	
15 ml	(*1 c. à soupe*) huile d'olive	
500 g	(*1 livre*) gros champignons frais, nettoyés et coupés en trois	
30 ml	(*2 c. à soupe*) zeste d'orange finement haché	
1	échalote, finement hachée	
2	gousses d'ail, écrasées et hachées	
15 ml	(*1 c. à soupe*) persil frais haché	
250 ml	(*1 tasse*) croûtons grillés	
	sel et poivre	

Faire chauffer le beurre et l'huile dans une poêle à frire. Ajouter les champignons et saler, poivrer ; cuire 2 minutes de chaque côté à feu vif.

Incorporer zeste, échalote et ail ; continuer la cuisson 2 à 3 minutes.

Ajouter persil et croûtons. Arroser de quelques gouttes d'huile d'olive et cuire 2 minutes à feu vif. Servir aussitôt.

1 portion	*162 calories*	*14 g glucides*
4 g protéines	*10 g lipides*	*3,3 g fibres*

377

Légumes variés à la chinoise

pour 4 personnes

30 ml	(*2 c. à soupe*) huile végétale
1	branche de céleri, émincée en biais
1	aubergine, coupée en bâtonnets
1	carotte, pelée et émincée en biais
½	piment rouge, émincé
1	petite courgette, émincée en biais
½	concombre anglais, émincé en biais
250 ml	(*1 tasse*) bouillon de poulet chaud
5 ml	(*1 c. à thé*) sauce soya
30 ml	(*2 c. à soupe*) gingembre frais haché
30 ml	(*2 c. à soupe*) zeste de citron râpé
15 ml	(*1 c. à soupe*) fécule de maïs
30 ml	(*2 c. à soupe*) eau froide
	sel et poivre

Faire chauffer l'huile à feu vif dans une poêle à frire. Ajouter céleri, aubergine et carotte ; cuire 7 à 8 minutes en remuant de temps à autre.

Ajouter piment, courgette et concombre ; saler, poivrer. Continuer la cuisson 5 à 6 minutes à feu vif.

Incorporer le bouillon de poulet et cuire 3 à 4 minutes à feu moyen.

Incorporer sauce soya, gingembre et zeste de citron ; cuire 3 à 4 minutes.

Délayer la fécule de maïs dans l'eau froide. Incorporer à la sauce et continuer la cuisson 2 minutes.

Servir aussitôt.

1 portion	115 calories	11 g glucides
2 g protéines	7 g lipides	3 g fibres

1. Faire chauffer l'huile dans une poêle à frire. Ajouter céleri, aubergine et carotte; cuire 7 à 8 minutes en remuant de temps à autre.

2. Ajouter piment, courgette et concombre; saler, poivrer; continuer la cuisson 5 à 6 minutes à feu vif.

3. Ajouter le bouillon de poulet et cuire 3 à 4 minutes à feu moyen.

4. Incorporer sauce soya, gingembre et zeste de citron; continuer la cuisson 3 à 4 minutes.

Chou de Chine au gingembre

pour 4 personnes

2	petites aubergines, avec la pelure
30 ml	(*2 c. à soupe*) huile végétale
1	oignon, coupé en quartiers
1	chou de Chine, lavé et coupé en tranches de 2,5 cm (*1 po*) de largeur, en biais
½	piment rouge, émincé
30 ml	(*2 c. à soupe*) gingembre frais haché
375 ml	(*1½ tasse*) bouillon de poulet chaud
15 ml	(*1 c. à soupe*) fécule de maïs
45 ml	(*3 c. à soupe*) eau froide
15 ml	(*1 c. à soupe*) sauce soya
	sel et poivre

Couper les aubergines, en deux, dans le sens de la longueur et les couper de nouveau en morceaux de 2,5 cm (*1 po*).

Faire chauffer l'huile dans une sauteuse à feu vif. Ajouter aubergines et oignon. Saler, poivrer et cuire 3 à 4 minutes.

Ajouter le chou de Chine et le piment rouge ; bien mêler. Saupoudrer de gingembre et assaisonner. Continuer la cuisson 5 à 6 minutes à feu vif.

Incorporer le bouillon de poulet, remuer et amener à ébullition. Rectifier l'assaisonnement.

Délayer la fécule de maïs dans l'eau froide ; incorporer à la sauce. Arroser de sauce soya, remuer et cuire 5 à 6 minutes à feu doux.

Servir.

1 portion	*118 calories*	*12 g glucides*
4 g protéines	*6 g lipides*	*5,9 g fibres*

1. *Bien laver les légumes et les couper selon la façon indiquée dans la recette.*

2. *Faire chauffer l'huile dans une sauteuse à feu vif. Ajouter aubergines et oignon. Saler, poivrer et cuire 3 à 4 minutes.*

3. *Ajouter le reste des légumes.*

4. *Saupoudrer de gingembre. Saler, poivrer et continuer la cuisson 5 à 6 minutes. Ajouter le bouillon de poulet, remuer et amener à ébullition.*

Choux de Bruxelles

pour 4 personnes

750 g	(*1½ livre*) choux de Bruxelles
15 ml	(*1 c. à soupe*) beurre
2	tranches de bacon de dos
	sel et poivre

Laver soigneusement les choux de Bruxelles à l'eau froide. Retirer les feuilles abîmées. À l'aide d'un petit couteau, former une croix à la base de chaque chou pour leur permettre de cuire plus rapidement.

Placer les choux dans l'eau bouillante salée ; couvrir et cuire 8 minutes ou selon leur grosseur.

Les passer sous l'eau froide pendant quelques minutes. Bien égoutter.

Faire chauffer le beurre dans une poêle à frire. Ajouter bacon et choux ; cuire 3 à 4 minutes à feu vif. Rectifier l'assaisonnement. Servir.

1 portion	137 calories	13 g glucides
10 g protéines	5 g lipides	5 g fibres

pinards en sauce blanche

	paquets d'épinards, de 284 g (*10 oz*) chacun
00 ml	(*2 tasses*) eau froide
5 ml	(*1 c. à soupe*) beurre
75 ml	(*1½ tasse*) sauce blanche, chaude
	sel

Remplir l'évier d'eau froide et y mettre les épinards. Bien les secouer pour retirer toute la saleté. Égoutter. Enlever les tiges et laver les feuilles d'épinards une seconde fois. Bien égoutter. Mettre de côté.

Verser l'eau froide dans une grande casserole. Saler ; couvrir et amener à ébullition.

Ajouter les épinards, couvrir et cuire 3 à 4 minutes, à feu vif, en remuant à mi-cuisson.

Bien égoutter les épinards et les presser avec le dos d'une cuillère pour retirer l'excès d'eau.

Faire chauffer le beurre dans une sauteuse. Ajouter les épinards ; cuire 1 minute à feu moyen-vif.

Incorporer la sauce blanche chaude ; cuire 3 minutes. Servir.

1 portion	*192 calories*	*13 g glucides*
8 g protéines	*12 g lipides*	*5,5 g fibres*

Poireaux au gratin

pour 4 personnes

½	citron, coupé en deux
4	poireaux
30 ml	(*2 c. à soupe*) beurre
30 ml	(*2 c. à soupe*) farine
500 ml	(*2 tasses*) lait chaud
125 ml	(*½ tasse*) fromage gruyère râpé
15 ml	(*1 c. à soupe*) chapelure Corn Flake
	sel et poivre blanc
	une pincée de paprika
	une pincée de muscade

Préchauffer le four à 200°C (*400°F*).

Laver les poireaux en suivant la méthode présentée à la page 385.

Remplir une grande casserole d'eau et ajouter le citron. Saler et amener à ébullition à feu vif.

Mettre les poireaux propres dans l'eau bouillante ; couvrir et cuire 25 à 30 minutes à feu moyen. Bien égoutter et mettre de côté.

Faire chauffer le beurre dans une casserole. Ajouter la farine ; mélanger et cuire 2 minutes à feu doux.

Bien incorporer le lait chaud à la cuillère de bois. Saler, poivrer et saupoudrer de paprika et de muscade. Cuire 8 à 10 minutes à feu doux en remuant 1 ou 2 fois.

Ajouter la moitié du fromage et cuire 2 à 3 minutes.

Placer les poireaux dans un plat à gratin. Arroser de sauce et parsemer du reste de fromage. Saupoudrer de chapelure et cuire 20 minutes au four.

Servir.

1 portion	233 calories	19 g glucides
10 g protéines	13 g lipides	1,1 g fibres

1. *Choisir des poireaux fermes et sans taches. Laver soigneusement les poireaux dans l'eau froide.*

2. *Couper la base du poireau pour en retirer les racines. Couper et enlever la partie verte.*

3. *Couper le poireau en deux, dans le sens de la longueur, à partir de 1,2 cm (½ po) de la base. Tourner le poireau et le couper en deux une seconde fois. Relaver soigneusement le poireau en prenant soin d'ouvrir délicatement les feuilles pour en retirer tout le sable qui s'y trouve.*

4. *Placer les poireaux propres dans l'eau bouillante salée. Couvrir et cuire 25 à 30 minutes à feu moyen.*

Brocoli et sauce vieux quartier

pour 4 personnes

15 ml	(*1 c. à soupe*) vinaigre blanc
1	brocoli, lavé et coupé en quatre morceaux en partant du pied
30 ml	(*2 c. à soupe*) beurre
30 ml	(*2 c. à soupe*) farine
500 ml	(*2 tasses*) lait chaud
125 ml	(*½ tasse*) fromage cheddar mi-fort râpé
	sel et poivre blanc
	une pincée de paprika
	une pincée de muscade

Remplir une grande casserole d'eau. Saler et ajouter le vinaigre. Amener à ébullition.

Ajouter le brocoli ; couvrir et cuire 5 minutes à feu vif ou selon la grosseur du brocoli.

Passer à l'eau froide. Bien égoutter et mettre de côté.

Faire chauffer le beurre dans une petite casserole à feu doux. Ajouter la farine ; bien mélanger et cuire 2 minutes.

Incorporer le lait chaud à la cuillère de bois. Saler, poivrer et saupoudrer de paprika et de muscade. Cuire 8 à 10 minutes à feu doux en remuant quelques fois durant la cuisson.

Incorporer le fromage et continuer la cuisson 2 à 3 minutes à feu doux.

Disposer le brocoli dans un plat de service. Arroser de sauce au fromage et servir.

1 portion	*262 calories*	*20 g glucides*
14 g protéines	*14 g lipides*	*7,3 g fibres*

Chou-fleur garni de croûtons

pour 4 personnes

50 ml	(¼ *tasse*) lait
1	chou-fleur, lavé
30 ml	(*2 c. à soupe*) beurre
7 à 8	champignons frais, nettoyés et coupés en quartiers
1	oignon vert, émincé
	persil frais haché
	croûtons
	sel et poivre

Remplir une grande casserole d'eau froide. Saler et ajouter le lait ; amener à ébullition.

Entre-temps, couper le pied du chou-fleur et retirer les feuilles abîmées. À l'aide d'un petit couteau, faire une croix à la base du chou-fleur pour lui permettre de cuire plus rapidement.

Placer le chou-fleur dans l'eau bouillante ; couvrir et cuire 8 minutes à feu moyen. Ajuster le temps de cuisson selon la grosseur du chou-fleur.

Dès que le chou-fleur est cuit, placer la casserole sous l'eau froide pour arrêter la cuisson. Laisser couler l'eau pendant quelques minutes.

Bien égoutter le chou-fleur et le placer sur une planche à découper. Couper le reste de la base. Séparer le chou-fleur en fleurettes.

Faire chauffer le beurre dans une casserole. Ajouter chou-fleur et champignons. Saler, poivrer et cuire 3 à 4 minutes à feu vif.

Ajouter oignon vert et persil haché ; cuire 3 à 4 minutes.

Garnir de croûtons. Servir.

1 portion	143 calories	15 g glucides
5 g protéines	7 g lipides	4 g fibres

Chou-fleur au cari

pour 4 personnes

50 ml	(¼ *tasse*) lait
1	chou-fleur moyen
15 ml	(*1 c. à soupe*) beurre fondu
1	oignon, haché
1	branche de céleri, coupée en dés
1	gousse d'ail, écrasée et hachée
5 ml	(*1 c. à thé*) persil frais haché
30 ml	(*2 c. à soupe*) poudre de cari
500 ml	(*2 tasses*) sauce blanche, chaude
	sel et poivre

Remplir les trois quarts d'une grande casserole d'eau chaude. Saler et amener à ébullition.

Entre-temps, couper une grande partie de la base du chou-fleur. Retirer les feuilles défraîchies. À l'aide d'un petit couteau former une croix à la base du chou.

Verser le lait dans l'eau bouillante. Ajouter le chou-fleur; couvrir et cuire 10 à 15 minutes ou selon la grosseur du chou-fleur.

Dès que le chou-fleur est cuit, le retirer de la casserole, le mettre de côté et le tenir au chaud. Réserver 125 ml (*½ tasse*) du liquide de cuisson.

Faire chauffer le beurre fondu dans une sauteuse. Ajouter oignon, céleri, ail et persil; cuire 3 à 4 minutes.

Saler, poivrer et saupoudrer de cari; mélanger et cuire 6 à 7 minutes à feu doux.

Incorporer la sauce blanche et bien remuer. Ajouter le liquide de cuisson réservé. Assaisonner au goût.

Cuire 10 minutes à feu doux. Verser la sauce sur le chou-fleur chaud. Servir aussitôt.

1 portion	*247 calories*	*20 g glucides*
8 g protéines	*15 g lipides*	*2,9 g fibres*

388

1. Retirer la plupart de la base du chou-fleur ainsi que les feuilles défraîchies. À l'aide d'un petit couteau, former une croix à la base du chou-fleur.

2. Verser le lait dans l'eau bouillante salée. Ajouter le chou-fleur ; couvrir et cuire 10 à 15 minutes.

3. Faire chauffer le beurre fondu dans une sauteuse. Ajouter oignon, céleri, ail et persil ; cuire 3 à 4 minutes.

4. Saler, poivrer et saupoudrer de cari ; mélanger et cuire 6 à 7 minutes à feu doux.

Courge spaghetti au naturel

1	courge spaghetti
30 ml	(*2 c. à soupe*) beurre
	poivre du moulin

Préchauffer le four à 180°C (*350°F*).

Couper la courge en deux dans le sens de la longueur. Retirer et jeter les graines.

Étendre le beurre sur chaque demi-courge. Placer les demi-courges, côté chair dessous, sur une plaque à biscuits. Cuire 1 heure au four.

Avec une cuillère, détacher la chair qui ressemble maintenant à des spaghettis.

Poivrer et servir avec du beurre frais.

1 portion	*217 calories*	*23 g glucides*
2 g protéines	*13 g lipides*	*4,9 g fibres*

Courgettes farcies

pour 4 personnes

2	grosses courgettes
30 ml	(*2 c. à soupe*) beurre
1	oignon, haché
250 g	(*½ livre*) champignons frais, nettoyés et hachés
2	gousses d'ail, écrasées et hachées
1 ml	(*¼ c. à thé*) thym
2 ml	(*½ c. à thé*) estragon
30 ml	(*2 c. à soupe*) chapelure
	sel et poivre
	beurre fondu pour badigeonner

Préchauffer le four à 200°C (*400°F*).

Couper chaque courgette en deux dans le sens de la longueur. Les évider.

Mettre les courgettes dans une casserole contenant de l'eau bouillante salée. Cuire 5 à 6 minutes à feu moyen. Égoutter les courgettes et les mettre de côté.

Faire chauffer 30 ml (*2 c. à soupe*) de beurre dans une casserole. Ajouter oignon, champignons, ail et épices. Cuire 7 à 8 minutes à feu moyen.

Incorporer la chapelure pour lier la farce. Étendre la farce dans les courgettes évidées. Reformer les courgettes et les ficeler.

Placer les courgettes farcies dans un plat à gratin et les badigeonner de beurre fondu. Cuire 10 minutes au four.

Retirer la ficelle et couper les courgettes en six morceaux. Servir.

1 portion	*209 calories*	*18 g glucides*
5 g protéines	*13 g lipides*	*6 g fibres*

391

Carottes à la sauce au cari

pour 4 personnes

4	grosses carottes, pelées et émincées
15 ml	(*1 c. à soupe*) beurre
30 ml	(*2 c. à soupe*) poudre de cari
125 ml	(*½ tasse*) pousses de bambou émincées
250 ml	(*1 tasse*) sauce blanche, chaude
	une pincée de sucre
	sel et poivre

Faire cuire les carottes dans l'eau bouillante salée. Les passer sous l'eau froide et bien égoutter.

Faire chauffer le beurre dans une sauteuse à feu moyen. Ajouter les carottes et cuire 2 minutes.

Incorporer le cari et cuire 2 minutes.

Ajouter pousses de bambou et sucre ; cuire 3 à 4 minutes à feu doux. Assaisonner au goût.

Incorporer la sauce blanche, remuer et laisser mijoter 3 à 4 minutes.

Si désiré, parsemer de persil ou de ciboulette avant de servir.

1 portion	*181 calories*	*21 g glucides*
4 g protéines	*9 g lipides*	*1,6 g fibres*

Courges d'hiver à la cassonade

pour 4 personnes

2	courges d'hiver, coupées en deux
20 ml	(*4 c. à thé*) beurre
15 ml	(*1 c. à soupe*) cassonade

Préchauffer le four à 180°C (*350°F*).

Placer les courges dans un grand plat à rôtir. Mettre 5 ml (*1 c. à thé*) de beurre dans chaque demi-courge. Couvrir d'une feuille de papier d'aluminium et cuire 1 heure au four.

Retirer du four. Saupoudrer les courges de cassonade. Faire griller au four (broil) pendant 5 minutes.

Servir.

1 portion	120 calories	18 g glucides
3 g protéines	4 g lipides	2,5 g fibres

Ratatouille au parmesan

pour 4 personnes

60 ml	(*4 c. à soupe*) huile d'olive
1	grosse aubergine avec la pelure, coupée en cubes
1	oignon, finement haché
2	gousses d'ail, écrasées et hachées
15 ml	(*1 c. à soupe*) persil frais haché
2 ml	(*½ c. à thé*) origan
1 ml	(*¼ c. à thé*) thym
2 ml	(*½ c. à thé*) basilic
1 ml	(*¼ c. à thé*) piments rouges broyés
1	courgette avec la pelure, coupée en deux et émincée
4	tomates italiennes, coupées en dés
50 ml	(*¼ tasse*) parmesan frais râpé
	une pincée de paprika
	sel et poivre

Faire chauffer 45 ml (*3 c. à soupe*) d'huile dans une sauteuse. Ajouter l'aubergine. Saler, poivrer ; couvrir et cuire 15 à 20 minutes à feu moyen-doux tout en remuant 2 à 3 fois durant la cuisson.

Ajouter oignon, ail et persil ; mélanger et rectifier l'assaisonnement. Couvrir et cuire 7 à 8 minutes.

Ajouter épices, courgette et tomates. Verser 15 ml (*1 c. à soupe*) d'huile ; remuer, couvrir et cuire 35 minutes à feu moyen-doux.

Incorporer le fromage, mélanger et cuire 7 à 8 minutes, sans couvrir.

Servir.

1 portion	*220 calories*	*14 g glucides*
5 g protéines	*16 g lipides*	*5,1 g fibres*

1. *Mettre l'aubergine dans l'huile chaude; saler, poivrer. Couvrir et cuire 15 à 20 minutes à feu moyen-doux. Remuer 2 à 3 fois durant la cuisson.*

2. *Ajouter oignon, ail et persil; bien mêler et rectifier l'assaisonnement. Couvrir et cuire 7 à 8 minutes.*

3. *Ajouter épices, courgette, tomates et huile; remuer, couvrir et cuire 35 minutes.*

4. *Incorporer le fromage, mélanger et cuire 7 à 8 minutes, sans couvrir.*

Légumes au jus

pour 4 personnes

1,2 L	(*5 tasses*) bouillon de bœuf maison
2	pommes de terre, pelées et coupées en deux
4	carottes, pelées et coupées en deux
½	navet, pelé et coupé en quartiers
½	chou, coupé en quartiers
3	branches de céleri, coupées en deux
	huile et vinaigre au goût
	persil frais haché

Porter à ébullition le bouillon de bœuf dans une grande casserole. Ajouter tous les légumes et cuire à feu moyen. Assaisonner au goût.

Retirer les légumes au fur et à mesure qu'ils sont cuits. Ne pas trop cuire les légumes.

Dès que tous les légumes sont cuits, les remettre dans le bouillon de bœuf et cuire 2 minutes pour réchauffer.

Servir les légumes avec un peu de jus de cuisson. Arroser d'huile et de vinaigre. Parsemer de persil frais.

1 portion	*236 calories*	*28 g glucides*
4 g protéines	*12 g lipides*	*4,9 g fibres*

Purée de pommes de terre aux carottes

pour 4 personnes

4	carottes, pelées, cuites et chaudes
4	pommes de terre, cuites avec la pelure
15 ml	(*1 c. à soupe*) sauce à la menthe
50 ml	(*¼ tasse*) lait chaud
15 ml	(*1 c. à soupe*) beurre
	sel et poivre

Réduire les légumes en purée en utilisant un presse-purée.

Ajouter la sauce à la menthe et l'incorporer à la cuillère de bois.

Verser le lait. Ajouter le beurre et mélanger. Assaisonner au goût et mélanger de nouveau.

Servir.

1 portion   *180 calories*   *32 g glucides*
4 g protéines   *4 g lipides*   *3,1 g fibres*

Pommes de terre duchesse

5	pommes de terre, pelées et lavées
45 ml	(*3 c. à soupe*) beurre
2	jaunes d'œufs
60 ml	(*4 c. à soupe*) crème à 35 %
	sel et poivre
	une pincée de paprika

Cuire les pommes de terre dans l'eau bouillante salée. Bien égoutter.

Passer les pommes de terre au presse-purée. Ajouter le beurre et assaisonner. Mélanger à la cuillère de bois.

Incorporer jaunes d'œufs. Ajouter la crème et remuer. Saupoudrer de paprika et mélanger de nouveau.

Préchauffer le four à 200°C (*400°F*).

Mettre la purée de pommes de terre dans un sac à pâtisserie muni d'une grosse douille étoilée. Former des petits châteaux de pommes de terre sur une plaque à biscuits.

Cuire 10 à 12 minutes au four.

Servir aussitôt avec une viande ou de la volaille.

1 portion	*277 calories*	*26 g glucides*
5 g protéines	*17 g lipides*	*3 g fibres*

1. Passer les pommes de terre cuites au presse-purée.

2. Ajouter le beurre et assaisonner. Bien mélanger. Incorporer les jaunes d'œufs à la cuillère de bois.

3. Ajouter crème et paprika ; remuer.

4. Former de petits châteaux de pommes de terre. Cuire au four.

Chou aux oignons

1	chou, coupé en quartiers
45 ml	(*3 c. à soupe*) beurre
4	oignons, émincés
500 ml	(*2 tasses*) crème sure
50 ml	(*¼ tasse*) chapelure
30 ml	(*2 c. à soupe*) beurre fondu
	sel et poivre
	une pincée de paprika

Placer les quartiers de chou dans une casserole remplie d'eau bouillante salée ; couvrir et cuire 18 minutes à feu moyen. Bien égoutter et mettre de côté.

Préchauffer le four à 180°C (*350°F*).

Faire chauffer 45 ml (*3 c. à soupe*) de beurre dans une sauteuse. Ajouter les oignons ; saler, poivrer. Couvrir et cuire 15 à 18 minutes à feu doux tout en mélangeant quelques fois durant la cuisson.

Ajouter le chou et incorporer la crème sure. Rectifier l'assaisonnement ; couvrir et cuire 30 minutes au four.

Saupoudrer de chapelure et arroser de beurre fondu. Dorer le chou au four (broil) 4 minutes.

Saupoudrer de paprika avant de servir.

1 portion	*486 calories*	*34 g glucides*
11 g protéines	*34 g lipides*	*6 g fibres*

Pommes de terre sautées

pour 4 personnes

30 ml	*(2 c. à soupe)* huile d'olive
1	gros oignon, émincé
4	grosses pommes de terre, cuites avec la pelure
15 ml	*(1 c. à soupe)* beurre
1 ml	*(¼ c. à thé)* sarriette
	persil frais haché
	sel et poivre

Faire chauffer l'huile dans une sauteuse. Ajouter l'oignon ; couvrir et cuire 4 minutes à feu moyen.

Peler les pommes de terre cuites et les couper en tranches de 1,2 cm (*½ po*) d'épaisseur.

Mettre les pommes de terre dans la sauteuse. Ajouter beurre et sarriette ; bien assaisonner. Cuire 15 minutes à feu moyen-vif.

Parsemer de persil. Servir.

1 portion	*194 calories*	*23 g glucides*
3 g protéines	*10 g lipides*	*3 g fibres*

Pommes de terre suprêmes

pour 4 personnes

4   pommes de terre au four,
        soigneusement lavées

GARNITURES SUPRÊMES :

- crème sure et ciboulette
- crème sure et piment mariné haché
- bacon de dos et oignons verts hachés
- champignons et oignons verts sautés
- beurre fondu et bacon émietté
- fromage parmesan et paprika

Préchauffer le four à 200°C (*400°F*).

Piquer 2 à 3 fois les pommes de terre pour permettre à la vapeur de s'échapper durant la cuisson. Envelopper chaque pomme de terre dans une feuille de papier d'aluminium perforée.

Cuire 1 heure au four ou selon la grosseur des pommes de terre.

Dès que les pommes de terre sont cuites, retirer le papier. Couper le dessus de la pomme de terre en forme de croix, jusqu'à 2 cm (*¾ po*) de profondeur. Presser les côtés pour ouvrir la pomme de terre.

Garnir au goût. Servir aussitôt.

1 portion	246 calories	52 g glucides
5 g protéines	2 g lipides	3,1 g fibres

1. Laver soigneusement les pommes de terre et les piquer 2 à 3 fois pour permettre à la vapeur de s'échapper pendant la cuisson.

2. Envelopper chaque pomme de terre dans une feuille de papier d'aluminium perforée.

3. Dès que les pommes de terre sont cuites, couper le dessus de chaque pomme de terre en forme de croix, jusqu'à 2 cm (¾ po) de profondeur.

4. Presser les côtés pour ouvrir la pomme de terre. Garnir au goût.

Pommes de terre à la provençale

4	pommes de terre, cuites avec la pelure
60 ml	(*4 c. à soupe*) beurre
45 ml	(*3 c. à soupe*) fromage parmesan râpé
5 ml	(*1 c. à thé*) cerfeuil
15 ml	(*1 c. à soupe*) crème à 35 %
	sel et poivre

Peler et couper les pommes de terre en cubes. Réduire en purée à l'aide d'un presse-purée.

Ajouter 45 ml (*3 c. à soupe*) de beurre et saler, poivrer. Incorporer fromage et cerfeuil.

Ajouter la crème et bien mélanger. Former des petites galettes.

Faire chauffer le reste du beurre dans une poêle à frire. Ajouter les galettes de pommes de terre et cuire 6 à 7 minutes de chaque côté à feu moyen. Assaisonner une fois durant la cuisson.

Servir aussitôt.

1 portion	231 calories	20 g glucides
4 g protéines	15 g lipides	2,4 g fibres

Pommes de terre frites

pour 4 personnes

4   grosses pommes de terre
        sel
        huile d'arachide pour la friture,
        préchauffée à 180° C (*350° F*)

Peler les pommes de terre et bien égaliser les extrémités et les côtés. Trancher les pommes de terre dans le sens de la longueur et les couper en bâtonnets.

Placer les bâtonnets dans un grand bol et laisser couler l'eau froide sur les pommes de terre pendant quelques minutes. Les remuer de temps à autre pour en retirer l'amidon.

Bien égoutter et assécher à l'aide d'un linge propre.

Plonger les pommes de terre 6 minutes dans la friture à 180°C (*350°F*).

Retirer les pommes de terre et mettre de côté.

Préchauffer l'huile d'arachide à 190°C (*375°F*).

Replonger les pommes de terre dans l'huile chaude et laisser dorer.

Retirer et bien égoutter. Saler les pommes de terre frites et servir aussitôt.

1 portion	*211 calories*	*25 g glucides*
3 g protéines	*11 g lipides*	*3 g fibres*

Croquettes de pommes de terre

pour 4 personnes

4	grosses pommes de terre, cuites avec la pelure
30 ml	(*2 c. à soupe*) beurre
1	jaune d'œuf
1	œuf
1 ml	(*¼ c. à thé*) muscade
2 ml	(*½ c. à thé*) estragon
3	œufs battus
250 ml	(*1 tasse*) chapelure
	sel et poivre
	huile d'arachide

Peler et couper les pommes de terre en cubes. Réduire en purée à l'aide d'un presse-purée.

Ajouter le beurre et assaisonner. Bien incorporer les ingrédients.

Ajouter jaune d'œuf et œuf entier ; mélanger à la cuillère de bois. Saupoudrer de muscade et d'estragon ; mélanger de nouveau.

Étendre la purée de pommes de terre sur une grande assiette ; couvrir d'une pellicule plastique et réfrigérer 3 heures.

Préchauffer l'huile d'arachide dans une friteuse à 190°C (*375°F*).

Former des croquettes avec la purée de pommes de terre. Tremper les croquettes dans les œufs battus et les rouler dans la chapelure.

Plonger les croquettes 3 à 4 minutes dans l'huile chaude. Les égoutter sur du papier essuie-tout. Servir.

1 portion	565 calories	45 g glucides
13 g protéines	37 g lipides	3,5 g fibres

LE TOUR DU MONDE À TABLE

*Des mets
exotiques
invitants*

Salade de pommes de terre à la poire

pour 4 personnes

3	grosses pommes de terre cuites avec la pelure et chaudes
8	tranches de salami, coupées en julienne
2	échalotes sèches, hachées
30 ml	(*2 c. à soupe*) persil frais haché
15 ml	(*1 c. à soupe*) ciboulette fraîche hachée
15 ml	(*1 c. à soupe*) moutarde de Dijon
45 ml	(*3 c. à soupe*) vinaigre de vin
75 ml	(*5 c. à soupe*) huile d'olive
3	endives, lavées et coupées en morceaux de 2,5 cm (*1 po*)
½	poire, pelée et émincée
15 ml	(*1 c. à soupe*) vinaigre de vin
30 ml	(*2 c. à soupe*) huile d'olive
	sel et poivre
	jus de citron
	feuilles de laitue

Peler les pommes de terre et les couper en gros cubes. Mettre dans un bol et ajouter salami, échalotes, persil et ciboulette. Saler, poivrer.

Placer la moutarde dans un petit bol. Saler, poivrer. Incorporer 45 ml (*3 c. à soupe*) de vinaigre et 75 ml (*5 c. à soupe*) d'huile. Bien mélanger au fouet.

Arroser de jus de citron, remuer et rectifier l'assaisonnement.

Verser la vinaigrette sur les pommes de terre. Mêler délicatement pour enrober tous les ingrédients. Transvider dans un plat de service. Mettre de côté.

Déposer endives et poire dans un bol. Saler, poivrer et arroser de jus de citron. Ajouter le reste du vinaigre et de l'huile. Bien mélanger.

Placer autour de la salade de pommes de terre. Garnir de feuilles de laitue.

1 portion	429 calories	25 g glucides
8 g protéines	33 g lipides	3,3 g fibres

Assiette de tomates au fromage feta

pour 4 personnes

2	grosses tomates mûres
125 g	(¼ *livre*) fromage feta, tranché
50 ml	(¼ *tasse*) fromage feta haché
1	branche de livèche, hachée
45 ml	(*3 c. à soupe*) vinaigre de vin
75 ml	(*5 c. à soupe*) huile d'olive
	feuilles de laitue, lavées et essorées
	sel et poivre
	jus de citron

Évider et couper les tomates en deux, puis les émincer.

Disposer les feuilles de laitue sur un plat de service et alterner tomates et tranches de fromage.

Mettre le fromage haché dans un bol. Poivrer généreusement. Ajouter la livèche et arroser de vinaigre ; bien mélanger.

Ajouter l'huile et le jus de citron ; mélanger au fouet. Rectifier l'assaisonnement.

Verser la vinaigrette sur les tomates et le fromage. Servir.

1 portion	294 calories	8 g glucides
7 g protéines	26 g lipides	2 g fibres

Salade à l'italienne

2	tomates évidées, coupées en deux et émincées
20	olives noires dénoyautées
6	olives vertes farcies
1	piment jaune, émincé
1	laitue romaine, lavée, essorée et brisée en morceaux
½	tête de brocoli cuit, en fleurettes
125 g	(¼ *livre*) haricots verts cuits
30 ml	(*2 c. à soupe*) fromage parmesan râpé
15 ml	(*1 c. à soupe*) moutarde de Dijon
45 ml	(*3 c. à soupe*) vinaigre de vin
105 ml	(*7 c. à soupe*) huile d'olive
15 ml	(*1 c. à soupe*) persil frais haché
2 ml	(*½ c. à thé*) basilic frais haché
4	œufs durs, hachés
	quelques gouttes de jus de citron
	sel et poivre

Mettre tomates, olives, piment jaune, laitue, brocoli et haricots dans un grand bol à salade. Mettre de côté.

Placer fromage et moutarde dans un petit bol. Ajouter le vinaigre et bien mélanger au fouet.

Incorporer l'huile, en un mince filet, tout en mélangeant constamment au fouet. Ajouter persil et basilic ; mélanger au fouet. Ajouter le jus de citron et assaisonner au goût.

Incorporer les œufs hachés. Verser la sauce sur la salade. Bien mêler.

Si désiré, garnir d'œufs durs tranchés avant de servir.

1 portion	493 calories	11 g glucides
11 g protéines	45 g lipides	7,8 g fibres

1. *Mettre fromage et moutarde dans un petit bol.*

2. *Ajouter le vinaigre et mélanger au fouet.*

3. *Incorporer l'huile, en un mince filet, tout en mélangeant constamment au fouet. Arroser de jus de citron.*

4. *Incorporer les œufs hachés et verser la sauce sur la salade.*

Salade d'agneau chez Gena

pour 4 personnes

500 ml	(*2 tasses*) agneau cuit et émincé
½	piment jaune, émincé
½	piment rouge, émincé
½	piment vert, émincé
125 ml	(*½ tasse*) olives noires dénoyautées
½	brocoli en fleurettes, blanchi
6	feuilles de menthe fraîche, hachées
1	grosse pomme de terre cuite avec la pelure, pelée et émincée
30 ml	(*2 c. à soupe*) vinaigre de vin rouge
45 ml	(*3 c. à soupe*) huile d'olive
125 ml	(*½ tasse*) fromage feta haché
	quelques gouttes de jus de citron
	sel et poivre

Mettre l'agneau dans un grand bol. Ajouter piments et olives. Saler, poivrer. Ajouter brocoli, menthe et pomme de terre ; mêler.

Poivrer généreusement. Arroser de vinaigre et d'huile. Ajouter le fromage ; mêler et rectifier l'assaisonnement.

Arroser de jus de citron. Servir. Si désiré, ajouter quelques tranches de fromage feta.

1 portion	*407 calories*	*14 g glucides*
27 g protéines	*27g lipides*	*6,3 g fibres*

aubergines sur pain

pour 4 à 6 personnes

	grosses aubergines
5 ml	(*1 c. à soupe*) origan frais haché
	gousses d'ail, blanchies et écrasées
0 à 75 ml	(*4 à 5 c. à soupe*) huile d'olive
	sel et poivre
	craquelins assortis ou pain grillé

Préchauffer le four à 220°C (*425°F*).

Faire 3 ou 4 incisions sur la pelure des aubergines. Placer les aubergines entières dans un plat à rôtir; cuire 45 minutes au four.

Retirer du four. Peler les aubergines et hacher la chair. Mettre dans un bol.

Ajouter origan et ail; bien mélanger et assaisonner. Incorporer l'huile d'olive tout en mélangeant constamment.

Servir sur des craquelins ou du pain grillé.

1 portion	*190 calories*	*21 g glucides*
4 g protéines	*10 g lipides*	*2,7 g fibres*

Croque-monsieur aux œufs

pour 4 personnes

15 ml	(*1 c. à soupe*) huile d'olive
½	oignon, haché
1	gousse d'ail, écrasée et hachée
500 ml	(*2 tasses*) choucroute, bien rincée
8	tranches épaisses de pain français
12	tranches de jambon de la Forêt Noire
375 ml	(*1½ tasse*) fromage suisse râpé
50 ml	(*¼ tasse*) eau
4	œufs battus
30 ml	(*2 c. à soupe*) beurre
	poivre

Faire chauffer l'huile dans une sauteuse. Ajouter oignon et ail ; cuire 5 à 6 minutes à feu moyen-doux.

Ajouter la choucroute, mélanger ; couvrir et continuer la cuisson 15 à 20 minutes en remuant de temps à autre.

Entre-temps, beurrer les tranches de pain et préparer 4 sandwiches, chacun contenant 3 tranches de jambon et du fromage râpé.

Incorporer l'eau aux œufs battus et poivrer.

Faire chauffer le beurre dans une grande poêle à frire. Tremper les sandwiches, un à la fois, dans les œufs battus, puis les mettre dans la poêle contenant le beurre chaud.

Cuire 3 minutes de chaque côté à feu moyen.

Servir avec la choucroute.

1 portion	578 calories	33 g glucides
35 g protéines	34 g lipides	2,8 g fibres

rempette de légumes

1	concombre, pelé, épépiné et coupé en dés
1	grosse tomate sans la pelure, épépinée et coupée en dés
2	oignons verts, hachés
125 ml	(½ *tasse*) haricots sautés, en conserve
50 ml	(¼ *tasse*) bouillon de poulet
2 ml	(½ *c. à thé*) assaisonnement Maggi
15 ml	(*1 c. à soupe*) piment jalapeño épépiné et haché
1	avocat mûr, pelé et réduit en purée
5 ml	(*1 c. à thé*) huile d'olive
	sel et poivre
	jus d'un citron
	feuilles de laitue

Placer concombre, tomate et oignons verts dans un bol. Saler, poivrer. Mettre de côté.

Réchauffer les haricots sautés et le bouillon de poulet dans une petite casserole. Verser dans le bol contenant les légumes et bien incorporer les ingrédients.

Ajouter l'assaisonnement Maggi et le piment jalapeño. Mélanger et mettre la purée d'avocat et le jus de citron.

Incorporer l'huile d'olive et réfrigérer 20 minutes.

Servir sur un lit de laitue. Accompagner de chips nachos.

1 portion	*118 calories*	*14 g glucides*
2 g protéines	*6 g lipides*	*3,6 g fibres*

415

Soupe verte

1	avocat mûr
125 ml	(*½ tasse*) crème fouettée
500 ml	(*2 tasses*) bouillon de poulet
2 ml	(*½ c. à thé*) assaisonnement Maggi
	jus d'un demi-citron
	sel et poivre
	crème sure
	ciboulette fraîche, hachée
	paprika

Peler l'avocat et couper la chair en petits morceaux. Réduire en purée dans un robot culinaire.

Verser la purée dans un bol et incorporer la crème fouettée au fouet. Ajouter le bouillon de poulet tout en fouettant.

Arroser de jus de citron et d'assaisonnement Maggi. Saler, poivrer au goût.

Réfrigérer 1 heure.

Au moment de servir, couronner de crème sure et parsemer de ciboulette et de paprika.

1 portion	*153 calories*	*7 g glucides*
2 g protéines	*13 g lipides*	*1,2 g fibres*

Aubergine aux haricots de lima

pour 4 personnes

1	aubergine, avec pelure entaillée
15 ml	(*1 c. à soupe*) huile
1	oignon, haché
30 ml	(*2 c. à soupe*) piment jalapeño émincé
1	gousse d'ail, écrasée et hachée
1	tomate, pelée et hachée
398 ml	(*14 oz*) haricots de lima en conserve, égouttés
	sel et poivre

Préchauffer le four à 200°C (*400°F*).

Placer l'aubergine entière dans un plat à rôtir. Cuire 45 minutes au four.

Retirer l'aubergine du four. La couper, avec la pelure, en cubes.

Faire chauffer l'huile dans une sauteuse à feu vif. Ajouter aubergine, oignon, piment jalapeño et ail ; cuire 3 à 4 minutes.

Bien mélanger et ajouter la tomate. Saler, poivrer et continuer la cuisson 4 à 5 minutes.

Incorporer les haricots de lima, remuer et rectifier l'assaisonnement. Cuire 3 à 4 minutes. Servir.

1 portion	144 calories	22 g glucides
5 g protéines	4 g lipides	4,5 g fibres

Crevettes à la mexicaine

750 g	(*1½ livre*) grosses crevettes
15 ml	(*1 c. à soupe*) huile
1	piment rouge, coupé en grosses lanières
2	oignons verts, émincés
5 ml	(*1 c. à thé*) piment jalapeño haché
250 ml	(*1 tasse*) sauce piquante mexicaine
125 ml	(*½ tasse*) haricots sautés en conserve
125 ml	(*½ tasse*) bouillon de poulet chaud
	sel et poivre

Décortiquer et laver les crevettes.

Faire chauffer l'huile dans une sauteuse à feu moyen-vif. Ajouter les crevettes et cuire 2 minutes.

Mettre piment rouge, oignons verts et piment jalapeño ; continuer la cuisson 2 à 3 minutes. Rectifier l'assaisonnement.

Retirer les crevettes de la sauteuse. Mettre de côté.

Verser la sauce piquante dans la sauteuse et ajouter les haricots sautés ; mélanger et incorporer le bouillon de poulet. Cuire 4 à 5 minutes.

Remettre les crevettes dans la sauteuse et réchauffer 1 minute.

1 portion	*198 calories*	*13 g glucides*
23 g protéines	*6 g lipides*	*1,6 g fibres*

1. Faire chauffer l'huile à feu moyen-vif. Ajouter les crevettes et cuire 2 minutes.

2. Mettre piment rouge, oignons et piment jalapeño ; continuer la cuisson 2 à 3 minutes. Rectifier l'assaisonnement.

3. Retirer les crevettes de la sauteuse. Verser la sauce piquante sur les légumes.

4. Ajouter les haricots sautés. Incorporer le bouillon de poulet et cuire 4 à 5 minutes.

Bœuf picadillo

pour 4 personnes

15 ml	(*1 c. à soupe*) huile
250 g	(*½ livre*) bœuf haché maigre
1	petit oignon, haché
1	oignon vert, haché
2	gousses d'ail, écrasées et hachées
125 ml	(*½ tasse*) olives vertes farcies
1	petit piment vert mariné, épépiné et haché
15 ml	(*1 c. à soupe*) ciboulette fraîche hachée
30 ml	(*2 c. à soupe*) haricots sautés en conserve
125 ml	(*½ tasse*) sauce piquante mexicaine
125 ml	(*½ tasse*) sauce à taco
4	coquilles pour tostadas
250 ml	(*1 tasse*) fromage cheddar râpé sel et poivre

Faire chauffer l'huile dans une poêle à frire à feu vif. Ajouter la viande et saler, poivrer ; cuire 3 à 4 minutes en remuant de temps à autre.

Ajouter oignons, ail, olives, piment vert et ciboulette ; bien mélanger. Rectifier l'assaisonnement et continuer la cuisson 3 à 4 minutes.

Ajouter les haricots sautés et cuire 2 minutes.

Incorporer sauce piquante et sauce à taco ; laisser mijoter 5 minutes à feu doux.

Placer les coquilles pour tostadas dans un grand plat allant au four. Verser le mélange de viande sur les coquilles et couronner de fromage.

Faire fondre le fromage au four (broil).

1 portion	*434 calories*	*25 g glucides*
25 g protéines	*26 g lipides*	*3,7 g fibres*

Tacos au poulet

pour *4 personnes*

15 ml	(*1 c. à soupe*) huile
½	piment vert, coupé en julienne
½	piment rouge, coupé en julienne
½	oignon, émincé
2	oignons verts, hachés
½	courgette, coupée en julienne
2	poitrines de poulet entières sans peau, désossées et coupées en lanières
45 ml	(*3 c. à soupe*) haricots sautés en conserve
50 ml	(*¼ tasse*) bouillon de poulet
30 ml	(*2 c. à soupe*) sauce à taco
4	coquilles pour tacos
	sel et poivre

Faire chauffer l'huile dans une sauteuse à feu vif. Ajouter piments, oignons et courgette ; mélanger et assaisonner. Cuire 4 minutes à feu moyen-vif.

Ajouter le poulet ; saler, poivrer et continuer la cuisson 7 à 8 minutes en remuant une fois durant la cuisson.

Incorporer les haricots sautés. Ajouter bouillon de poulet et sauce à taco ; remuer et assaisonner. Cuire 2 minutes. Remplir les coquilles pour tacos. Servir aussitôt.

1 portion	*268 calories*	*19 g glucides*
30 g protéines	*8 g lipides*	*2,1 g fibres*

Burritos au poulet

15 ml	(*1 c. à soupe*) huile
2	poitrines de poulet entières, sans peau, désossées et coupées en lanières
1	piment jaune, coupé en julienne
125 ml	(*½ tasse*) olives vertes farcies, finement hachées
1	grosse tomate, pelée, épépinée et hachée
1	piment vert fort mariné, haché
175 ml	(*¾ tasse*) sauce à taco
125 ml	(*½ tasse*) haricots sautés en conserve
4	tortillas molles
	paprika
	sel et poivre

Faire chauffer l'huile dans une sauteuse à feu moyen-vif. Ajouter le poulet et cuire 2 à 3 minutes.

Mettre piment jaune et olives. Saupoudrer de paprika et continuer la cuisson 3 à 4 minutes.

Saler, poivrer. Ajouter tomate et piment fort ; bien mélanger.

Incorporer la sauce à taco ; remuer et ajouter les haricots sautés. Rectifier l'assaisonnement. Cuire 3 à 4 minutes à feu doux.

Garnir les tortillas, les rouler et servir.

1 portion	329 calories	22 g glucides
31 g protéines	13 g lipides	4,3 g fibres

1. Mettre le poulet dans l'huile chaude et cuire 2 à 3 minutes à feu moyen-vif. Ajouter piment et olives. Assaisonner de paprika et continuer la cuisson 3 à 4 minutes.

2. Saler, poivrer. Ajouter tomate et piment fort ; bien mélanger.

3. Incorporer la sauce à taco et remuer.

4. Ajouter les haricots sautés. Rectifier l'assaisonnement. Cuire 3 à 4 minutes à feu doux.

423

Riz vert

pour 4 personnes

15 ml	(*1 c. à soupe*) huile végétale
3	oignons verts, émincés
1	gros piment vert, haché
15 ml	(*1 c. à soupe*) piment jalapeño haché
2	gousses d'ail, écrasées et hachées
125 ml	(*½ tasse*) olives dénoyautées hachées
500 ml	(*2 tasses*) riz blanc cuit et chaud
15 ml	(*1 c. à soupe*) huile d'olive
15 ml	(*1 c. à soupe*) persil frais haché
	sel et poivre

Faire chauffer l'huile végétale dans une casserole à feu moyen. Ajouter oignons verts, piments, ail et olives. Saler, poivrer ; cuire 4 à 5 minutes.

Transvider le tout dans un robot culinaire et réduire en purée.

Incorporer la purée au riz chaud. Arroser d'huile d'olive et parsemer de persil. Rectifier l'assaisonnement ; mélanger et servir.

1 portion	*238 calories*	*29 g glucides*
3 g protéines	*12 g lipides*	*3,4 g fibres*

Lanières de porc et légumes en sauce

pour 4 personnes

15 ml	(*1 c. à soupe*) huile
2	côtes de porc papillon, dégraissées et coupées en lanières
15 ml	(*1 c. à soupe*) gingembre frais haché
2	gousses d'ail, écrasées et hachées
30 ml	(*2 c. à soupe*) sauce soya
1	piment rouge, émincé
1½	piment jaune, émincé
1	courgette, émincée
250 ml	(*1 tasse*) raisins verts sans pépins
250 ml	(*1 tasse*) bouillon de poulet chaud
60 ml	(*4 c. à soupe*) sauce chinoise aux haricots
15 ml	(*1 c. à soupe*) fécule de maïs
45 ml	(*3 c. à soupe*) eau froide
	poivre

Faire chauffer l'huile à feu vif dans un wok ou une sauteuse. Ajouter porc, gingembre et ail ; cuire 2 minutes à feu moyen.

Retourner la viande. Poivrer et continuer la cuisson 1 minute.

Ajouter la sauce soya et cuire 1 minute. Retirer la viande du wok et mettre de côté.

Placer légumes et raisins dans le wok ; cuire 4 minutes à feu moyen-vif.

Incorporer bouillon de poulet et sauce aux haricots ; bien mélanger. Amener à ébullition et cuire 1 minute.

Délayer la fécule de maïs dans l'eau froide. Incorporer à la sauce et cuire 2 minutes.

Remettre la viande dans la sauce et réchauffer quelques secondes. Servir avec du riz.

1 portion	378 calories	18 g glucides
36 g protéines	18 g lipides	2,2 g fibres

425

Légumes à la vapeur

pour 4 personnes

20	pois mange-tout, nettoyés
½	piment rouge, coupé en lanières
½	courgette, coupée en deux dans le sens de la longueur et émincée
1	branche de céleri, émincée
½	tête de brocoli, en fleurettes
125 g	(¼ *livre*) haricots verts, nettoyés sel et poivre

Placer un panier chinois en bambou dans un wok. Ajouter assez d'eau pour atteindre le fond du panier.

Mettre les légumes en plaçant les plus gros morceaux dans le fond du panier. Saler, poivrer ; couvrir le panier et cuire à la vapeur.

Dès que les légumes sont tendres mais pas trop cuits, les retirer du panier. Servir.

1 portion	*44 calories*	*8 g glucides*
3 g protéines	*0 g lipides*	*4,4 g fibres*

1. Choisir un panier en bambou de bonne qualité muni d'un couvercle, de même qu'un wok en acier inoxydable.

2. Placer le panier dans un wok. Mettre les légumes dans le panier et couvrir. Ajouter assez d'eau pour atteindre le fond du panier.

3. Placer les plus gros légumes dans le fond du panier pour obtenir une cuisson plus uniforme. Bien assaisonner.

4. Faire cuire à la vapeur jusqu'à ce que les légumes soient tendres mais pas trop cuits.

Porc du Sichuan

pour 4 personnes

2	côtes de porc papillon, dégraissées et coupées en lanières
15 ml	(*1 c. à soupe*) gingembre frais haché
2	gousses d'ail, écrasées et hachées
3	piments tabasco marinés, finement hachés
5 ml	(*1 c. à thé*) huile de sésame
5 ml	(*1 c. à thé*) sauce soya
375 ml	(*1½ tasse*) bouillon de poulet chaud
30 ml	(*2 c. à soupe*) sauce chinoise aux haricots
15 ml	(*1 c. à soupe*) sauce aux prunes
2 ml	(*½ c. à thé*) fécule de maïs
15 ml	(*1 c. à soupe*) eau froide
15 ml	(*1 c. à soupe*) huile végétale
	poivre

Mettre les lanières de porc dans un bol et poivrer. Ajouter le gingembre, 1 gousse d'ail et la moitié des piments tabasco. Arroser d'huile de sésame et de sauce soya ; bien remuer. Ajouter 125 ml (*½ tasse*) de bouillon de poulet et laisser mariner 15 minutes.

Entre-temps, verser la sauce aux haricots et la sauce aux prunes dans une petite casserole. Ajouter le reste du bouillon de poulet et remuer. Mettre le reste des piments et de l'ail ; amener à ébullition à feu vif. Continuer la cuisson 8 à 10 minutes à feu doux.

Égoutter le porc et réserver 50 ml (*¼ tasse*) de la marinade. Les mettre de côté.

Délayer la fécule de maïs dans l'eau froide ; incorporer au mélange de sauces. Ajouter la marinade réservée et cuire 1 à 2 minutes à feu doux.

Faire chauffer l'huile végétale dans une poêle à frire à feu vif. Ajouter le porc et cuire 3 minutes. Retourner la viande. Poivrer et cuire 2 minutes.

Servir avec la sauce. Si désiré, accompagner de melon.

1 portion	335 calories	7 g glucides
34 g protéines	19 g lipides	0,9 g fibres

Riz aux légumes

pour 4 personnes

30 ml	(*2 c. à soupe*) huile végétale
1	branche de céleri, tranchée en biais
½	oignon, haché
½	courgette, coupée en bâtonnets
6	gros champignons frais, nettoyés et coupés en dés
½	piment rouge, haché
20	pois mange-tout, nettoyés
15 ml	(*1 c. à soupe*) gingembre frais haché
15 ml	(*1 c. à soupe*) sauce soya
500 ml	(*2 tasses*) riz blanc cuit
	sel et poivre
	quelques gouttes d'huile de sésame

Faire chauffer l'huile végétale dans une sauteuse. Ajouter céleri, oignon et courgette ; cuire 3 à 4 minutes à feu vif.

Ajouter champignons, piment rouge et pois mange-tout. Saler, poivrer et arroser d'huile de sésame. Ajouter le gingembre et bien mélanger ; cuire 3 à 4 minutes.

Arroser de sauce soya et cuire 1 minute.

Incorporer le riz et cuire 3 à 4 minutes. Servir.

1 portion	216 calories	31 g glucides
5 g protéines	8 g lipides	5,2 g fibres

429

Bœuf au saké

625 g	(*1¼ livre*) surlonge de bœuf, émincée
30 ml	(*2 c. à soupe*) sauce soya
15 ml	(*1 c. à soupe*) sauce teriyaki
45 ml	(*3 c. à soupe*) saké
3	gousses d'ail, écrasées et hachées
15 ml	(*1 c. à soupe*) cassonade
30 ml	(*2 c. à soupe*) huile d'arachide
	jus d'un demi-citron
	poivre

Disposer les tranches de bœuf dans un grand plat. Arroser de sauce soya, de sauce teriyaki, de jus de citron et de saké.

Saupoudrer la viande d'ail. Poivrer, mais ne pas saler !

Parsemer de cassonade ; couvrir et réfrigérer 4 heures.

Faire chauffer l'huile d'arachide à feu vif dans une grande poêle à frire. Ajouter la viande et saisir 1 minute.

Retourner la viande et continuer la cuisson 1 minute.

Servir avec du riz à la vapeur.

1 portion	298 calories	7 g glucides
36 g protéines	14 g lipides	0 g fibres

Surlonge de bœuf à l'orange

pour 4 personnes

625 g	(*1¼ livre*) steak de surlonge, coupé en lanières
2	piments tabasco marinés, hachés
15 ml	(*1 c. à soupe*) sauce soya
5 ml	(*1 c. à thé*) huile de sésame
10 ml	(*2 c. à thé*) fécule de maïs
30 ml	(*2 c. à soupe*) huile végétale
½	oignon, émincé
1	branche de céleri, tranchée en biais
1	piment jaune, émincé
4	châtaignes d'eau, émincées
30 ml	(*2 c. à soupe*) vinaigre blanc
30 ml	(*2 c. à soupe*) cassonade
250 ml	(*1 tasse*) jus d'orange
15 ml	(*1 c. à soupe*) eau froide
	sel et poivre

Mettre la viande dans un bol. Ajouter les piments tabasco. Arroser de sauce soya et d'huile de sésame ; bien mêler. Ajouter 5 ml (*1 c. à thé*) de fécule de maïs et laisser mariner 15 minutes.

Faire chauffer 15 ml (*1 c. à soupe*) d'huile végétale dans une sauteuse à feu vif. Ajouter la viande et saisir 1 minute. Retourner la viande, assaisonner et continuer la cuisson 1 minute.

Retirer la viande de la sauteuse et mettre de côté.

Placer oignon et céleri dans la sauteuse. Arroser du reste d'huile végétale ; cuire 8 à 10 minutes à feu vif.

Ajouter piment jaune et châtaignes d'eau. Saler, poivrer et cuire 4 minutes à feu moyen-vif.

Incorporer vinaigre et cassonade ; cuire 3 à 4 minutes à feu vif. Ajouter le jus d'orange, remuer et amener à ébullition.

Délayer la fécule de maïs dans l'eau froide. Incorporer à la sauce. Saler, poivrer et cuire 2 minutes à feu doux.

Remettre la viande et son jus dans la sauce ; chauffer 2 minutes. Servir.

1 portion	367 calories	21 g glucides
37 g protéines	15 g lipides	1,4 g fibres

Boulettes de viande au sésame

pour 4 personnes

375 g	(¾ *livre*) bœuf haché maigre
30 ml	(*2 c. à soupe*) cassonade
1	gousse d'ail, écrasée et hachée
15 ml	(*1 c. à soupe*) gingembre frais haché
30 ml	(*2 c. à soupe*) graines de sésame
1	œuf
15 ml	(*1 c. à soupe*) sauce soya
15 ml	(*1 c. à soupe*) huile végétale
	quelques gouttes d'huile de sésame
	poivre
	sauce chinoise aux haricots

Mettre bœuf, cassonade, ail, gingembre, 15 ml (*1 c. à soupe*) de graines de sésame, œuf, sauce soya et quelques gouttes d'huile de sésame dans un robot culinaire. Poivrer et bien mélanger.

Retirer la viande et former des petites boulettes.

Faire chauffer l'huile végétale dans une poêle à frire à feu vif. Ajouter les boulettes et cuire 4 minutes à feu moyen. Retourner les boulettes, poivrer et continuer la cuisson 4 minutes ou selon la grosseur des boulettes.

Parsemer du reste de graines de sésame et cuire 1 minute.

Accompagner les boulettes de fruits frais. Servir avec de la sauce aux haricots.

1 portion	264 calories	8 g glucides
22 g protéines	16 g lipides	0,1 g fibres

432

Bœuf au soya

pour 4 personnes

750 g	(*1½ livre*) surlonge de bœuf, émincée perpendiculairement au sens des fibres de la viande
60 ml	(*4 c. à soupe*) sauce soya
30 ml	(*2 c. à soupe*) cassonade
2	gousses d'ail, écrasées et hachées
30 ml	(*2 c. à soupe*) huile d'arachide quelques gouttes d'huile de sésame jus d'un demi-citron graines de sésame

Mettre la viande dans un bol. Arroser de sauce soya et d'huile de sésame. Ajouter cassonade, jus de citron et ail ; bien mêler. Couvrir et réfrigérer 3 heures.

Faire chauffer l'huile d'arachide à feu vif dans un wok. Ajouter la viande et cuire 1 minute de chaque côté ou selon l'épaisseur des tranches.

Retirer la viande du wok et mettre dans un plat de service. Parsemer de graines de sésame. Servir aussitôt.

1 portion	*501 calories*	*42 g glucides*
45 g protéines	*17 g lipides*	*0,1 g fibres*

Filet de porc grillé

1	filet de porc, dégraissé
45 ml	(*3 c. à soupe*) huile d'olive
2	gousses d'ail, écrasées et hachées
15 ml	(*1 c. à soupe*) livèche fraîche hachée
5 ml	(*1 c. à thé*) marjolaine fraîche hachée
5 ml	(*1 c. à thé*) romarin frais haché
1	courgette, coupée en trois dans le sens de la longueur, puis coupée en trois dans le sens de la largeur
15 ml	(*1 c. à soupe*) moutarde de Dijon sel et poivre

Couper le filet en deux dans le sens de la longueur, aux trois quarts de son épaisseur, et l'ouvrir en papillon.

Mélanger l'huile et l'ail. Badigeonner l'intérieur du filet du mélange et y mettre les herbes fraîches. Badigeonner de nouveau d'huile et refermer le filet. Répéter l'opération sur l'extérieur du filet. Mettre de côté.

Badigeonner également la courgette du mélange d'huile.

Préchauffer le barbecue à FORT. Cuire la courgette 3 à 4 minutes de chaque côté.

Rouvrir le filet et le placer à plat sur la grille chaude. Cuire 4 à 5 minutes.

Retourner le filet. Saler, poivrer et badigeonner de moutarde. Cuire 4 à 5 minutes.

Retourner de nouveau le filet et continuer la cuisson 4 à 5 minutes ou selon la grosseur du filet.

Servir avec la courgette.

1 portion	668 calories	7 g glucides
61 g protéines	*44 g lipides*	*2,5 g fibres*

Spaghetti primavera

pour 4 personnes

30 ml	(*2 c. à soupe*) huile d'olive
½	brocoli, lavé et en fleurettes
½	piment vert, émincé
½	piment rouge, émincé
1	courgette, coupée en deux et émincée
1	branche de céleri, coupée en dés
20	pois mange-tout, nettoyés
1	gousse d'ail, écrasée et hachée
4	portions de spaghetti cuit, chaud
60 ml	(*4 c. à soupe*) fromage parmesan râpé sel et poivre

Faire chauffer l'huile dans une grande poêle à frire à feu moyen. Ajouter brocoli, piments, courgette, céleri et pois mange-tout. Bien mélanger. Ajouter l'ail et assaisonner ; couvrir et cuire 4 à 5 minutes.

Incorporer les pâtes chaudes. Rectifier l'assaisonnement ; couvrir et continuer la cuisson 2 minutes.

Saupoudrer de fromage ; couvrir et cuire 1 minute. Servir aussitôt.

1 portion	358 calories	54 g glucides
13 g protéines	10 g lipides	8,5 g fibres

435

Foie de veau à la lyonnaise

30 ml	(*2 c. à soupe*) beurre
2	oignons rouges, émincés
1	gousse d'ail, écrasée et hachée
4	tranches de foie de veau
	sel et poivre
	farine assaisonnée
	jus d'un demi-citron

Faire chauffer 15 ml (*1 c. à soupe*) de beurre dans une poêle à frire à feu moyen. Ajouter oignons et ail. Saler, poivrer et cuire 10 à 15 minutes.

Entre-temps, retirer le gras du foie de veau. Enfariner le veau.

Faire chauffer le reste du beurre dans une poêle à frire à feu moyen. Ajouter le foie et cuire 2 minutes 30 secondes à feu moyen-doux.

Retourner le foie. Saler, poivrer et continuer la cuisson 2 à 3 minutes ou selon la cuisson désirée.

Déglacer les oignons au jus de citron et cuire 1 minute à feu vif.

Accompagner le foie de veau d'oignons déglacés au citron.

1 portion	*316 calories*	*18 g glucides*
34 g protéines	*12 g lipides*	*1,4 g fibres*

Fantaisie de champignons sauvages

pour 4 personnes

30 ml	(*2 c. à soupe*) beurre
2	échalotes sèches, finement hachées
900 g	(*2 livres*) champignons blancs frais, nettoyés et coupés en quartiers
500 ml	(*2 tasses*) champignons sauvages comestibles, nettoyés
15 ml	(*1 c. à soupe*) persil frais haché
15 ml	(*1 c. à soupe*) ciboulette fraîche hachée
45 ml	(*3 c. à soupe*) vin blanc sec
25 ml	(*1½ c. à soupe*) farine
375 ml	(*1½ tasse*) lait chaud
	sel et poivre
	paprika
	pain français grillé

Faire chauffer le beurre dans une sauteuse à feu moyen-vif. Ajouter échalotes et champignons blancs ; cuire 5 à 6 minutes.

Mettre champignons sauvages, persil, ciboulette, sel et poivre ; faire sauter 2 à 3 minutes.

Ajouter le vin et continuer la cuisson 3 minutes. Incorporer la farine et cuire 1 minute.

Ajouter le lait chaud, remuer et cuire 3 à 4 minutes à feu moyen.

Saupoudrer de paprika. Servir sur du pain français grillé.

1 portion	*282 calories*	*36 g glucides*
12 g protéines	*10 g lipides*	*7,5 g fibres*

Entrecôtes Mama Mia

pour 2 personnes

45 ml	(*3 c. à soupe*) huile d'olive
1	petite aubergine avec la pelure, coupée en cubes
1	piment vert, émincé
1	piment banane, épépiné et haché
½	piment jaune, émincé
1	grosse tomate, coupée en cubes
15 ml	(*1 c. à soupe*) origan frais haché
5 ml	(*1 c. à thé*) thym frais haché
2	gousses d'ail, écrasées et hachées
2	entrecôtes de 250 g (*8 oz*) chacune sel et poivre

Faire chauffer 30 ml (*2 c. à soupe*) d'huile dans une sauteuse à feu vif. Ajouter l'aubergine ; couvrir et cuire 10 minutes à feu moyen.

Incorporer piments, tomate, origan, thym et 1 gousse d'ail. Saler, poivrer ; couvrir partiellement et continuer la cuisson 6 à 7 minutes.

Entre-temps, mélanger les restes d'huile et d'ail. Badigeonner la viande du mélange.

Préchauffer le barbecue à FORT.

Placer les entrecôtes sur la grille chaude et cuire 3 minutes de chaque côté ou selon la cuisson désirée.

Servir avec la garniture.

1 portion	639 calories	14 g glucides
58 g protéines	39 g lipides	4,3 g fibres

438

Osso-buco

pour 4 personnes

8	jarrets de veau, de 4 cm (*1½ po*) d'épaisseur
25 ml	(*1½ c. à soupe*) huile
1	oignon, haché
3	gousses d'ail, écrasées et hachées
250 ml	(*1 tasse*) vin blanc sec
796 ml	(*28 oz*) tomates en conserve, égouttées et hachées
30 ml	(*2 c. à soupe*) pâte de tomates
125 ml	(*½ tasse*) sauce brune, chaude
2 ml	(*½ c. à thé*) origan
1 ml	(*¼ c. à thé*) thym
1	feuille de laurier, hachée
	farine assaisonnée
	sel et poivre
	une pincée de sucre

Préchauffer le four à 180°C (*350°F*).

Enfariner le veau.

Faire chauffer l'huile dans une grande casserole allant au four. Saisir le veau 3 à 4 minutes de chaque côté à feu moyen-vif. Saler, poivrer.

Retirer le veau de la casserole. Mettre de côté.

Placer oignon et ail dans la casserole et cuire 3 à 4 minutes à feu moyen.

Incorporer le vin ; cuire 4 minutes à feu vif.

Incorporer tomates, pâte de tomates et sauce brune. Ajouter épices et sucre ; mélanger et rectifier l'assaisonnement. Amener à ébullition.

Remettre le veau dans la casserole ; couvrir et cuire 2 heures au four.

Dès que le veau est cuit, retirer la casserole du four. Enlever le veau de la casserole. Mettre de côté.

Faire cuire la sauce 3 à 4 minutes à feu vif. Rectifier l'assaisonnement. Verser sur le veau. Servir.

1 portion	*499 calories*	*25 g glucides*
48 g protéines	*23 g lipides*	*2,8 g fibres*

439

Veau à la Vista

30 ml	(*2 c. à soupe*) beurre fondu
2	grandes tranches d'épaule de veau, de 2,5 cm (*1 po*) d'épaisseur
1	oignon, finement haché
1	piment vert, coupé en cubes
3	tomates, pelées, épépinées et coupées en cubes
15 ml	(*1 c. à soupe*) pâte de tomates
125 ml	(*½ tasse*) bouillon de poulet chaud
2 ml	(*½ c. à thé*) estragon
3	oignons verts, hachés sel et poivre

Préchauffer le four à 180°C (*350°F*).

Faire chauffer le beurre fondu dans une poêle à frire. Ajouter le veau et le saisir de tous les côtés à feu moyen. Placer le veau dans une casserole allant au four et mettre de côté.

Placer oignon et piment dans la poêle à frire. Saler, poivrer et cuire 4 minutes à feu moyen.

Ajouter les tomates. Incorporer pâte de tomates et bouillon de poulet. Saler, poivrer et ajouter l'estragon ; remuer et amener à ébullition. Cuire 3 à 4 minutes à feu vif.

Bien remuer les tomates et rectifier l'assaisonnement. Verser le mélange dans la casserole contenant le veau sauté. Couvrir et cuire 1 heure au four.

Décorer d'oignons verts avant de servir.

1 portion	670 calories	10 g glucides
72 g protéines	38 g lipides	2,7 g fibres

Poulet Florence

30 ml	(*2 c. à soupe*) huile d'olive
1,8 kg	(*4 livres*) poulet, sans la peau, nettoyé et coupé en huit morceaux
1	oignon rouge, haché
1	gousse d'ail, écrasée et hachée
1	piment rouge, coupé en cubes
1	piment vert, coupé en cubes
1	pied de brocoli, tranché
6	gros champignons frais, nettoyés et coupés en quartiers
	farine assaisonnée
	sel et poivre

Faire chauffer l'huile dans une sauteuse à feu moyen-vif. Enfariner les morceaux de poulet.

Placer le poulet dans l'huile chaude et le saisir 8 minutes. Retourner le poulet ; saler, poivrer et ajouter oignon et ail. Cuire 6 minutes à feu moyen.

Ajouter piments, brocoli et champignons. Rectifier l'assaisonnement ; couvrir et cuire 10 à 12 minutes à feu doux.

1 portion	543 calories	22 g glucides
62 g protéines	23 g lipides	4,1 g fibres

Veau assaisonné à l'origan

pour 2 personnes

2	côtes de veau, de 2 cm (*¾ po*) d'épaisseur, dégraissées
15 ml	(*1 c. à soupe*) huile d'olive
8	gros champignons frais, nettoyés et émincés
15 ml	(*1 c. à soupe*) beurre
15 ml	(*1 c. à soupe*) origan frais haché
50 ml	(*¼ tasse*) crème à 35 %
	farine assaisonnée
	jus d'un demi-citron
	sel et poivre

Enfariner les côtes de veau.

Faire chauffer l'huile dans une poêle à frire à feu vif. Ajouter les côtes et cuire 4 minutes à feu moyen-vif.

Retourner les côtes, assaisonner et continuer la cuisson 5 minutes à feu moyen.

Retourner de nouveau les côtes et poursuivre la cuisson 3 minutes ou selon la cuisson désirée. Placer les côtes dans un plat de service chaud. Mettre de côté.

Placer les champignons dans la poêle chaude et arroser de jus de citron. Ajouter beurre et origan ; cuire 3 à 4 minutes à feu vif.

Incorporer la crème et rectifier l'assaisonnement ; cuire 2 à 3 minutes à feu moyen.

Verser sur les côtes de veau. Servir avec des nouilles.

1 portion	498 calories	20 g glucides
28 g protéines	34 g lipides	3,1 g fibres

1. *Il est très important de choisir des produits de première qualité.*

2. *Enfariner le veau. Saisir le veau dans l'huile chaude 4 minutes à feu moyen-vif. Continuer la cuisson 8 minutes en retournant le veau durant la cuisson. Retirer le veau et mettre de côté.*

3. *Mettre les champignons dans la poêle chaude. Arroser de jus de citron et ajouter beurre et origan. Cuire 3 à 4 minutes à feu vif.*

4. *Incorporer la crème et rectifier l'assaisonnement. Cuire 2 à 3 minutes à feu moyen. Verser sur le veau. Servir.*

443

Haricots blancs Cupidon

pour 4 à 6 personnes

5 ml	(*1 c. à thé*) huile d'olive
1	gros oignon rouge, coupé en cubes
1	branche de céleri, coupée en cubes
1	gousse d'ail, écrasée et hachée
375 ml	(*1½ tasse*) haricots blancs secs, trempés toute la nuit dans l'eau
796 ml	(*28 oz*) tomates en conserve avec le jus
1 L	(*4 tasses*) bouillon de poulet chaud épices fraîches au choix : thym, origan, basilic, persil sel et poivre

Faire chauffer l'huile dans une grande casserole à feu moyen-vif. Ajouter oignon, céleri et ail ; cuire 5 à 6 minutes.

Ajouter les haricots égouttés et le reste des ingrédients ; bien mélanger. Rectifier l'assaisonnement ; couvrir et amener à ébullition.

Réduire la chaleur à feu doux et continuer la cuisson 3 heures.

1 portion	*174 calories*	*30 g glucides*
9 g protéines	*2 g lipides*	*8,2 g fibres*

Saucisses et pommes de terre au gruyère

pour 2 personnes

5 ml	(*1 c. à thé*) huile d'olive
2	grosses saucisses de veau
½	oignon, haché
15 ml	(*1 c. à soupe*) huile d'arachide
2	grosses pommes de terre cuites avec la pelure, pelées et coupées en tranches épaisses
50 ml	(*¼ tasse*) fromage gruyère râpé
250 ml	(*1 tasse*) sauce tomate ou autre sauce
	sel et poivre

Faire chauffer l'huile d'olive dans une poêle à frire. Ajouter les saucisses et cuire 3 à 4 minutes à feu moyen. Retourner les saucisses. Saler, poivrer et continuer la cuisson 3 minutes.

Ajouter l'oignon et poursuivre la cuisson, à feu moyen-doux, de 25 à 30 minutes ou selon la grosseur des saucisses. Retourner les saucisses quelques fois durant la cuisson.

Entre-temps, faire chauffer l'huile d'arachide dans une poêle à frire à feu moyen-vif. Ajouter les pommes de terre. Saler, poivrer et cuire 16 à 18 minutes. Retourner les pommes de terre de temps à autre durant la cuisson.

Ajouter le fromage râpé et continuer la cuisson 3 minutes à feu moyen.

Verser la sauce tomate sur les saucisses et cuire 4 à 5 minutes.

Servir aussitôt avec les pommes de terre au gruyère.

1 portion	*691 calories*	*48 g glucides*
28 g protéines	*43 g lipides*	*4,5 g fibres*

Jarrets de veau Belle France

pour 4 personnes

4	jarrets de veau, de 2,5 cm (*1 po*) d'épaisseur, dégraissés
15 ml	(*1 c. à soupe*) huile
1	gros oignon rouge, coupé en quartiers
2	gousses d'ail, écrasées et hachées
500 ml	(*2 tasses*) vin rouge sec
2	tomates, coupées en quartiers
30 ml	(*2 c. à soupe*) pâte de tomates
1	branche de thym, hachée
1	branche d'origan, hachée
1	branche de livèche, hachée
15 ml	(*1 c. à soupe*) beurre
250 g	(*½ livre*) champignons frais, nettoyés et coupés en quartiers
	farine assaisonnée
	sel et poivre

Préchauffer le four à 180°C (*350°F*).

Enfariner le veau.

Faire chauffer l'huile dans une sauteuse à feu vif. Ajouter le veau et le saisir 8 minutes de chaque côté à feu moyen.

Ajouter oignon et ail ; cuire 3 à 4 minutes.

Ajouter vin, tomates et pâte de tomates. Saler, poivrer. Mettre les herbes fraîches ; couvrir et continuer la cuisson 1 heure 30 minutes au four.

Faire chauffer le beurre dans une poêle à frire. Ajouter les champignons et les faire sauter 3 minutes. Saler, poivrer.

Incorporer les champignons au veau ; couvrir et continuer la cuisson au four pendant 1 heure 30 minutes.

Servir.

1 portion	319 calories	20 g glucides
26 g protéines	15 g lipides	4 g fibres

Enfariner les jarrets de veau.

2. Placer les jarrets dans l'huile chaude et saisir 8 minutes, sans les remuer.

Retourner les jarrets et saisir 8 minutes.

4. Ajouter oignon et ail; continuer la cuisson 3 à 4 minutes.

Souvlakis

750 g	(*1½ livre*) gigot d'agneau, coupé en cubes
60 ml	(*4 c. à soupe*) huile d'olive
30 ml	(*2 c. à soupe*) menthe fraîche hachée
2	gousses d'ail, écrasées et hachées
3	oignons verts, en morceaux de 2,5 cm (*1 po*)
	sel et poivre
	jus d'un citron

Mettre agneau, huile, poivre et jus de citron dans un bol. Ajouter menthe et ail ; mélanger et rectifier l'assaisonnement. Couvrir d'une pellicule plastique et mariner 3 heures au réfrigérateur.

Enfiler sur des brochettes en métal, en alternant agneau et oignons verts. Faire griller 3 à 4 minutes au four (broil) ou sur la grille d'un barbecue.

Accompagner de pain pita.

1 portion	392 calories	4 g glucides
40 g protéines	24 g lipides	0,6 g fibres

rochettes de pétoncles

pour 4 personnes

0 g (*1½ livre*) pétoncles frais, de
grosseur moyenne

ml (*2 c. à soupe*) huile d'olive
gousse d'ail, écrasée et hachée

ml (*1 c. à soupe*) origan frais haché
jus d'un demi-citron
poivre blanc

Mettre les pétoncles dans un bol. Ajouter tous les autres ingrédients ; mélanger et couvrir d'une pellicule plastique. Réfrigérer 2 à 3 heures.

Enfiler les pétoncles sur des brochettes de bois mouillées. Placer sur un barbecue préchauffé à FORT ou faire griller au four (broil). Cuire 1 minute de chaque côté.

Servir avec des légumes frais et des rondelles de citron.

1 portion	213 calories	1 g glucides
32 g protéines	9 g lipides	0 g fibres

Côtelettes d'agneau aux herbes

pour 4 personnes

8	côtelettes d'agneau, de 2 cm (*¾ po*) d'épaisseur
2	gousses d'ail, pelées et coupées en morceaux
8	branches de persil
8	branches d'origan
8	branches de thym
2	gousses d'ail, écrasées et hachées
15 ml	(*1 c. à soupe*) persil frais haché
5 ml	(*1 c. à thé*) romarin frais haché
45 ml	(*3 c. à soupe*) huile d'olive
	jus d'un citron
	sel et poivre

Préchauffer le barbecue à FORT.

Dégraisser les côtelettes d'agneau. Insérer les morceaux d'ail dans la chair.

Placer les herbes fraîches dans le creux de chaque côtelette. Enfiler délicatement les côtelettes sur des brochettes. Mettre de côté.

Mélanger ail haché, persil haché, romarin et jus de citron dans un petit bol. Incorporer l'huile au fouet. Saler, poivrer.

Badigeonner les deux côtés des côtelettes du mélange d'huile. Ne pas saler. Poivrer généreusement. Cuire 3 minutes sur la grille chaude.

Retourner l'agneau et continuer la cuisson 3 à 4 minutes ou selon la cuisson désirée. Servir.

1 portion	309 calories	3 g glucides
27 g protéines	21 g lipides	0,1 g fibres

1. *Dégraisser les côtelettes d'agneau.*

2. *Placer les herbes fraîches dans le creux de chaque côtelette et enfiler les côtelettes sur des brochettes.*

3. *Badigeonner les côtelettes, des deux côtés, du mélange d'huile.*

4. *Poivrer généreusement. Ne pas saler.*

Ragoût de poulet au paprika

pour 4 à 6 personnes

1,8 kg	(*4 livres*) poulet, nettoyé
15 ml	(*1 c. à soupe*) huile d'olive
15 ml	(*1 c. à soupe*) beurre
1	oignon rouge, coupé en cubes
25 ml	(*1½ c. à soupe*) paprika
796 ml	(*28 oz*) tomates en conserve avec le jus
2	gousses d'ail, blanchies et écrasées
1	branche de livèche, hachée
1	piment vert, coupé en cubes et sauté farine assaisonnée sel et poivre

Préchauffer le four à 180°C (*350°F*).

Couper le poulet en 8 morceaux (voir la technique à la page 453). Retirer la peau.

Enfariner les morceaux de poulet.

Faire chauffer l'huile dans une grande sauteuse à feu vif. Ajouter les morceaux de poulet ; saisir 4 minutes à feu moyen-vif.

Ajouter le beurre, retourner le poulet et continuer la cuisson 4 minutes.

Ajouter oignon et paprika ; cuire 6 à 7 minutes.

Incorporer les tomates et le jus. Ajouter l'ail et bien mélanger. Mettre la livèche. Saler, poivrer et amener à ébullition. Couvrir et poursuivre la cuisson au four pendant 30 minutes.

Ajouter le piment sauté ; couvrir et terminer la cuisson au four pendant 15 minutes. Servir.

1 portion	367 calories	17 g glucides
41 g protéines	15 g lipides	2 g fibres

1. *Couper les cuisses du poulet. Couper chaque cuisse en deux à la jointure.*

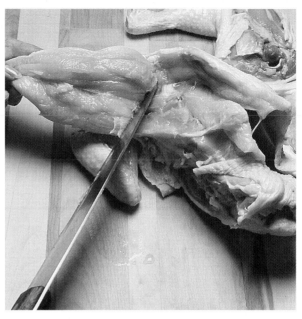

2. *Détacher les poitrines de la carcasse. Couper les ailerons sans oublier de retirer la pointe. Vous obtenez un total de 8 morceaux.*

3. *Retirer la peau. Enfariner le poulet et le saisir 4 minutes de chaque côté dans l'huile chaude.*

4. *Ajouter oignon et paprika ; cuire 6 à 7 minutes.*

453

Veau sur muffins anglais

45 ml	(*3 c. à soupe*) beurre
2	petits oignons, coupés en quartiers
15 ml	(*1 c. à soupe*) paprika
45 ml	(*3 c. à soupe*) farine
750 ml	(*3 tasses*) bouillon de poulet chaud
1	piment rouge, coupé en cubes
500 ml	(*2 tasses*) veau cuit, dégraissé et émincé
½	concombre, pelé et émincé
	sel et poivre
	muffins anglais, grillés

Faire chauffer 30 ml (*2 c. à soupe*) de beurre dans une casserole à feu moyen. Ajouter les oignons ; couvrir et cuire 4 minutes.

Saupoudrer de farine et de paprika ; bien mélanger. Cuire 2 minutes, sans couvrir, à feu doux.

Incorporer le bouillon de poulet, remuer et assaisonner. Amener à ébullition et cuire 12 minutes à feu moyen-doux.

Faire chauffer le reste du beurre dans une poêle à frire. Ajouter piment rouge, veau et concombre ; faire sauter 3 minutes à feu moyen-vif.

Verser le mélange de veau dans la casserole et laisser mijoter 2 à 3 minutes.

Étendre sur les muffins. Servir.

1 portion	*436 calories*	*37 g glucides*
27 g protéines	*20 g lipides*	*1,8 g fibres*

Pain de viande à la crème sure

pour 6 à 8 personnes

500 g	(*1 livre*) bœuf haché maigre
250 g	(*½ livre*) porc haché maigre
1	petit oignon, râpé
175 ml	(*¾ tasse*) grosse chapelure
250 ml	(*1 tasse*) lait
2 ml	(*½ c. à thé*) clou de girofle moulu
5 ml	(*1 c. à thé*) basilic
2 ml	(*½ c. à thé*) marjolaine
1	œuf, légèrement battu
45 ml	(*3 c. à soupe*) crème sure
15 ml	(*1 c. à soupe*) farine
125 ml	(*½ tasse*) bouillon de poulet
	sel et poivre
	paprika

Préchauffer le four à 180°C (*350°F*).

Mettre viande et oignon dans un grand bol. Mélanger et bien assaisonner.

Tremper la chapelure 10 minutes dans le lait. Incorporer la chapelure au mélange de viande. Saupoudrer de clou de girofle, de basilic et de marjolaine ; mélanger.

Incorporer l'œuf battu.

Beurrer un moule à pain de 24 cm × 14 cm (*9½ po × 5½ po*). Presser le mélange dans le moule. Placer le moule dans un plat à rôtir contenant 2,5 cm (*1 po*) d'eau chaude.

Cuire 30 minutes au four.

Mélanger crème sure, farine et bouillon de poulet dans un petit bol. Verser le mélange sur le pain de viande et saupoudrer de paprika.

Remettre au four et continuer la cuisson 15 minutes.

Si désiré, servir avec une sauce brune ou une sauce aux oignons.

1 portion	*226 calories*	*11 g glucides*
23 g protéines	*10 g lipides*	*0,6 g fibres*

Escalopes de veau au citron

pour 4 personnes

4	escalopes de veau de 140 g (*5 oz*) chacune, aplaties au maillet
2	œufs battus
500 ml	(*2 tasses*) chapelure assaisonnée
15 ml	(*1 c. à soupe*) huile
15 ml	(*1 c. à soupe*) beurre
	jus d'un citron et demi
	sel et poivre

Préchauffer le four à 190°C (*375°F*).

Placer les escalopes dans une assiette et arroser de jus de citron ; couvrir et réfrigérer 1 heure.

Tremper le veau dans les œufs battus et l'enrober de chapelure. Tremper de nouveau le veau dans les œufs et l'enrober une seconde fois de chapelure. Saler, poivrer.

Faire chauffer l'huile et le beurre dans une grande poêle à frire. Ajouter les escalopes et cuire 2 à 3 minutes à feu moyen.

Retourner les escalopes, saler, poivrer et mettre au four. Cuire 8 minutes.

Servir avec de la crème sure et un légume frais.

1 portion	567 calories	42 g glucides
39 g protéines	27 g lipides	1,8 g fibres

LA TOUCHE FINALE

Gâteaux, tartes,
pâtisseries —
plaisir absolu

Pêches flambées

pour 6 personnes

45 ml	(*3 c. à soupe*) sirop *
6	pêches, pelées et coupées en deux
30 ml	(*2 c. à soupe*) vodka Jazz à saveur de pêche
5 ml	(*1 c. à thé*) fécule de maïs
30 ml	(*2 c. à soupe*) eau froide
250 ml	(*1 tasse*) fraises, lavées et équeutées

Faire chauffer le sirop dans une grande poêle à frire à feu moyen. Ajouter les pêches et cuire 2 minutes de chaque côté.

Arroser de vodka et continuer la cuisson 2 minutes. Flamber.

Retirer les pêches de la poêle et mettre de côté.

Délayer la fécule de maïs dans l'eau froide. L'incorporer à la sauce et cuire 1 minute.

Remettre les pêches dans la poêle. Ajouter les fraises et cuire 1 minute.

Servir chaud.

* Pour la préparation du sirop, voir page 488.

1 portion	80 calories	19 g glucides
1 g protéines	0 g lipides	1,8 g fibres

Assiette de fruits

pour 2 personnes

2	tranches de cantaloup
1	poire cactus, coupée en deux
2	grosses tranches de papaye
½	pamplemousse
1	poire, coupée en deux et évidée
4	minces tranches de mangue
1	abricot, coupé en deux
	fraises fraîches pour décorer
	fromage ricotta ou fromage cottage
	(facultatif)

Choisir des fruits frais et de saison.

Il est très important de placer les fruits de façon attrayante dans une grande assiette à dessert.

Accompagner de fromage ricotta ou de fromage cottage.

1 portion	*161 calories*	*36 g glucides*
2 g protéines	*1 g lipides*	*4,3 g fibres*

Compote aromatisée à la vodka

pour 8 à 10 personnes

12	pêches, pelées et coupées en quartiers
45 ml	(*3 c. à soupe*) sirop*
30 ml	(*2 c. à soupe*) vodka Jazz à saveur de pêche
1	mangue, pelée et coupée en dés
1	papaye, coupée en cubes
375 ml	(*1½ tasse*) fraises entières, lavées et équeutées
2	kiwis, pelés et émincés
15 ml	(*1 c. à soupe*) fécule de maïs
30 ml	(*2 c. à soupe*) eau froide

Mettre pêches et sirop dans une grande sauteuse. Ajouter la vodka et cuire 3 à 4 minutes à feu moyen.

Incorporer la mangue ; continuer la cuisson 3 à 4 minutes.

Ajouter le reste des fruits ; couvrir et cuire 3 à 4 minutes.

Délayer la fécule de maïs dans l'eau froide. L'incorporer aux fruits et laisser mijoter 2 à 3 minutes.

Servir chaud.

* *Pour la préparation du sirop, voir page 488.*

1 portion	116 calories	28 g glucides
1 g protéines	0 g lipides	2,6 g fibres

1. Mettre pêches et sirop dans une grande sauteuse.

2. Ajouter la vodka et cuire 3 à 4 minutes à feu moyen.

3. Incorporer la mangue, mélanger et continuer la cuisson 3 à 4 minutes.

4. Ajouter le reste des fruits ; couvrir et cuire 3 à 4 minutes.

Délice des mariés

375ml	(*1½ tasse*) framboises, lavées
50 ml	(*¼ tasse*) sirop*
5 ml	(*1 c. à thé*) liqueur à l'orange
12	fraises, nettoyées et équeutées
125 ml	(*½ tasse*) crème anglaise**
1	grosse boule de crème glacée à la vanille
	crème fouettée
	quelques mûres

Forcer les framboises à travers une fine passoire. Les verser dans une petite casserole. Ajouter sirop et liqueur ; bien mélanger. Amener à ébullition et continuer la cuisson 1 à 2 minutes. Laisser refroidir avant d'utiliser le mélange.

Pour préparer le dessert, choisir un verre qui peut contenir 750 ml (*3 tasses*) de liquide.

Placer la plupart des fraises dans le verre. Ajouter une louche de sauce aux framboises et une autre de crème anglaise.

Ajouter la crème glacée. Garnir du reste de fraises. Arroser du reste de sauce aux framboises et de crème anglaise.

Décorer de crème fouettée et de mûres. Accompagner le tout de 2 longues cuillères !

* *Pour la préparation du sirop, voir page 488.*
** *Pour la préparation de la crème anglaise, voir page 463.*

1 portion	506 calories	78 g glucides
8 g protéines	18 g lipides	3,2 g fibres

Dessert vedette

pour 4 personnes

PRÉPARATION DE LA CRÈME ANGLAISE :

4	gros jaunes d'œufs
125 ml	(½ *tasse*) sucre en poudre
250 ml	(*1 tasse*) lait (au point d'ébullition)
1 ml	(¼ *c. à thé*) vanille

PRÉPARATION DU DESSERT :

750 ml	(*3 tasses*) framboises fraîches, lavées
30 ml	(*2 c. à soupe*) sirop *
4	tranches de gâteau blanc, de préférence en carrés de 1,2 cm (*½ po*) d'épaisseur
4	boules de crème glacée à la vanille
250 ml	(*1 tasse*) mûres, lavées sucre à glacer

* *Pour la préparation du sirop, voir page 488.*

Faire chauffer à feu doux une casserole à moitié remplie d'eau chaude.

Mettre jaunes d'œufs et sucre dans un grand bol en acier inoxydable. Mélanger au batteur électrique jusqu'à l'obtention d'un mélange mousseux.

Incorporer lentement le lait et la vanille en mélangeant au fouet. Placer le bol sur la casserole contenant l'eau chaude. Cuire à feu doux en mélangeant constamment au fouet, jusqu'à ce que la crème épaississe et colle au dos d'une cuillère. Retirer le bol de la casserole. Continuer de fouetter pour refroidir la crème.

Mettre de côté et laisser refroidir complètement. Placer une feuille de papier ciré directement sur la surface de la crème. Réfrigérer 6 heures avant de servir.

Mettre la moitié des framboises dans un robot culinaire. Réduire en purée. Verser dans une petite casserole et incorporer le sirop. Amener à ébullition et continuer la cuisson 2 minutes. Retirer du feu. Filtrer la purée à travers une fine passoire. Mettre de côté.

Pour servir, choisir 4 grandes assiettes en verre.

Placer un morceau de gâteau dans chaque assiette. Verser la crème anglaise et la purée de framboises sur les côtés opposés du gâteau. Ajouter une boule de crème glacée et décorer du reste de framboises. Garnir de mûres. Saupoudrer de sucre à glacer. Servir aussitôt.

1 portion	550 calories	88 g glucides
9 g protéines	18 g lipides	6,6 g fibres

Dessert sublime

1	gâteau génois *, coupé en carrés épais de 1,2 cm (½ po)
500 ml	(*2 tasses*) fraises fraîches, coupées en deux
250 ml	(*1 tasse*) autres fruits variés de saison
1	recette de crème anglaise **
250 ml	(*1 tasse*) crème à 35 %, fouettée
	vodka
	fraises entières

Dans un grand bol attrayant en verre, placer le tiers des carrés de gâteau. Arroser de vodka. Ajouter le tiers des fraises et la même quantité de fruits variés.

Verser une grande louche de crème anglaise et mettre de grandes cuillerées de crème fouettée.

Répéter cette marche à suivre deux fois. Couronner de fraises entières. Réfrigérer 30 minutes ou servir aussitôt.

* Pour la préparation du gâteau génois, voir page 500.
** Pour la préparation de la crème anglaise, voir page 463.

1 portion	325 calories	37 g glucides
6 g protéines	16 g lipides	2,1 g fibres

Fraises Maria

750 ml	(*3 tasses*) fraises fraîches, nettoyées et équeutées
75 ml	(*⅓ tasse*) sucre en poudre
60 ml	(*4 c. à soupe*) Tia Maria
30 ml	(*2 c. à soupe*) jus d'orange
5 ml	(*1 c. à thé*) jus de citron

Mettre tous les ingrédients dans un bol. Mêler légèrement et laisser mariner 2 à 3 heures à la température de la pièce.

Servir dans des bols à desserts en verre. Décorer de crème fouettée et de fraises.

1 portion	*128 calories*	*27 g glucides*
1 g protéines	*0 g lipides*	*2,6 g fibres*

Pêches au four

6	pêches, coupées en deux et pelées
45 ml	(*3 c. à soupe*) sirop*
50 ml	(*¼ tasse*) eau
75 ml	(*⅓ tasse*) cassonade
125 ml	(*½ tasse*) farine tout usage
15 ml	(*1 c. à soupe*) cannelle
75 ml	(*⅓ tasse*) beurre mou

Préchauffer le four à 180°C (*350°F*).

Placer les demi-pêches dans un plat à gratin, le côté coupé vert le haut. Arroser de sirop et d'eau.

Mélanger cassonade et farine dans un petit bol. Ajouter la cannelle et mélanger de nouveau.

Incorporer le beurre au mélange à l'aide des doigts. Remplir la cavité des pêches du mélange de beurre. Cuire 20 minutes au four.

---

* *Pour la préparation du sirop, voir page 488.*

1 portion	363 calories	54 g glucides
3 g protéines	15 g lipides	2,4 g fibres

Pêches à la Saint-Germain

pour 4 personnes

4	pêches mûres, pelées et coupées en deux
45 ml	(*3 c. à soupe*) sirop*
45 ml	(*3 c. à soupe*) Cointreau
250 ml	(*1 tasse*) framboises en purée
	crème glacée
	amandes effilées
	sucre à glacer

Mettre pêches, sirop, Cointreau et framboises dans une poêle à frire ; couvrir et cuire 5 minutes à feu doux.

Retirer les pêches de la sauce et les laisser refroidir. Continuer la cuisson de la sauce 3 minutes à feu vif. La retirer du feu et la laisser refroidir.

Au moment de servir, placer les pêches et les boules de crème glacée sur un plat de service. Arroser de sauce aux fruits et garnir d'amandes effilées. Saupoudrer de sucre à glacer.

* *Pour la préparation du sirop, voir page 488.*

1 portion	318 calories	52 g glucides
5 g protéines	10 g lipides	4,9 g fibres

Crème caramel

pour 6 personnes

PRÉPARATION DU CARAMEL :

125 ml (*½ tasse*) sucre
50 ml (*¼ tasse*) eau froide
75 ml (*⅓ tasse*) eau froide

PRÉPARATION DE LA CRÈME :

125 ml (*½ tasse*) sucre
4 gros œufs
2 gros jaunes d'œufs
5 ml (*1 c. à thé*) vanille
500 ml (*2 tasses*) lait (au point d'ébullition)

Préchauffer le four à 180 °C (*350 °F*). Mettre 125 ml (*½ tasse*) de sucre dans une petite casserole. Ajouter 50 ml (*¼ tasse*) d'eau. Caraméliser le sucre à feu moyen-vif tout en ne remuant qu'une fois au début de la cuisson. Badigeonner les parois de la casserole d'un peu d'eau froide pour détacher les grains de sucre qui y ont adhéré. Lorsque le sucre s'est caramélisé, ajouter rapidement 75 ml (*⅓ tasse*) d'eau froide et continuer la cuisson 30 secondes. Verser immédiatement le caramel dans 6 ramequins individuels en faisant un mouvement circulaire pour recouvrir le fond uniformément. Mettre de côté.

Mettre 125 ml (*½ tasse*) de sucre dans un grand bol en acier inoxydable. Ajouter tous les œufs et la vanille. Bien incorporer les ingrédients en mélangeant doucement au fouet. Ne pas faire mousser le mélange. Incorporer lentement le lait chaud tout en fouettant constamment. Filtrer le mélange à travers une fine passoire pour obtenir une crème homogène. Verser la crème dans les ramequins. Placer les ramequins dans un plat à rôtir contenant 2,5 cm (*1 po*) d'eau chaude. Cuire 45 minutes au four. Laisser refroidir, puis réfrigérer. Au moment de servir, passer la fine lame d'un couteau tout autour de la crème caramel. Renverser les ramequins sur une assiette à dessert. Servir.

1 portion	251 calories	39 g glucides
8 g protéines	7 g lipides	0 g fibres

1. *Dès que le mélange sucre et eau change de couleur, la caramélisation commence. Laisser le mélange se caraméliser, sans toutefois le faire brûler.*

2. *Le mélange caramélisé est maintenant prêt à recevoir 75 ml (⅓ tasse) d'eau froide. Laisser cuire 30 secondes, sans remuer.*

3. *Verser le caramel dans les ramequins en faisant un mouvement circulaire pour recouvrir le fond uniformément.*

4. *Laisser durcir le caramel et commencer la préparation de la crème en mettant sucre et œufs dans un bol en acier inoxydable.*

Crème caramel au chocolat

pour 6 personnes

PRÉPARATION DU CARAMEL :

125 ml	(*½ tasse*) sucre
50 ml	(*¼ tasse*) eau froide
75 ml	(*⅓ tasse*) eau froide

PRÉPARATION DE LA CRÈME :

125 ml	(*½ tasse*) sucre
4	gros œufs
2	jaunes d'œufs
5 ml	(*1 c. à thé*) Tia Maria
60 g	(*2 oz*) chocolat mi-sucré, fondu
500 ml	(*2 tasses*) lait (au point d'ébullition)

Préchauffer le four à 180°C (*350°F*). Mettre 125 ml (*½ tasse*) de sucre dans une petite casserole. Ajouter 50 ml (*¼ tasse*) d'eau. Faire chauffer le mélange, à feu moyen-vif, jusqu'à ce que le sucre se caramélise. Remuer seulement une fois au début de la cuisson. Ajouter rapidement 75 ml (*⅓ tasse*) d'eau au sucre caramélisé et continuer la cuisson 30 secondes. Verser dans des ramequins individuels. Mettre de côté.

Mettre 125 ml (*½ tasse*) de sucre dans un bol en acier inoxydable. Ajouter œufs, puis Tia Maria ; bien mélanger au fouet sans faire mousser le mélange. Verser le chocolat fondu dans un bol en acier inoxydable et incorporer le lait chaud. Transvaser le mélange de chocolat dans le mélange d'œufs tout en remuant constamment au fouet. Filtrer le mélange à travers une fine passoire. Verser le tout dans les ramequins. Placer les ramequins dans un plat à rôtir contenant 2,5 cm (*1 po*) d'eau chaude. Cuire 45 minutes au four. Retirer du four. Laisser tiédir la crème sur le comptoir, puis réfrigérer pour le refroidir complètement. Au moment de servir, passer la fine pointe d'un couteau tout autour de la crème caramel. Renverser les ramequins sur une assiette à dessert. Servir.

On peut servir ce plat sans le caramel.

1 portion	312 calories	42 g glucides
9 g protéines	12 g lipides	0,2 g fibres

Crème aux framboises

pour 6 personnes

300 ml	(*1¼ tasse*) framboises fraîches, lavées
30 ml	(*2 c. à soupe*) liqueur préférée
30 ml	(*2 c. à soupe*) sucre en poudre
4	gros œufs
2	gros jaunes d'œufs
125 ml	(*½ tasse*) sucre
500 ml	(*2 tasses*) lait (au point d'ébullition)

Préchauffer le four à 180°C (*350°F*).

Mettre framboises, liqueur et sucre en poudre dans un bol. Laisser mariner 10 minutes.

Entre-temps, mettre tous les œufs dans un grand bol en acier inoxydable. Incorporer le sucre granulé tout en mélangeant doucement au fouet. Ne pas faire mousser le mélange.

Incorporer lentement le lait tout en mélangeant au fouet. Filtrer la crème à travers une fine passoire pour obtenir une crème homogène.

Partager les framboises entre 6 ramequins individuels. Verser la crème dans les ramequins. Placer les ramequins dans un plat à rôtir contenant 2,5 cm (*1 po*) d'eau chaude. Cuire 45 minutes.

Laisser refroidir sur un comptoir, puis réfrigérer.

Au moment de servir, glisser la fine lame d'un couteau tout autour de la crème aux framboises. Renverser les ramequins sur une assiette à dessert.

Si désiré, verser un peu de crème anglaise dans chaque assiette avant de renverser la crème aux framboises. Décorer de framboises.

1 portion	*235 calories*	*26 g glucides*
8 g protéines	*11 g lipides*	*1,9 g fibres*

Mousse au chocolat Nathalie

pour 4 à 6 personnes

4	gros œufs, jaunes et blancs séparés
50 ml	(¼ *tasse*) sucre en poudre, tamisé
60 g	(*2 oz*) chocolat mi-sucré
250 ml	(*1 tasse*) crème à 35 %, fouettée

Mettre les jaunes d'œufs dans un bol en acier inoxydable. Ajouter le sucre. Placer le bol sur une casserole à moitié remplie d'eau chaude. Mélanger le tout au fouet.

Faire cuire 2 à 3 minutes à feu doux tout en remuant constamment au fouet.

Retirer la casserole du feu. Laisser le bol sur la casserole. Continuer de battre 5 minutes au fouet.

Placer le chocolat dans un autre bol en acier inoxydable. Le mettre sur une casserole à moitié remplie d'eau chaude. Faire chauffer le chocolat à feu moyen jusqu'à ce qu'il soit complètement fondu.

Retirer le bol. Laisser refroidir sur un comptoir.

Incorporer le chocolat fondu au mélange d'œufs. Mettre de côté.

Battre les blancs d'œufs jusqu'à la formation de pics. Mettre de côté.

Incorporer la crème fouettée, en pliant, à l'aide d'une spatule.

Incorporer les blancs d'œufs battus, en pliant également. Pour avoir un effet marbré, laisser une fine trace de blancs d'œufs.

Servir la mousse dans des plats à dessert en verre. Réfrigérer 2 à 3 heures avant de servir.

1 portion	*275 calories*	*11 g glucides*
6 g protéines	*23 g lipides*	*0,2 g fibres*

1. Mettre jaunes d'œufs et sucre dans un bol en acier inoxydable.

2. Placer le bol sur une casserole à moitié remplie d'eau chaude. Cuire à feu doux tout en remuant constamment au fouet.

3. Incorporer le chocolat refroidi au mélange d'œufs.

4. Battre les blancs d'œufs jusqu'à la formation de pics.

Glaçage au chocolat

140 g	(*5 oz*) chocolat mi-sucré
4	jaunes d'œufs
175 ml	(¾ *tasse*) sucre à glacer
75 ml	(⅓ *tasse*) crème à 35 %
250 ml	(*1 tasse*) beurre doux non salé, mou

Placer le chocolat dans un bol en acier inoxydable. Mettre le bol sur une casserole à moitié remplie d'eau chaude. Faire fondre le chocolat à feu doux.

Retirer le bol de la casserole. Incorporer jaunes d'œufs, sucre et crème. Remettre le bol sur la casserole. Battre le mélange 6 à 7 minutes à feu doux.

Retirer le bol de la casserole et réfrigérer.

Dès que le mélange est froid, incorporer le beurre et battre le mélange jusqu'à ce qu'il soit épais et homogène.

1 recette	*3488 calories*	*128 g glucides*
24 g protéines	*320 g lipides*	*3,2 g fibres*

Glaçage au beurre

250 ml   (*1 tasse*) beurre doux, non salé, à la température de la pièce
300 ml   (*1¼ tasse*) sucre à glacer
2   jaunes d'œufs
          liqueur au goût

Défaire le beurre en crème et le battre jusqu'à ce qu'il devienne léger et mousseux.

Tamiser le sucre à glacer et l'incorporer graduellement au beurre tout en mélangeant constamment au batteur électrique à petite vitesse.

Ajouter les jaunes d'œufs, un à la fois, en les battant pour obtenir un mélange homogène.

Arroser de liqueur au goût et battre de nouveau.

Utiliser ce mélange comme glaçage ou comme garniture pour un gâteau étagé.

1 recette	2544 calories	160 g glucides
8 g protéines	208 g lipides	0 g fibres

Pouding au riz campagnard

pour 6 personnes

750 ml	(*3 tasses*) eau
175 ml	(*¾ tasse*) riz à longs grains, lavé
875 ml	(*3½ tasses*) lait chaud
75 ml	(*⅓ tasse*) sucre
50 ml	(*¼ tasse*) raisins dorés secs sans pépins
50 ml	(*¼ tasse*) raisins de Smyrne
1	œuf
2	jaunes d'œufs
50 ml	(*¼ tasse*) crème à 35%
	une pincée de sel
	zeste d'une orange, râpé
	zeste d'un citron, râpé

Préchauffer le four à 180°C (*350°F*).

Beurrer un moule à soufflé de 2 L (*8 tasses*). Saupoudrer le fond et les côtés de cassonade. Mettre de côté.

Mettre eau et sel dans une casserole. Amener à ébullition à feu vif. Ajouter le riz, remuer, couvrir et cuire 10 minutes à feu moyen.

Bien égoutter et laisser refroidir le riz.

Mélanger lait chaud et sucre. Incorporer riz, raisins et zestes. Verser le mélange dans le moule à soufflé et cuire 1 heure au four.

Mélanger tous les œufs et la crème dans un bol. Retirer le pouding du four. Incorporer le mélange d'œufs au pouding.

Remettre au four et cuire 15 minutes.

Servir chaud ou froid.

1 portion	292 calories	46 g glucides
9 g protéines	8 g lipides	1,1 g fibres

1. Mettre le riz dans l'eau bouillante salée. Couvrir et cuire 10 minutes à feu moyen.

2. Mélanger lait chaud et sucre.

. Bien égoutter le riz et le laisser refroidir avant e l'incorporer au lait chaud.

4. Après 1 heure de cuisson, retirer le pouding du four. Incorporer le mélange d'œufs. Continuer la cuisson 15 minutes.

Bananes en habit

pour 4 personnes

4	bananes mûres
30 ml	(*2 c. à soupe*) sirop*
45 ml	(*3 c. à soupe*) confiture au choix
30 ml	(*2 c. à soupe*) Tia Maria
	meringue italienne**

Préchauffer le four à 200°C (*400°F*).

Couper les pelures des bananes une fois dans le sens de la longueur et retirer les bananes. Mettre les pelures de côté.

Placer les bananes dans un plat à gratin. Faire 2 ou 3 entailles dans chaque banane et les badigeonner de sirop et de confiture. Arroser de Tia Maria. Cuire 6 à 7 minutes.

Remettre les bananes dans leur pelure. Placer la meringue dans un sac à pâtisserie muni d'une douille étoilée. Décorer les bananes.

Dorer quelques minutes au four. Les pelures noirciront légèrement.

* *Pour la préparation du sirop, voir page 488.*
** *Pour la préparation de la meringue, voir page 479.*

1 portion	425 calories	99 g glucides
5 g protéines	1 g lipides	4,1 g fibres

Biscuits à la meringue italienne

250 ml	(*1 tasse*) sucre en poudre
4	gros blancs d'œufs (sans aucune trace de jaune d'œuf)
2 ml	(*½ c. à thé*) vanille
	cacao

Tamiser le sucre dans un bol en acier inoxydable. Placer le bol sur une casserole à moitié remplie d'eau chaude et faire chauffer à feu doux.

Ajouter blancs d'œufs et vanille. Commencer à battre les ingrédients au batteur électrique à petite vitesse. Dès que le mélange commence à prendre forme, continuer de battre à vitesse moyenne. Augmenter ensuite la vitesse jusqu'à la formation de pics.

Retirer le bol de la casserole et continuer de battre la meringue à pleine vitesse pour la refroidir complètement.

Préchauffer le four à 100 °C (*200 °F*).

Beurrer et fariner des plaques à biscuits. Mettre de côté.

Placer la meringue dans un sac à pâtisserie muni d'une douille unie. Mettre de petites quantités de meringue, de formes différentes, sur les plaques à biscuits.

À l'aide d'une cuillère, placer également de petites quantités de meringue sur les plaques à biscuits.

Cuire 3 heures au four.

Retirer du four. Laisser refroidir. Saupoudrer de cacao et servir.

1 recette	*1008 calories*	*228 g glucides*
24 g protéines	*0 g lipides*	*0 g fibres*

479

Crème pâtissière

30 ml	(*2 c. à soupe*)	Cointreau
5 ml	(*1 c. à thé*)	vanille
3		gros œufs
2		gros jaunes d'œufs
250 ml	(*1 tasse*)	sucre
125 ml	(*½ tasse*)	farine tout usage tamisée
500 ml	(*2 tasses*)	lait (au point d'ébullition)
15 ml	(*1 c. à soupe*)	beurre non salé

Mettre Cointreau, vanille, œufs, jaunes d'œufs et sucre dans un grand bol en acier inoxydable. Mélanger à haute vitesse, au batteur électrique, jusqu'à l'obtention d'un mélange léger et mousseux (environ 1 minute 30 secondes).

Tamiser la farine au-dessus du mélange et bien l'incorporer aux autres ingrédients à la cuillère de bois.

Verser le lait tout en mélangeant au fouet. Transvaser le mélange dans une casserole à fond épais. Cuire, à feu moyen, tout en remuant constamment à la cuillère de bois, jusqu'à ce que la crème épaississe et forme des rubans.

Verser la crème dans un bol. Incorporer rapidement le beurre au fouet. Laisser refroidir. Couvrir d'une feuille de papier ciré et réfrigérer jusqu'au moment de servir.

1 recette	1800 calories	294 g glucides
48 g protéines	48 g lipides	2,4 g fibres

Paradis terrestre

pour 4 personnes

4	blancs d'œufs
125 ml	(½ *tasse*) sucre en poudre
500 ml	(*2 tasses*) lait
	crème anglaise*

Bien battre les blancs d'œufs en neige. Ajouter le sucre et continuer de battre 1 minute.

Verser le lait dans une grande casserole profonde et amener au point d'ébullition. Laisser mijoter le lait à feu doux.

À l'aide d'une cuillère à crème glacée, déposer des boules de meringue dans le lait. Cuire à petit feu 1 à 2 minutes de chaque côté. Faire cuire les meringues en plusieurs étapes pour ne pas surcharger la casserole.

À l'aide d'une écumoire, retirer les meringues et les égoutter sur du papier.

Placer une petite quantité de crème anglaise dans le fond de chaque assiette à dessert. Ajouter les meringues. Servir. Si désiré, décorer de caramel.

* *Pour la préparation de la crème anglaise, voir page 463.*

1 portion	331 calories	58 g glucides
9 g protéines	7 g lipides	0 g fibres

Soufflé froid aux fraises

pour 4 à 6 personnes

750 ml	(*3 tasses*) fraises fraîches, nettoyées et lavées
1	petite enveloppe de gélatine non aromatisée
75 ml	(*⅓ tasse*) eau chaude
5	gros œufs, jaunes et blancs séparés
125 ml	(*½ tasse*) sucre
250 ml	(*1 tasse*) crème à 35 %, fouettée

Préparer le moule à soufflé de la façon indiquée dans la technique. Mettre de côté.

Réduire les fraises en purée dans un robot culinaire. Mettre de côté.

Placer la gélatine dans un petit bol contenant l'eau chaude. Mélanger et mettre de côté.

Déposer jaunes d'œufs et sucre dans un bol en acier inoxydable. Placer le bol sur une casserole à moitié remplie d'eau chaude. Cuire, à feu doux, 2 à 3 minutes tout en remuant constamment.

Retirer le bol de la casserole. Incorporer la gélatine au fouet. Ajouter et mélanger rapidement la purée de fraises. Réfrigérer jusqu'à ce que les côtés du mélange commencent à raffermir.

Entre-temps, battre les blancs d'œufs jusqu'à la formation de pics fermes. Mettre de côté.

Retirer le bol du réfrigérateur. Incorporer la crème fouettée en mélangeant délicatement au fouet, incorporer les blancs d'œufs battus, en pliant, à l'aide d'une spatule.

Verser le mélange dans le moule à soufflé. Congeler 6 à 8 heures.

| 1 portion | *308 calories* | *25 g glucides* |
| *7 g protéines* | *20 g lipides* | *1,8 g fibres* |

482

1. Choisir un moule à soufflé de 1 L (4 tasses) à parois uniformes. À l'aide de papier d'aluminium, former un collet et le placer tout autour du moule. Le collet doit avoir une hauteur de 10 cm et doit être formé à partir d'une feuille de papier de double épaisseur. Fixer le collet solidement aux parois.

2. Réduire les fraises en purée dans un robot culinaire.

3. Incorporer la purée de fraises au mélange d'œufs.

4. Incorporer la crème fouettée, puis les blancs d'œufs battus à l'aide d'une spatule. Verser dans le moule à soufflé et congeler.

Poires pochées au chocolat

pour 4 personnes

4	poires
50 ml	(¼ *tasse*) sirop *
125 ml	(½ *tasse*) eau
250 ml	(*1 tasse*) sucre à glacer
60 g	(*2 oz*) chocolat amer
5 ml	(*1 c. à thé*) vanille
45 ml	(*3 c. à soupe*) lait
1	jaune d'œuf
4	crêpes **

Retirer le cœur de chaque poire par en dessous pour ne pas abîmer leur apparence.

Placer les poires dans une casserole. Verser le sirop sur les poires et ajouter l'eau ; couvrir et cuire 3 à 4 minutes à feu moyen.

Retourner les poires ; couvrir de nouveau et continuer la cuisson 3 à 4 minutes.

Retirer les poires de la casserole et mettre de côté.

Placer sucre, chocolat, vanille et lait dans un bol en acier inoxydable. Mettre le bol sur une casserole à moitié remplie d'eau chaude. Faire fondre le mélange à feu doux.

Bien remuer le chocolat et retirer le bol de la casserole. Incorporer le jaune d'œuf et laisser reposer quelques minutes.

Entre-temps, envelopper partiellement chaque poire dans une crêpe. Un peu de sirop fera coller les côtés de la crêpe.

Mettre dans un plat de service. Arroser le tout de sauce au chocolat. Servir.

* Pour la préparation du sirop, voir page 488.
** Pour la préparation des crêpes, voir page 485.

1 portion	566 calories	92 g glucides
9 g protéines	18 g lipides	3,9 g fibres

Crêpes lève-tôt

pour 4 personnes

PRÉPARATION DE LA PÂTE À CRÊPES :

45 ml	*(3 c. à soupe)*	sucre
250 ml	*(1 tasse)*	farine tout usage
3		gros œufs
250 ml	*(1 tasse)*	lait
125 ml	*(½ tasse)*	eau tiède
45 ml	*(3 c. à soupe)*	beurre fondu, tiède
		une pincée de sel

Mettre sucre, farine, sel, œufs et lait dans un grand bol. Bien mélanger au fouet.

Incorporer l'eau au fouet. Ajouter le beurre fondu et mélanger de nouveau.

Filtrer la pâte à travers une fine passoire. Réfrigérer 1 heure.

Faire les crêpes.

PRÉPARATION DE LA GARNITURE :

250 ml	*(1 tasse)*	fraises lavées et équeutées
250 ml	*(1 tasse))*	framboises, lavées
30 ml	*(2 c. à soupe)*	sirop *
15 ml	*(1 c. à soupe)*	liqueur au choix
250 ml	*(1 tasse)*	crème fouettée

Mettre les fruits dans un bol. Ajouter sirop et liqueur ; laisser mariner 10 minutes.

Incorporer délicatement la crème fouettée au mélange de fruits.

Partager la garniture entre 8 crêpes. On peut congeler les crêpes non utilisées.

Plier les crêpes farcies en deux. Servir aussitôt.

* Pour la préparation du sirop, voir page 488.

1 portion	494 calories	54 g glucides
11 g protéines	26 g lipides	4,4 g fibres

Crêpes aux framboises

pour 4 personnes

750 ml	(*3 tasses*) framboises, lavées
30 ml	(*2 c. à soupe*) sirop*
5 ml	(*1 c. à thé*) fécule de maïs
30 ml	(*2 c. à soupe*) eau froide
4	crêpes**
4	boules de yogourt aux framboises congelé
	quelques gouttes de jus de citron

Réduire les framboises en purée dans un robot culinaire.

Verser la purée dans une petite casserole et ajouter sirop et jus de citron ; bien remuer. Amener à ébullition et laisser mijoter 8 à 10 minutes. Remuer de temps à autre.

Délayer la fécule de maïs dans l'eau froide. Incorporer à la sauce et cuire 1 minute.

Verser la sauce aux fruits dans un bol. Laisser refroidir.

Au moment de servir, étendre de la sauce aux fruits sur chaque crêpe. Placer une boule de yogourt au centre de chaque crêpe. Replier la crêpe sur le yogourt. Napper de sauce.

* *Pour la préparation du sirop, voir page 488.*
** *Pour la préparation des crêpes, voir page 485.*

1 portion	353 calories	59 g glucides
9 g protéines	9 g lipides	7,8 g fibres

Tarte Paulette

pour 6 personnes

500 ml	(*2 tasses*) fraises fraîches, lavées et équeutées
30 ml	(*2 c. à soupe*) sucre en poudre
250 ml	(*1 tasse*) crème pâtissière * ou crème fouettée
1	fond de pâte sucrée **, précuit dans un moule à fond amovible de 23 cm (*9 po*)
	jus d'une orange

Mettre fraises et sucre dans une casserole. Arroser de jus d'orange. Couvrir et cuire 2 minutes à feu moyen-vif. Retirer la casserole du feu et laisser refroidir.

Étendre la crème pâtissière ou la crème fouettée dans le fond de tarte précuit.

Disposer les fraises sur la crème pour qu'elles tiennent debout. Verser le jus de la casserole sur les fruits. Réfrigérer 1 heure avant de servir.

* *Pour la préparation de la crème pâtissière, voir page 480.*
** *Pour la préparation de la pâte sucrée, voir page 495.*

1 portion	357 calories	53 g glucides
7 g protéines	13 g lipides	1,9 g fibres

Tartelettes arc-en-ciel

pour 4 à 6 personnes

PRÉPARATION DU SIROP :

500 ml (*2 tasses*) sucre
250 ml (*1 tasse*) eau froide

Mettre sucre et eau dans une petite casserole. Remuer lentement et amener à ébullition, à feu moyen, jusqu'à l'obtention d'une température de 100°C (*212°F*).

Retirer la casserole du feu. Laisser refroidir le mélange avant de le verser dans un pot en verre.

PRÉPARATION DES TARTELETTES :

	pâte sucrée*
1	œuf battu
	crème pâtissière**
	pêches fraîches ou en conserve, tranchées
	kiwis, tranchés
	fraises, coupées en deux

Rouler la pâte sucrée sur un comptoir enfariné. Foncer des petits moules à tartelettes. Couper l'excès de pâte en laissant dépasser légèrement les côtés. Presser les côtés du bout des doigts. Réfrigérer 30 minutes.

Préchauffer le four à 200°C (*400°F*).

Piquer le fond et les côtés des tartelettes. Badigeonner d'un œuf battu. Cuire 8 à 10 minutes au four pour bien les dorer. Laisser refroidir.

Disposer les tartelettes sur un plat de service et les remplir de crème pâtissière. Garnir la crème de fruits et glacer de sirop.

Réfrigérer 15 minutes avant de servir.

* *Pour la préparation de la pâte sucrée, voir page 495.*
** *Pour la préparation de la crème pâtissière, voir page 480.*

1 portion	423 calories	64 g glucides
8 g protéines	15 g lipides	1,6 g fibres

Tartelettes aux pêches

pour 4 personnes

2	pêches mûres, coupées en deux et pelées
30 ml	(*2 c. à soupe*) sirop*
30 ml	(*2 c. à soupe*) vodka Jazz à saveur de pêche
250 ml	(*1 tasse*) framboises, lavées
	pâte sucrée ** (pour les tartelettes)
	sauce au chocolat ***

Faire cuire les tartelettes de 8 à 10 minutes dans un four préchauffé à 200°C (*400°F*).

Placer les tartelettes précuites sur un plat de service et recouvrir le fond de sauce au chocolat. Mettre de côté.

Déposer les pêches dans une casserole. Ajouter sirop et vodka ; couvrir et cuire 3 à 4 minutes. Retourner les pêches à mi-cuisson.

À l'aide d'une écumoire, mettre les pêches dans une assiette. Laisser refroidir.

Mettre les framboises dans le sirop de cuisson. Cuire 2 minutes à feu moyen, sans couvrir.

Verser la sauce dans un robot culinaire et réduire en purée. Laisser refroidir.

Au moment de servir, placer une pêche dans les tartelettes remplies de sauce au chocolat. Napper de sauce aux framboises.

* *Pour la préparation du sirop, voir page 488.*
** *Pour la préparation de la pâte sucrée, voir page 495.*
*** *Pour la préparation de la sauce au chocolat, voir page 484.*

1 portion	625 calories	92g glucides
8 g protéines	25 g lipides	4,4 g fibres

489

Tarte aux bleuets frais

pour 6 à 8 personnes

1 L	(*4 tasses*) bleuets frais, nettoyés et lavés
45 ml	(*3 c. à soupe*) sucre
45 ml	(*3 c. à soupe*) cassonade
15 ml	(*1 c. à soupe*) zeste d'orange râpé
15 ml	(*1 c. à soupe*) zeste de citron râpé
30 ml	(*2 c. à soupe*) fécule de maïs tamisée
15 ml	(*1 c. à soupe*) beurre
1	œuf battu
	pâte à tarte *

Préchauffer le four à 200°C (*400°F*).

Rouler la moitié de la pâte et foncer un plat à tarte de 23 cm (*9 po*).

Mettre bleuets, sucre, cassonade, zestes et fécule de maïs dans un bol ; bien mêler. Verser le mélange dans le fond de tarte. Ajouter quelques noisettes de beurre.

Rouler le reste de la pâte. Humecter les côtés du fond de tarte avec un peu d'eau froide. Placer la seconde abaisse de tarte. Sceller en pinçant les côtés. Faire quelques incisions sur la tarte pour permettre à la vapeur de s'échapper pendant la cuisson.

Badigeonner d'un œuf battu. Cuire 40 à 45 minutes au four.

* Pour la préparation de la pâte à tarte, voir page 491.

1 portion	*387 calories*	*49 g glucides*
5 g protéines	*19 g lipides*	*6,8 g fibres*

Tarte aux pommes traditionnelle

pour 6 à 8 personnes

PRÉPARATION DE LA PÂTE À TARTE :

500 ml	(*2 tasses*) farine tout usage tamisée
150 ml	(*⅔ tasse*) shortening, à la température de la pièce
50 ml	(*¼ tasse*) eau froide
15 ml	(*1 c. à soupe*) eau froide une pincée de sel

PRÉPARATION DE LA GARNITURE :

7	pommes à cuire, pelées, évidées et émincées
45 ml	(*3 c. à soupe*) sucre
45 ml	(*3 c. à soupe*) cassonade
5 ml	(*1 c. à thé*) cannelle
30 ml	(*2 c. à soupe*) fécule de maïs tamisée
15 ml	(*1 c. à soupe*) zeste de citron râpé
15 ml	(*1 c. à soupe*) jus de citron
15 ml	(*1 c. à soupe*) beurre
1	œuf battu

Tamiser farine et sel dans un grand bol. Ajouter le shortening et l'incorporer à l'aide d'un couteau à pâtisserie.

Ajouter 50 ml (*¼ tasse*) d'eau froide et former rapidement une boule. Envelopper la pâte dans du papier ciré et réfrigérer 1 heure.

Laisser reposer la pâte 1 heure à la température de la pièce avant de l'utiliser.

Couper la pâte en deux. Rouler la moitié de la pâte sur un comptoir enfariné pour obtenir une abaisse assez grande pour foncer un plat à tarte de 23 cm (*9 po*). Mettre de côté.

Préchauffer le four à 200°C (*400°F*).

Mettre pommes, sucre, cassonade, cannelle, fécule de maïs, zeste et jus de citron dans un bol ; bien mêler. Verser le tout dans le fond de tarte en pressant du bout des doigts. Ajouter quelques noisettes de beurre.

Rouler la seconde abaisse de pâte. Humecter les côtés du fond de tarte avec un peu d'eau froide. Placer la seconde abaisse sur la tarte. Sceller en pinçant les côtés. Faire quelques incisions sur le dessus de la tarte pour permettre à la vapeur de s'échapper pendant la cuisson. Badigeonner d'un œuf battu. Cuire 40 à 45 minutes au four.

Servir nature ou accompagner de crème glacée.

1 portion	415 calories	56 g glucides
5 g protéines	19 g lipides	3,6 g fibres

Tarte aux pommes campagnarde

pour 6 personnes

30 ml	(*2 c. à soupe*) farine tout usage
5 ml	(*1 c. à thé*) cannelle
125 ml	(*½ tasse*) cassonade
6	grosses pommes à cuire, évidées, pelées et émincées
75 ml	(*⅓ tasse*) farine tout usage
75 ml	(*⅓ tasse*) beurre mou
75 ml	(*⅓ tasse*) cassonade
	quelques gouttes de jus de citron
	abaisse de pâte à tarte

Préchauffer le four à 200°C (*400°F*).

Foncer un plat à tarte de 23 cm (*9 po*) d'une abaisse de pâte.

Dans un bol, mélanger 30 ml (*2 c. à soupe*) de farine, cannelle et 125 ml (*½ tasse*) de cassonade. Ajouter pommes et jus de citron et bien incorporer les ingrédients.

Presser les pommes dans le fond de tarte. Mélanger le reste des ingrédients et étendre le mélange sur la tarte.

Cuire 15 minutes au four à 200°C (*400°F*).

Régler ensuite le four à 190°C (*375°F*) et continuer la cuisson 35 minutes.

1 portion	*470 calories*	*74 g glucides*
3 g protéines	*18 g lipides*	*4,1 g fibres*

Choux aux pêches et à la crème fouettée

pour 6 personnes

45 ml	(*3 c. à soupe*) sirop *
60 ml	(*4 c. à soupe*) eau
30 ml	(*2 c. à soupe*) rhum léger Lamb's
3	pêches mûres, pelées et coupées en deux
375 ml	(*1½ tasse*) crème à 35%, froide
5 ml	(*1 c. à thé*) vanille
50 ml	(*¼ tasse*) sucre à glacer, tamisé
6	choux **

Mettre sirop, eau, rhum et pêches dans une casserole. Faire bouillir 3 minutes. Retirer du feu. Laisser les pêches refroidir dans le sirop.

Bien égoutter les pêches et les trancher. Mettre de côté.

Verser crème et vanille dans un bol en acier inoxydable. Battre à vitesse moyenne jusqu'à l'obtention de pics.

Ajouter la moitié du sucre à glacer ; battre 45 secondes à pleine vitesse. Mélanger, en pliant, le reste du sucre.

Couper les choux en deux. Mettre la crème fouettée dans un sac à pâtisserie muni d'une douille étoilée. Farcir la base des choux.

Placer les pêches sur la crème fouettée. Reformer les choux. Servir aussitôt.

* *Pour la préparation du sirop, voir page 488.*
** *Pour la préparation des choux, voir page 496.*

1 portion	491 calories	35 g glucides
9 g protéines	35 g lipides	1,4 g fibres

493

Tarte ouverte aux deux fruits

pour 6 personnes

750 ml	(*3 tasses*) bleuets frais, nettoyés
2	pêches, pelées et émincées
15 ml	(*1 c. à soupe*) zeste de citron râpé
15 ml	(*1 c. à soupe*) zeste d'orange râpé
15 ml	(*1 c. à soupe*) zeste de limette râpé
15 ml	(*1 c. à soupe*) fécule de maïs
45 ml	(*3 c. à soupe*) sucre granulé
1	fond de pâte sucrée*, précuit dans un plat à tarte à fond amovible de 23 cm (*9 po*)

Mettre tous les ingrédients de la tarte dans une casserole. Couvrir et cuire 5 à 6 minutes à feu moyen-vif. Retirer le mélange et laisser refroidir.

Verser dans le fond de tarte. Réfrigérer 30 minutes avant de servir.

Si désiré, décorer de crème fouettée.

* *Pour la préparation de la pâte sucrée, voir page 495.*

1 portion	*298 calories*	*48 g glucides*
4 g protéines	*10 g lipides*	*6,7 g fibres*

Flan aux fruits

pour 4 à 6 personnes

PRÉPARATION DE LA PÂTE SUCRÉE (pour tartelettes, tartes et desserts variés) :

425 ml	(*1¾ tasse*) farine tout usage
125 g	(*¼ livre*) beurre doux, mou
150 ml	(*⅔ tasse*) sucre
1 ml	(*¼ c. à thé*) vanille
1	gros œuf
30 ml	(*2 c. à soupe*) eau froide
	une pincée de sel
	œuf battu

Mettre toute la farine sur un comptoir de cuisine et saupoudrer de sel. Former un puits au milieu de la farine et y mettre tout le beurre. À l'aide des doigts, bien incorporer le beurre à la farine jusqu'à ce que le mélange ressemble à de gros flocons d'avoine.

Reformer un puits au milieu du mélange et y mettre sucre, vanille, œuf entier et eau. Bien incorporer les ingrédients et former une boule

Pétrir la pâte 2 à 3 fois. Envelopper la pâte dans un linge propre et réfrigérer 1 heure. Il est important de laisser reposer la pâte 1 heure à la température de la pièce avant de l'utiliser.

Pour cette recette, utiliser la moitié de la pâte. Envelopper le reste de la pâte dans du papier ciré et réfrigérer pour d'autres usages. Cette pâte se conserve quelques jours au réfrigérateur.

Placer la pâte sur un comptoir enfariné. Rouler la pâte pour obtenir une abaisse de 0,30 cm (*⅛ po*) d'épaisseur.

Placer l'abaisse dans un moule à flan ou un plat à tarte à fond amovible. Couper l'excès de pâte tout en laissant déborder légèrement les côtés. Presser les côtés du bout des doigts. Réfrigérer 30 minutes.

Préchauffer le four à 200°C (*400°F*).

Suite page 496

Piquer le fond et les côtés de la pâte à l'aide d'une fourchette. Couper un morceau de papier ciré en forme de cercle et le placer dans le fond de tarte. Recouvrir le papier de poids à pâtisserie ou de haricots secs. Faire dorer au four. Retirer le fond de tarte du four. Enlever papier et poids. Badigeonner la pâte d'un œuf battu. Remettre au four et cuire 10 minutes.

Laisser refroidir le fond de tarte avant de le remplir de garniture.

PRÉPARATION DE LA GARNITURE :

125 ml	(½ *tasse*) gelée ou confiture d'abricots
30 ml	(*2 c. à soupe*) sirop *
	crème pâtissière **
	pêches fraîches ou en conserve, tranchées
	kiwis, tranchés
	fraises, coupées en deux

* *Pour la préparation du sirop, voir page 488.*
** *Pour la préparation de la crème pâtissière, voir page 480.*

Verser la gelée d'abricots et le sirop dans une petite casserole. Cuire 2 minutes à feu moyen. Filtrer le mélange à travers une fine passoire. Laisser tiédir.

Garnir le fond de tarte de crème pâtissière. Disposer les fruits sur la crème pâtissière en commençant par l'extérieur.

Badigeonner les fruits du mélange de sirop. Réfrigérer 1 heure avant de servir.

1 portion	474 calories	80 g glucides
7 g protéines	14 g lipides	1,8 g fibres

Éclairs au chocolat

pour 4 à 6 personnes

PRÉPARATION DE LA PÂTE À CHOUX :

250 ml	(*1 tasse*) eau
60 ml	(*4 c. à soupe*) beurre non salé, en morceaux
1 ml	(*¼ c. à thé*) sel
250 ml	(*1 tasse*) farine tout usage
4	gros œufs
1	œuf battu

Préchauffer le four à 190°C (*375°F*).

Beurrer et fariner 2 plaques à biscuits. Mettre de côté.

Placer eau, beurre et sel dans une casserole à fond épais. Amener à ébullition et cuire 2 minutes pour faire fondre complètement le beurre. Retirer la casserole du feu.

Ajouter immédiatement toute la farine en mélangeant rapidement à la cuillère de bois.

Faire chauffer la casserole à feu doux. Faire sécher la pâte 3 à 4 minutes en remuant constamment à la cuillère de bois. La pâte ne doit pas adhérer aux doigts lorsqu'on la pince.

Placer la pâte à choux dans un bol. Laisser refroidir 4 à 5 minutes.

Ajouter les œufs, un à un, tout en mélangeant bien entre chaque addition. Il est important que la pâte retrouve sa texture originale avant d'ajouter un autre œuf.

Mettre la pâte dans un sac à pâtisserie muni d'une douille unie. Forcer la pâte, sur les plaques à biscuits, pour obtenir la forme désirée. Laisser assez d'espace

entre chaque éclair pour leur permettre de gonfler pendant la cuisson.

Badigeonner d'un œuf battu et aplatir légèrement avec les dents d'une fourchette. Laisser reposer 20 minutes.

Placer les plaques à biscuits au milieu du four et cuire 35 minutes. Éteindre le four et entrouvrir la porte. Laisser sécher les éclairs au four pendant 1 heure.

PRÉSENTATION DES ÉCLAIRS :

125 g	(*4 oz*)	chocolat amer
60 ml	(*4 c. à soupe*)	eau
75 ml	(*⅓ tasse*)	sucre
		crème fouettée

Mettre le chocolat dans un bol en acier inoxydable. Placer le bol sur une casserole à moitié remplie d'eau chaude. Faire fondre le chocolat à feu doux.

Transvaser le chocolat dans une petite casserole. Ajouter eau et sucre ; porter au point d'ébullition.

Retirer la casserole du feu. Laisser tiédir le mélange, puis le battre pour épaissir.

Trancher les éclairs en deux. Garnir la partie inférieure de crème fouettée. Tremper la partie supérieure dans le chocolat. Reformer les éclairs. Réfrigérer 30 minutes avant de servir.

1 portion	*602 calories*	*36 g glucides*
11 g protéines	*46 g lipides*	*1,3 g fibres*

Pain au chocolat

pour 6 à 8 personnes

125 g	(*4 oz*) chocolat mi-sucré
125 ml	(*½ tasse*) sucre en poudre
125 g	(*4 oz*) beurre mou
3	gros œufs
125 ml	(*½ tasse*) farine à pâtisserie tamisée
50 ml	(*¼ tasse*) noix hachées (facultatif)
30 ml	(*2 c. à soupe*) amandes effilées
2	blancs d'œufs, bien battus

Préchauffer le four à 180°C (*350°F*).

Beurrer et fariner un moule de 13 cm × 23 cm (*5 po × 9 po*) et de 6 cm (*2½ po*) de profondeur. Mettre de côté.

Placer le chocolat dans un bol en acier inoxydable. Le faire fondre au four.

Retirer le bol du four. Ajouter sucre et beurre. Bien mélanger au fouet.

Ajouter les œufs entiers, un à un, tout en mélangeant bien au fouet entre chaque addition.

Tamiser la farine au-dessus du mélange et l'incorporer à la cuillère de bois.

Incorporer les noix. Ajouter les blancs d'œufs au mélange en pliant.

Verser le mélange dans le moule. Frapper légèrement la base du moule contre le comptoir pour bien répartir le mélange.

Cuire 40 minutes au four.

Dès que le gâteau est cuit, le retirer du four. Le laisser refroidir quelques minutes avant de le démouler sur une grille.

Dès que le gâteau est complètement refroidi, le trancher et le servir accompagné d'un verre de lait froid.

1 portion	*362 calories*	*25 g glucides*
7 g protéines	*26 g lipides*	*0,9 g fibres*

Quatre-quarts au chocolat

pour 6 à 8 personnes

125 g	(*4 oz*) chocolat mi-sucré
75 ml	(*⅓ tasse*) sucre
30 ml	(*2 c. à soupe*) Tia Maria
175 ml	(*¾ tasse*) beurre fondu
4	gros jaunes d'œufs
125 ml	(*½ tasse*) farine à pâtisserie tamisée
125 ml	(*½ tasse*) noix hachées
4	gros blancs d'œufs, bien battus

Préchauffer le four à 180°C (*350°F*).

Beurrer et fariner un moule carré de 20 cm (*8 po*). Mettre de côté.

Placer chocolat, sucre et Tia Maria dans un bol en acier inoxydable. Mettre le bol sur une casserole à moitié remplie d'eau chaude.

Faire fondre le chocolat à feu doux.

Retirer la casserole du feu et incorporer le beurre fondu au fouet. Ajouter les jaunes d'œufs, un à un, tout en mélangeant bien au batteur électrique entre chaque addition.

Tamiser la farine au-dessus du mélange et l'incorporer à la cuillère de bois. Incorporer les noix au mélange en pliant.

Incorporer également les blancs d'œufs battus en pliant.

Verser le mélange dans le moule. Cuire 30 à 45 minutes au four.

Dès que le gâteau est cuit, le retirer du four. Laisser refroidir le gâteau quelques minutes avant de le démouler sur une grille. Lorsqu'il est refroidi, le couper en carrés et servir.

1 portion	*422 calories*	*22 g glucides*
7 g protéines	*34 g lipides*	*1,1 g fibres*

499

Gâteau génois

pour 6 à 8 personnes

175 ml	(¾ *tasse*) sucre
5	gros œufs
300 ml	(1¼ *tasse*) farine à pâtisserie tamisée
50 ml	(¼ *tasse*) beurre clarifié tiède
	Tia Maria
	crème pâtissière *
	flocons de chocolat

Préchauffer le four à 180°C (*350°F*). Beurrer et fariner légèrement un moule à gâteau à fond amovible de 22 cm (*8½ po*). Mettre de côté. Placer le sucre dans un bol en acier inoxydable posé sur une casserole à moitié remplie d'eau chaude. Ajouter les œufs. Faire chauffer le tout à feu doux de façon que l'eau mijote seulement. Mélanger sucre et œufs pendant 4 à 5 minutes. Le mélange doit épaissir et former des rubans. À ce point, retirer le bol de la casserole.

Tamiser 250 ml (*1 tasse*) de farine au-dessus du mélange. Incorporer à la spatule **. Ajouter le reste de la farine en tamisant. Bien incorporer de nouveau à la spatule. Incorporer le beurre clarifié en un fin filet tout en pliant à la spatule ***. Verser le mélange dans le moule à gâteau. Cuire 35 à 40 minutes.

Laisser reposer 5 minutes. Placer le gâteau sur une grille. Laisser refroidir et démouler. Retirer le dessus du gâteau en le coupant à ¼ de son épaisseur. Retirer la tranche et mettre de côté. Placer la base du gâteau sur une assiette à gâteau. Arroser généreusement le gâteau de Tia Maria. Étendre une fine couche de crème pâtissière sur le gâteau et remettre la tranche supérieure. Étendre une fine couche de crème pâtissière sur le dessus et les côtés du gâteau. Décorer de flocons de chocolat. Réfrigérer 2 heures avant de servir.

* *Pour la préparation de la crème pâtissière, voir page 480.*
** *Il ne doit rester aucune trace de farine.*
*** *Il ne doit rester aucune trace de beurre.*

1 portion	428 calories	57 g glucides
10 g protéines	16 g lipides	1 g fibres

1. Mélanger sucre et œufs dans un bol en acier inoxydable placé sur une casserole à moitié remplie d'eau chaude. Mélanger au fouet pendant 4 à 5 minutes.

2. Le mélange doit épaissir et former des rubans. À ce point, retirer le bol de la casserole. Placer le bol sur un comptoir.

3. Tamiser de nouveau la farine au-dessus du mélange et l'incorporer complètement à la spatule.

4. Verser le beurre clarifié, en un mince filet, et l'incorporer, en pliant, à l'aide de la spatule.

Quatre-quarts à la vanille

pour 6 à 8 personnes

4	gros œufs
175 ml	(*¾ tasse*) sucre
2 ml	(*½ c. à thé*) vanille
175 ml	(*¾ tasse*) farine à pâtisserie tamisée
50 ml	(*¼ tasse*) beurre clarifié, tiède

Préchauffer le four à 180°C (*350°F*).

Beurrer et fariner un moule carré de 20 cm (*8 po*). Mettre de côté.

Battre œufs, sucre et vanille au batteur électrique, 3 à 4 minutes, pour obtenir un mélange mousseux.

Tamiser la farine au-dessus du mélange et l'incorporer à la spatule.

Incorporer également le beurre clarifié à la spatule. Verser le mélange dans le moule à gâteau. Cuire 30 minutes au four ou jusqu'à ce que le gâteau soit cuit.

Laisser refroidir légèrement le gâteau avant de le démouler sur une grille.

Dès que le gâteau est complètement refroidi, le couper en carrés. Servir au lunch.

1 portion	*200 calories*	*28 g glucides*
4 g protéines	*8 g lipides*	*0,4 g fibres*

Gâteau d'amandes à la vodka

pour 6 personnes

175 ml   (*¾ tasse*) sucre
5   gros œufs, jaunes et blancs séparés
1 ml   (*¼ c. à thé*) vanille
45 ml   (*3 c. à soupe*) vodka Jazz à saveur de pêche
425 ml   (*1¾ tasse*) amandes en poudre
250 ml   (*1 tasse*) farine à pâtisserie tamisée
50 ml   (*¼ tasse*) beurre clarifié fondu

Préchauffer le four à 180°C (*350°F*).

Beurrer et fariner un moule à fond amovible de 22 cm (*8½ po*). Mettre de côté.

Mélanger au batteur électrique sucre, jaunes d'œufs, vanille et vodka dans un grand bol, jusqu'à l'obtention d'un mélange mousseux.

Battre les blancs d'œufs jusqu'à la formation de pics. Mettre de côté.

Incorporer au mélange de sucre la moitié des ingrédients suivants : amandes, farine et blancs d'œufs battus. Bien incorporer les ingrédients à la spatule, en pliant.

Ajouter l'autre moitié de ces mêmes ingrédients. Les incorporer à la spatule, en pliant.

Verser le beurre, en un mince filet, tout en pliant pour bien l'incorporer.

Étendre la pâte dans le moule à gâteau. Cuire 30 à 35 minutes au four ou jusqu'à ce que le gâteau soit cuit.

Laisser tiédir le gâteau sur le comptoir avant de le démouler, puis le laisser refroidir complètement sur une grille à gâteau.

Servir nature ou décorer au choix.

1 portion	543 calories	51 g glucides
15 g protéines	31 g lipides	1,7 g fibres

Gâteau au fromage ricotta

pour 10 à 12 personnes

2	paquets de 250 g (*8 oz*) de fromage à la crème, à la température de la pièce
500 ml	(*2 tasses*) fromage ricotta, à la température de la pièce
125 ml	(*½ tasse*) sucre
3	gros œufs
3	jaunes d'œufs
30 ml	(*2 c. à soupe*) vodka Jazz à saveur de pêche
250 ml	(*1 tasse*) crème fouettée
750 ml	(*3 tasses*) framboises, lavées
30 ml	(*2 c. à soupe*) sirop *
5 ml	(*1 c. à thé*) fécule de maïs
30 ml	(*2 c. à soupe*) eau froide
	chapelure Graham
	zeste d'une orange, finement râpé
	zeste d'un citron, finement râpé
	une pincée de muscade
	quelques gouttes de jus de citron

Préparer une croûte de chapelure Graham dans un moule à gâteau de 23 cm (*9 po*) à fond amovible. La faire cuire en suivant les directives sur l'emballage. Préchauffer le four à 160°C (*325°F*).

Mettre le fromage à la crème dans un malaxeur ; le défaire en crème. Ajouter le fromage ricotta et continuer de mélanger. Ajouter les zestes et remuer. Mettre sucre et muscade ; mélanger tout en grattant les côtés à l'aide d'une spatule. Ajouter les œufs entiers ; continuer de mélanger. Incorporer jaunes d'œufs et vodka ; mélanger de nouveau. Ajouter la crème fouettée et mélanger.

Verser le mélange dans le moule et égaliser la surface. Placer le moule au milieu du four et cuire 1 heure 30 minutes. Retirer le gâteau du four et laisser refroidir. Réfrigérer 6 à 8 heures avant de servir.

Une heure avant de servir, réduire les framboises en purée dans un robot culinaire. Verser la purée dans une petite casserole. Ajouter sirop et jus de citron ; bien remuer et amener à ébullition. Laisser mijoter 8 à 10 minutes en remuant de temps à autre. Délayer la fécule de maïs dans l'eau froide. Incorporer à la sauce et cuire 1 minute. Verser la sauce dans un bol et laisser refroidir. Réfrigérer 30 minutes. Étendre la sauce aux fruits sur le gâteau et servir.

* Pour la préparation du sirop, voir page 488.

1 portion	*440 calories*	*27 g glucides*
11 g protéines	*32 g lipides*	*2,5 g fibres*

1. Défaire les fromages en crème dans un malaxeur. Ajouter les zestes et bien mélanger.

2. Mettre sucre et muscade ; mélanger en grattant les côtés à l'aide d'une spatule pour obtenir un mélange homogène.

3. Ajouter les œufs entiers et continuer de mélanger.

4. Incorporer les jaunes d'œufs. Ajouter la vodka.

Gâteau étagé aux fraises

pour 10 à 12 personnes

750 ml	(*3 tasses*) fraises fraîches, coupées en deux
30 ml	(*2 c. à soupe*) sucre en poudre
30 ml	(*2 c. à soupe*) jus d'orange
2	gâteaux génois*
	Grand Marnier
	crème fouettée

Mettre les fraises dans un bol. Ajouter sucre et jus d'orange. Laisser mariner 30 minutes.

Couper chaque gâteau en deux pour obtenir 4 tranches.

Placer la première tranche sur une assiette à gâteau et arroser de Grand Marnier. Ajouter une couche de crème fouettée et recouvrir de fraises.

Répéter la marche à suivre afin d'utiliser tous les ingrédients. Terminer avec une couche de fraises placées joliment sur la crème fouettée.

On peut varier les fruits selon la saison. Si désiré, garnir les côtés du gâteau de crème fouettée.

* *Pour la préparation des gâteaux génois, voir page 500.*

1 portion	475 calories	54 g glucides
9 g protéines	23 g lipides	1,8 g fibres

INDEX

◨: *recettes au four à micro-ondes*

INDEX ALPHABÉTIQUE DES RECETTES

▥: recettes au four à micro-ondes